The Strategizing Behavior of Chinese Firms

本书得到国家自然科学基金面上项目（71072109）“面向战略创业的知识演化动态转换研究”（2011.01—2013.12）的支持

中国情境下企业战略化行为

理论与实践

潘安成　著

THEORY AND PRACTICE

北京大学出版社
PEKING UNIVERSITY PRESS

图书在版编目（CIP）数据

中国情境下企业战略化行为：理论与实践/潘安成著. —北京：北京大学出版社，2014.4

ISBN 978-7-301-19749-3

Ⅰ. ①中… Ⅱ. ①潘… Ⅲ. ①企业管理—研究 Ⅳ. ①F270

中国版本图书馆 CIP 数据核字（2011）第 234256 号

书　　　名：中国情境下企业战略化行为：理论与实践

著作责任者：潘安成　著

责 任 编 辑：徐　冰　李成强

标 准 书 号：ISBN 978-7-301-19749-3/F · 2961

出 版 发 行：北京大学出版社

地　　　址：北京市海淀区成府路 205 号　100871

网　　　址：http：//www. pup. cn　新浪官方微博：@北京大学出版社

电　　　话：邮购部 62752015　发行部 62750672　编辑部 62752926
出版部 62754962

电 子 信 箱：em@ pup. cn

印　刷　者：北京大学印刷厂

经　销　者：新华书店

730 毫米×980 毫米　16 开本　14.5 印张　212 千字

2014 年 4 月第 1 版　2014 年 4 月第 1 次印刷

印　　　数：0—2000 册

定　　　价：38.00 元

致　谢

在本书付梓之际，笔者不禁回想起十二年前，从多年的企业实践中隐约地感到纯粹套用西方管理理论来指导中国企业战略实践可能存在着问题，但当时又不知道问题出在哪里，更不知道如何去解决，于是辞去企业中的工作。忠实于这个想法，这些年来，笔者扎根于中国企业实践，先试图借助系统动力学和知识理论等手段，然后又探索了代谢理论和西方社会学等方法，之后又开始接触文化心理学和(本土)社会心理学等理论，而到目前尚处于探究和摸索之中。本书的即将出版，让笔者感到了一丝欣喜，以及一点儿惶恐。欣喜的是，本书记录了笔者在十余年间探究中国企业战略化组织原理的部分收获。不敢奢望得到业界赞许，只期望能点燃志同道合者携手共进的激情。

惶恐的是，在写该书之时，笔者的哲学思想还不明晰。司马迁在《史记·礼书》中提出："观三代损益，乃知缘人情而制礼，依人性而作仪，其所由来尚矣。人道经纬万端，规矩无所不贯，诱进以仁义，束缚以刑罚，故德厚者位尊，禄重者宠荣，所以总一海内而整齐万民也。"正是依据中国情理文化所蕴藏的战略性思想，笔者开始致力于"接地气"的企业战略研究。但是，笔者不敢妄断中国文化的自觉是企业战略化组织与管理原理所在。本书是探索之作，难免存在值得商榷之处。

在本书的写作与出版过程中，书稿历经了多次反复修改，得到了多方同仁的帮助。首先感谢大连理工大学管理与经济学部长期以来对笔者研究工作给予的大力支持，也十分感谢我的同事苏敬勤、肖洪钧、郭崇慧、张令荣等老师给书稿提出了宝贵的意见。其次，本书所用的部分论据，得益于我的学生们的收集与整理，也希望借此机会感谢我的已毕业学生伏晶、王伟、李笑男等，同时感谢我的在读学生们为书稿校对所付出的努力。最后，感谢北京大学出版社经管图书事业部的林君秀、徐冰等老师为本书出版所付出的努力。

潘安成

2013 年 12 月于大连

目　录

导论：建构中国情境下企业战略化行为模式

预测未来似乎是痴人说梦。

James G. March(1996)

中国企业成长之殇

随着当前全球化步伐的加快和市场竞争的日趋激烈，中国企业不得不面对市场环境变化所带来的挑战，也越来越感受到生存压力和成长危机。近三十年来，那些白手起家的中国企业已然走出了生存的沼泽地，却走进了新形势下如何维持进一步成长的战略困境之中。特别地，在中国经济发展方式转变和经济增长方式结构性调整的时期，中国企业家们更加迫不及待地渴望从做“百强”企业转变为做“百年”企业，这种经营思维的转变使得这些企业越来越迫切地寻找能够维系持续成长的企业发展道路。

首先，一味模仿他人的成功经验和模式，这种过去被津津乐道的策略使得一大批企业纷纷出现战略性失策，如恒基伟业、奥克斯及秦池集团等。这些曾经辉煌一时的企业已经逐渐销声匿迹。

其次，有一些企业在成长过程中一旦遇到发展瓶颈，就纷纷求助于管理咨询公司。然而，事与愿违，这些咨询公司不但没有给它们带来有效的解决方案，甚至加速了它们的衰败。2008 年 6 月，东北一家农药公司老总向笔者倾诉了自己的疑惑：他的公司几年前就出现了发展问题，当时许多存在类似问题的企业纷纷聘请了咨询公司，令人郁闷的是，这些公司还是无一例外地倒闭了。由于他当时比较谨慎而没有求助于咨询公司，其公司反而一直不温不火地维持着。2011 年 5 月，笔者到徐州走访一些家族企业时发现，同时创立于 20 世纪 80 年代末期的两家同类型企业，在 90 年代末期都遇到了进一步成长的问题。其中一家企业聘请外脑制定发展规划并建立了一套严格的规章制度，另一家企业仍然采用传统的“治家”模式，前者一直止步不前和苦苦经营着，而后者已经发展成为跨行业的集团公司。还有一些国有企业，花巨资请国外著名的咨询公司为其量身打造一套公司制度，但大多数公司的咨询方案要么束之高阁，要么不了了之。

再次，一些目前还处于快速成长阶段的中小企业，每每遇到发展问题，就喜欢怪罪于自己缺乏一套行之有效的制度体系。于是，这些企业隔三差五地就出台制度，试图通过制度来解决发展过程中所出现的问题。上海两家民营企业老总告诉笔者，令他们恼火的是，一套制度的出台却往往引发新的问题，而旧问题却仍然没有解决。由于他们成天纠缠于内部事务之中，尽管公司的市场前景良好，但是企业业绩却停滞不前。另外，2012 年 5 月，作为“中央企业转变发展方式研究”(国资委课题，由中国大连高级经理学院承担)课题组成员，笔者对一位央企老总进行了访谈，访谈中他告诉笔者，多年来中国经济的快速增长使得国有大型企业管理模式日益凸显出战略性缺失，而这些缺失也造成了企业管理的混乱和低效。

由此可以看出，中国大多数企业往往是从成功的企业战略实践中寻找所谓的“最佳实践”，或者求助于战略管理理论。但是，通过这些年的挣扎和努力，企业开始逐渐发现这些被咨询行业奉为“武林秘籍”的理论或模式对于增强企业的持续成长能力收效甚微，甚至反而加快了企业的衰败，这使得大多数企业经营者对这些理论与模式“谈虎色变”。同时，脱离当代企业实践的传统战略理论注重“想当然”的理性假设，往往是“中看不中用”。既然如此，企业战略管理的行为模式到底是什么？如何才能塑造出适合中国企业自身发展的战略化行为？

随着经济全球化进程的加快，近年来，中国企业既要与涌入境内的国外跨国公司展开竞争，又要在境外的国际市场捕捉发展机遇。在这种竞争激烈的市场环境中，企业不仅需要具备全局性的战略思维，还需要拥有长远的发展性思路。多年来的中国企业实践表明，在企业战略活动过程中，一味地采用“拿来主义”的方式，采用诞生于西方文化背景下的成熟战略管理模式，必然与中国情理文化内在的“深层结构”发生冲突，造成我国企业的短视行为，并导致企业的衰败。企业战略不可能脱离其赖以成长的具体情境，战略活动一向来自于本土实践，并遵从实践逻辑(Greenwald 和 Kahn，2005)。既然企业文化是面向本地具体情境的(Feldman 和 Orlikowski，2011；Schein，1996)，那么，在中国情理文化的人际情感与认知互动的社会情境中，可能会发现企业战略化行为的组织建构规则(Garfinkel，1967，2002；Rawls，2008)。

企业战略实践的行为之解

作为一个经济性组织，企业是以追求经济利益为目的的，这意味着企业战略活动的价值在于获取持续竞争优势。基于这种假设和推测，当前主流的战略管理理论围绕企业追求经济利润增长的战略目标，借助战略分析工具，强调对环境变化的预测，不断地根据市场竞争态势和行业发展来制定战略规划并组织战略实施。这些主流理论应用组织已知的知识去预测未来市场，并注重从预设的未来市场中为企业创造利润源(Bromiley，2004；Gavetti，2012)。这些主流的战略理论既然强调根据已知的环境去推测未来未知的变化，那么就要求企业必须按照事先预设的情境制定战略和实施战略。在当前快速增长的经济背景下，沿用这种理论假设往往使企业能够作出更清晰的战略性决策行为。

战略选择研究更多的是在“认知推理”的行为学范式下展开的，忽视了战略实施过程中的战略控制和应变性调整。这种强调对已知的环境变化的适应性的战略选择理论，主要是通过组织记忆、推理等认知工具进行捕捉、解释和分析所获得的信息，提出战略方案并进行决策；随着大多数组织成员都认同的战略方案的确定和相应组织情感的形成，企业中潜在的组织认知能力被激活，这种组织社会化活动构成了战略实施行为。现有文献主要借助于行为经济学和演化博弈等方法(Cyert 和 March，1963；Gavetti，2012)，或者运用组织适应性学习和知识创新(March，1991；Nonaka 和 Teece，2001)。一些学者强调以经济利益为中心的企业战略研究，Lecocq 和 Demil(2006)通过产业结构层面战略化的案例分析发现，自发地进入互补性资源的行业会给企业注入新的成长活力；Mathews(2007)则从资源观视角探究企业战略选择行为，研究指出，从市场中获取资源不一定为企业带来潜在的竞争优势，战略选择既要考虑外部资源获得，又要考虑内部资源开发，两种资源的互补和协同可以强化企业战略行为。另一些学者则从社会层面探究企业战略实施机理，Folyd 和 Lane(2000)以管理层的演化过程为线索，提出战略实施包括组织胜任力的界定、利用与修订三个子过程。因此，企业战略行为不仅包括以获取经济利润为动机的战略制定活动，还强调战略选择的商业化，这种商业化行为更多注重知识的创新；而且包括随后战略实施的社会化组织活动，强调能够增强企业社会化力量的组织能力，这种社会化过程本质上是为了在更大范围和更深层次上对知识进行创造和利用。

然而，战略选择理论强调企业追求利润最大化，使企业失去更多的发展机会，也常常导致企业走上衰退之路。实践中，大多数企业在追求利润最大化的过程中越来越感到力不从心，它们发现这是一种不可持续的战略。正如星巴克 CEO 舒尔茨在 2011 年 4 月接受麦肯锡采访时说，“当你把增长视为一种战略时，它就变得有些诱人，使人欲罢不能。但是，增长不应该是——而且确实不是——一种战略；它只是一种战术。……它将是一种具有正确动机的、有节制的、有益的增长——一种不同类型的增长”（Schultz，2011）。① 在企业战略行动过程中，战略制定与战略实施是相互塑造和制约的过程，战略制定强调对内外环境演化的组织认知，即对外部信息的获取、解释、分析和推理的组织思考过程，这种情境化分析往往带着决策者们的主观感受和决策偏见（Bourdieu，1990）；而战略实施则是建立在组织情感基础上的社会化活动（Hochschild，1983；Chao 等，1994），即以任务分工（正式组织产生）、人际情感纽带的产生和非正式关系形成的社会化活动（Casciaro 和 Lobo，2008），这种情景化组织过程通常也夹杂着参与者的主观意识和行动偏好（Bourdieu，1990），尽管这种组织情感冲动促进了企业战略化实践，但是也使得战略实施偏离了原来理性的、规范化的战略决策模式（Hareli 等，2008）。因此，战略制定和战略实施从来就不是一种线性关系，而传统战略理论把这两个活动认定为同一范式下的简单顺承，这是脱离企业战略实践的（Balogun 等，2003；Ezzamel 和 Willmott，2010；Sull，2007）。因此，把企业看做同质性整体，强调宏观层面的行为分析，忽视了微观的组织行为分析，这就使得这些成果在理论上看起来“近似完美”（Aguinis，2011），而一旦落实起来就如同“飞舞的雪花”一样不见了踪迹（Balogun 等，2003）。

近年来，一些战略研究者从关注企业战略的预测分析和控制行为，转向关注企业战略的情境分析和实践活动。企业战略行为根植企业发展和成长实践，而不是制度化和程序化的战略管理系统之中。企业战略化是企业战略制定的组织认知活动和战略实施的组织社会化过程。不同情境会诱发不同的组织情感和行为动机（Tanghe 等，2010），制定战略是由集体性动机所诱发的组织认知活动，而实施战略则是由企业运营过程触发的集体性情感所主导的“组织社会化”② 行为。战略制定不仅以实现企业利润为目的，还要考虑社会效益的提

① “星巴克对健康增长的追求——星巴克现任首席执行官 Howard Schultz 专访”，《麦肯锡季刊》，2011 年 4 月刊。

② 本书所指的“组织社会化”（organization’s socialization）沿用 Louis（1980）的组织进入行为框架，在这里是把企业组织作为一个行动主体，研究企业进入新战略领域的过程，即战略实施的社会化行为，是以情感反应为基础的组织化行为。本书所提到的“组织社会化”或者“社会化能力”等，都是将社会化思想运用到战略性活动之中，描述企业战略进入新市场（战略实施）的组织社会化过程。尽管在原理上与传统的员工进入组织的社会化（organizational socialization）是一致的，但本书强调的“社会化”内涵注重战略层面的企业行为，而传统的则指员工个体行为，两者之间存在本质区别。

高，即担当企业的社会责任；而战略实施活动则在于为利益相关者谋求双赢局面，尊重各利益相关者，特别是在员工群体发展的基础上实现企业持续成长。也就是说，战略制定和实施不仅注重以企业所有者为中心的共享价值创造，而且强调照顾相关利益者的共享价值创造，包括员工群体的主观感受和企业社会责任。Porter 和 Kramer(2011)进一步指出，在共享性价值创造的框架中，企业可以在组织认知和组织情感的两个不同层次上得到一致性行为。所以，企业战略活动不仅要考虑经济利润的成长性，而且注重组织社会化行为的改进，因此，在企业实践行动上，战略的制定和实施是交错演进的过程。

企业战略活动包括制定战略的商业化行为和实施战略的社会化行为，由于两者所发生的情境发生了根本性转变(前者强调跨情境行为，而后者注重情境建构过程)，所以，战略的制定与实施会经历两个完全不同的社会活动过程。那么，企业战略实践表现为一个什么样的社会事实变化？其真实的演进路径又是什么？显然，企业商业化行为以社会化行为为基础，战略选择以现有组织能力为基础；而组织的社会化能力又影响企业的商业化方向，组织活动也必然催生新的战略机会。战略根植于当地文化，来源于企业栖息地的社会情境(Greenwald 和 Kahn，2005；Rawls，2008)，如果不能从企业战略的栖息地文化中寻找企业战略实践的行为建构规则(Garfinkel，2002)，企业就无法把握制定战略和实施战略的内在一致性规律。

中国企业成长之源：中国情理文化

在过去的三十多年间，中国经济总量一跃成为世界第二位。伴随着 GDP 以年均 9%的速度快速增长，作为创造中国经济奇迹的微观单元和中坚力量，一大批中国企业在这三十多年的经济快速增长潮流中起起伏伏，谱写了一曲荡气回肠的成长之歌：20 世纪 80 年代悲壮式的被迫创业战略，90 年代无奈地参与国内市场无序竞争战略，以及随后激情地“走出去”的国际化战略。得益于扎根于中国情理社会而发展出的本土化管理模式，这些企业已步入快速成长的轨道。这些成长起来的企业很少受到西方管理理论的教化，所以能沉淀出中国情境化战略管理模式，如柳传志所总结出的“建班子、定战略、带队伍”，鲁冠球所倡导的“暴利行业不做、千家万户能做的不做、国家做的万向不做”，等等。在一定意义上，正是这些“土生土长”的企业战略化模式造就了中国经济奇迹和一大批本土企业家。

可以看出，这些以中国情理社会文化为背景的企业战略实践中，以儒家思想为背景的企业文化对企业快速成长的战略绩效起着深远而积极的影响。Berger（1983）指出，强调世俗化的儒家思想是促进中国企业快速发展的重要因素；Eisnstadt（1968）认为价值系统能将社会中的结构性元素加以转化，从而有利于经济发展，儒家思想是价值观念与经济发展之间的中介变量；黄光国（1984）研究表明，人治式企业中的员工对组织环境的感知比法治式民营与外资企业中的员工强烈。在中国情理社会背景下，儒家思想尊重“社会事实”（social facts）和社会理性，由儒家思想而形成的企业文化有利于企业战略化行为塑造。这与西方战略理论极度推崇“自然事实”（natural facts）的理性思维活动相冲突，在这个意义上，中国企业如果盲目引进企业管理模式，必然会加速衰败。从这一角度来看，我们可以为中国企业成长之殇找到一个合理的解释。

企业战略化行为是在具体的企业成长实践中展现的，是一定社会情境中组织社会化活动的产物（Jarzabkowski 等，2007），因此探究企业战略化的建构行为，必然离不开中国情境下的企业日常活动，以及从中开发社会事实的组织规则（Feldman 和 Orlikowski，2011）。所以，要想从企业成长实践中揭示企业战略化的发生原理，就必须深入了解中国情理社会所隐藏的日常性“社会规则”（social order），以及在企业情境中所展现的社会事实。

在全球化时代，企业成长实践是由不同背景的人们走到一起，在组织情境中产生合作的集体行为。游离于组织与个体意识之外的组织规则（关系、情面等）和行动技巧（合群、合情合理等）是企业战略化行为建构的基础。首先，企业文化或战略思想反映在企业日常细节、手边的现象（权力）、日常事务和常规等散落的行动技巧、关系、废话或无聊之事等组织活动中，而这些想当然的日常社会事实隐藏着最深的、更为广泛的社会规则（Rawls，2008）。其次，专注于企业日常组织活动和社会情境的独特性，尊重普遍能够接受的想当然认为的社会事实，就是遵循了塑造企业未来发掘的潜在社会规则，从而能够充分发挥员工行动技能的潜在价值（Garfinkel，1967，2002）。最后，企业战略化行为是从企业成长的社会实践之中不断建构而来的，是从正式组织结构中拆取出零散的知识，并基于企业文化建构未来版本的组织实践模式（Montigny，2007）。所以，企业中的组织深度互动和身边情境化行为不仅塑造了企业成长实践活动，而且涌现出大量的变革潜力（如第十章的非正式组织）。

企业文化是在组织情境下所展现的社会文化，探究社会文化的深层结构，既可以解决战略理论概念与日常组织经验分离的问题，又可以窥探到共同遵守的社会化活动的建构规则。与现有战略理论沿用 Parsons(1937)的脱离情境的结构主义研究范式不同①，儒家思想的中庸之道实际上就是遵从实践之道。第一，中国企业文化强调以人为本，充分意识到成员技巧的潜在价值，员工或管理者的具体行动技巧与意图往往创造出战略机会。第二，中国人注重整体性思维，在乎自身的主观性感受，在想当然认为的社会事实层面进行社会建构。第三，中国人行为遵从以情境为中心的行动逻辑(Hsu，1981)，强调所有的社会行动都是在特定情境下展现的，脱离了实践情境，其行动就失去了意义。例如，企业战略化的本意不可能脱离其实践发生的栖息地情境，这与中国情理文化中情境化行为的促成事情完成的“事赶事”、促进组织理解的“话赶话”，以及有利于合群行为产生的“人赶人”等现象不谋而合。第四，中国情理文化追求社会情境中的“合情合理、通情达理”，注重人情法则和社会理性，这不仅体现在日常生活中，而且体现在企业行为的社会一致性(杨国枢，2004)上。

在个体理性范式中建立的西方组织原理很难揭示中国企业战略化行为，那么就要揭示中国企业情境化的战略化模式建构过程。在企业经营活动中，中国人更多地强调建立在人际情感和交情之上的社会理性行为，而不是西方所强调的个人理性行为。情境、社会规则、社会互动及情感，构成了中国企业的社会性组织活动的基本准则(Lynch，1993)，实际上，这些社会准则和社会事实也构成了塑造企业战略化的行为规则。

中国情境下企业战略行为理论建构

战略活动是一种情境化行为(Greenwald 和 Kahn，2005)，从企业情境化行为中可以探究企业战略化行为建构的社会规则。企业通过驾驭情境化社会行为的独特性方法体系，不断地塑造出适合企业发展的战略化行为。所以，在企业成长实践活动中，散落的社会事实(如不起眼的情节、日常现象、寻常行动技巧、平常性事务、社会关系等)在具体情境下呈现出一系列社会规则，而企业战略化行为

① Lynch(2011)认为，在西方理性文化倡导下，人们更强调追求事物本体的自然属性和事实，而轻视社会活动的社会属性和事实，所以，建立在认识论之上的、注重社会事实存在性的本土方法论很难在西方理论研究中得到推崇和推广。甚至，连本土方法论创始人 Garfinkel 也自嘲说本土方法论研究者是一群“乌合之众”。因此，企业战略理论研究，不仅考虑中国情理文化与本土方法论的基础假设存在高度契合性，更重要的是，本土方法论是一种很有用的情境化研究方法，有利于揭示企业战略化的行为建构过程，从而建立中国情境下的战略理论。

正是由这些社会规则在社会互动过程中不断建构的。情境化研究有三层含义：一是对参与者情感与认知间互动的探究，二是对栖息地的环境变化分析，三是对本地社会语境变化的理解。企业情境分为两种：一种是企业内部人际互动定义的相通性“微情境”(micro-situation)(Goffman，1959)所共同构成的组织情境，另一种是企业社区范围内人际互动界定的深度微情境结构所形成的战略情境。由于中国情境与西方情境在参与者的情理逻辑和所面临的社会文化方面存在很大的差异，所以，只有深入洞察情境化行为的内在文化及情感与认知的社会性互动结构(Schein，1996)，中国情境化研究才可能寻找出企业战略化行为的建构规则(Rawls，2008)。

Starbuck(2006)指出，企业战略化是通过企业实践活动塑造持续成长的过程，这一过程包括社会化的非理性过程和集体性的认知活动，前者是特定情境下企业的组织社会化构建过程，而后者是跨情境过程中企业的集体性智力活动。在企业行为主导力层面，企业战略化行为分为由组织认知所驱动的跨情境分析和组织情感所激发的情境构建的组织活动，同时，这两种主导力顺着情境变化而不断转换，以保持战略活动的行为一致性。本书采用企业实践过程的分类，也是从外部易观察的角度划分，但是其内涵要更丰富，包括了企业情境层面和行为主导力层面的变化。从企业成长的情境转变来看，企业战略实践可划分为两种不同的情境：一是决策者所面对的战略选择情境，二是执行者所处的战略实施情境；这两种情境也往往是大相径庭的(Bourdieu，1990)。一方面，理解企业先前战略实践活动不仅为企业未来发展的组织行动指明方向，而且也为组织行动界定了活动范围和准则，这种以认知为导向的理论演绎和理性分析形成企业所谓的“宏伟蓝图”。另一方面，跨情境行为中的组织社会化方式实现了预期战略，这一过程既注重战略实施的情境化组织活动，又注重以情感活动诱发新动机的新机会识别和呈现。在多商务动态系统中，企业不断引进和剥离不同的商务活动，这一过程往往涌现出驱动其持续成长的生命力(Ezzamel 和 Willmott，2010；Lechner 和 Kreutzer，2010)。

战略制定和战略实施所处的情境和主导力都发生了根本性变化，如果简单地把企业战略化分为战略制定和战略实施两个阶段，那么在概念层面上很容易落入线性分析模式(Sull，2007)。本书将企业战略化行为分为战略选择和组织能力两个构成部分。[①] 战略选择是企业在当前情境的索引性力量作用下，以跨情境分析

① 如果没有特殊说明，本书下文所说的战略制定(制定战略)和战略选择表示同一意思，相互混用。

为主导的组织认知活动所展开的集体性反思，是一种社会性认知活动。组织能力是企业在跨情境的激进式反思力推动下，以刚进入情境所激发的组织情感逻辑为主导的情境建构的组织社会化过程。Chakravarthy 和 Lorange(1991)指出，如果通过人为的整合方式把正式(战略制定)和非正式(战略实施)的战略化活动统一起来，那么，这种整合框架必须满足两个条件：一是企业面临的是可预测的环境，二是企业有多个独特的胜任力。Starbuck(2006)进一步指出，这两个条件过于苛刻，很少有企业能够完全满足。

在企业长期的持续发展实践中，企业先在白手起家的创业过程中发现很多的成长机遇，为了更好地利用成长起来的组织能力并把握适合自己的商业机会，企业必须有所为有所不为，在这种情况下就必须通过会议、讨论、协商和承诺等一系列正式组织的战略化行动来分析来自不同方面的信息(Starbuck，2006)，进而明晰和实施战略。战略一旦选择之后，企业就进入围绕战略开展组织实施的过程，以员工(包括管理者)对新工作岗位的价值观、能力与期望行为的主观感受和初步理解等为基础，也就是说，以组织情感逻辑为基础的社会化过程(Barsade，2002；Chao 等，1994)。所以，战略实施看似严格按照计划行事，其实是建立在这些非正式关系基础上的战略化活动，如果忽视了这种组织社会化活动，所制定的战略只是一种战术，是短期性的企业投机策略，或者由于环境的不确定性变化会导致战略绩效无法达到预期水平。

无论新理论的建构，还是本土化理论的建立，都应该从企业实践中来探索和开发新的管理理论。在中国情境下，先从企业实践中发现个体的社会事实，从社会事实和社会规则中分别对组织能力、战略选择及其关系进行概念内涵界定(第一章)。在此基础上，分别沿着组织能力研究和战略选择研究，对先前战略理论研究成果进行评述，找出不同概念之间的实践逻辑关系(第二章)。然后，在概念层面上，建立组织能力与战略选择之间的结构性关系，建立理论模型进行分析，得出一些理论结果(第三章)。本书第二部分分别以组织能力为基础对战略选择进行模型探究(第四章)和实证验证(第五章)，以战略选择为前提条件对组织能力进行模型研究(第六章)和案例分析(第七章)，最后，以中国企业成长为样本对组织能力和战略选择之间的关系进行验证(第八章)。至此，第二部分完成了理论构建过程。那么，对于微观行为层面，企业战略化行为又是怎样建构的？第三部分借助于本土方法论思想，探究了企业战略选择行为的微观建构过程(第九章)，分析了企业战略化的组织能力发生活动(第十章)；后面两章则把企业战略化行为看做组织能力和战略选择的有机体，从组织代谢行为探究了企业战略化的成因过程(第十一章)；然后回到中国企业实际情境层面，以组织情境与认知互动来揭示了企业战略化行为的内在机理(第十二章)。

本书所采用的研究方法分为两个层面：第一，在研究思想上，摆脱了传统的结构主义研究范式，引入了建构主义的研究方法，从实践发生的情境中探究了塑造企业战略化过程的微观行为规则(组织秩序)。根据情境分析和案例研究方法，先透视企业战略实践，发现企业战略过程中的社会事实展现原理；然后进入概念化创建和理论分析阶段，如梳理现有理论成果和相关概念，再展开建模分析、构建企业战略化理论框架；最后依据该理论框架，回到中国情境下进行细致的案例研究、论证和检验企业战略化行为的发生机理。第二，在研究手段上，本书采用理论与实践相结合、定性与定量相结合的研究方法。在理论与实践相结合方面，第一章先对中国企业进行了随机走访，采用了无偏见的基于事实的案例记录，通过案例对比研究，发现了企业战略化的事实行为；再结合第二章对现有战略理论已有成果进行评述，第三章构建出企业战略化成因模型；最后，在第二部分给出的企业战略化协同演化成因原理之下，第三部分回到中国企业情境化实践，探究了企业战略化行为的内在建构机理和管理寓意。在定性与定量相结合方面，如第一、七、九、十和十二章主要运用案例研究方法，第三、四、六和十一章主要运用了概念分析和建模方法，而第五和第八章分别运用上市公司公布的数据报表和到企业发放问卷的方式，收集数据，进行实证分析。

研究内容和结构安排

多年来的企业实践表明，在企业战略活动过程中，一味地采用“拿来主义”的方式，采用诞生于西方文化背景下的成熟战略管理模式，必然与中国情理文化之下的“深度结构”发生冲突，这样会造成我国企业的短视行为，并导致我国企业的迅速衰败。我们需要结合中国情理文化的行为特征，在本土化情境中发掘中国企业成长实践中建构战略行为的组织化规则，为此本书从微观行为的建构层面上揭示了企业战略化行为理论。

本书分为三个部分，共用十二章内容展开研究：从中国情境化研究着手，探究和构建了企业战略化行为理论。第一部分为“企业战略化行为：中国实践和理论框架”。企业战略化强调企业情境性和跨情境的行为一致性，所以，从中国企业成长实践之中发掘和提炼社会事实和相关概念，可能会揭示企业战略活动的微观行为建构机理。中国企业成长的实践行动内在表现是什么？这些情境化表现与现有战略理论之间存在什么样的关系？如何表达企业战略化行为的概念构成与社会事实之间的逻辑关系？这一部分包括三章，沿着实践透视、继承性理论述评和模型构建的研究路径，探究企业战略活动的理论原理。

第一章“中国企业战略化行为：一个实践的视角”试图从企业成长实践中所发生的现象、事件和问题中归纳出关于企业战略化的关键概念和基本规律，摆脱了现有战略管理的想当然假设的限定。中国企业实践过程中导致其快速成长、发展停滞和逐渐衰败的要素分别是哪些？与西方成功企业相比，呈现怎样的战略建构规则？研究者通过实地调研和访谈一些成功与失败的企业，收集知名企业成长实践的一手和二手材料，展现出企业战略化实践；比较中国企业成功与失败案例中的社会事实表现，归纳出构建企业战略化行为的中国情境性概念内涵。研究表明，中国情理文化是企业生存与发展的基石，组织(社会化)能力和战略选择是企业战略化过程的两个基本事实构成。

第二章是“企业战略化行为的理论溯源”。在探究了企业战略化行为的社会事实内容之后，根据理论继承性发展的原则，本章讨论了战略管理理论及战略活动的组织理论是如何演进的，以及以中国企业情境性社会事实表现的战略选择和组织能力，在概念上是一个什么样的联系。第二章从组织与环境间动态匹配的视角，研究者回顾了战略变革动因理论的发展历程，阐述了这些理论产生的历史背景和研究假设。研究发现，在企业赖以生存的环境不断变化的情况下，企业战略管理理论日益凸显不足。研究表明，随着战略选择和组织能力在价值创造层面上的融合，两者之间交替演进可能成为企业战略化行为研究的趋势。

第三章是“企业战略化行为的理论构建”。本章在通过社会事实对战略化基本概念内涵界定的基础上，讨论了在企业发展的不同阶段，影响企业战略化绩效的组织能力与战略选择协同演进关系的内涵有什么样差异和变化。研究者通过分析影响组织变革的行为动因之间的关系，发现：第一，在当前市场竞争环境下，相对于战略转型的企业竞争位势的期望水平，当战略定位较低时，企业通过探索性创新可以增强存续能力；当战略定位较高时，企业通过开发性创新战略可以增强企业存续能力。第二，在新的市场竞争环境下，探索性创新更有利于创造新的生存能力，战略定位和战略选择的可靠性直接影响着组织社会化之后的企业存续能力，在调整组织能力与战略选择匹配关系的情况下，提高战略选择的可靠性具有决定性作用。另外，对于在不同的发展阶段，企业绩效增加的协同演化机制也是不同的：当企业绩效依赖于组织能力时，企业应该积极进行开发性组织学习，而在依赖战略选择时，企业应该进行探索性组织学习。

本书第二部分为“企业战略化行为的原理分析”。企业内外环境的互动过程中，战略选择行为和组织社会化行为是怎样展现的？特别是在中国情境下表现出怎样的战略建构规则？这一部分用五章内容来揭示企业战略化行为理论。在第四章“组织知识演化与企业战略选择”中，既然战略化行为根本上就不是一种线性逻辑，那么，如何构建战略选择背景下知识创新的企业战略化机制？本章根据知识创新来源(一是来自于组织内部知识活动的推动力，二是来自于组织外部知识所创造出的驱动力)，首先运用组织知识演化模型分析了企业成长的非线性特征和影响机制；研究指出，战略选择与组织能力之间的协同演化创造了互补优势。

第五章“并购行为与企业战略绩效分析”讨论了在战略性并购的跨情境背景下，我们应如何理解企业战略化行为的非线性机制及其内在机理。研究者以战略选择为例，提出两种类型的并购行为：以管理能力为手段和以技术为手段的战略选择。以我国上市公司2002年至2006年间发生的173项重大并购活动作为研究样本，分析了战略选择对企业战略化绩效的影响机制。研究发现，不同并购行为对于企业战略化绩效影响来说是截然不同的；企业特征和行业特征影响了企业战略化过程中的行为模式选择，而并购行为会影响企业绩效增长，从而带来企业战略化行为的路径差异。

第六章为“知识分层演进与组织社会化能力”。既然组织社会化是具体情境化行为和组织能力构建活动，那么，组织知识分层演进是怎样揭示企业战略化产生原理的？第六章在组织知识的深度分层基础上，给出组织社会化行为的知识系统构成，建立了组织知识系统沿着信息性、技能性及原理性知识之间演化的非线性模型。研究表明，企业战略化行为是管理层变动和组织模式转变之间互动的过程，而管理层知识结构与组织变革之间的互动机理可以揭示企业战略实施的组织社会化行为。

为细化第六章得出的结构性原理，本书在第七章“企业战略行为的组织结构化机理”中，试图在组织社会化行为层面探究企业战略的情境化过程。在情境性反思的组织社会化构建过程中，管理层变动如何驱动组织变革？组织社会化活动怎样改变管理层知识结构？研究者通过理论分析和案例研究相结合的方法，以“结构化理论”(structuration theory)作为视角，先分析了组织变革中管理层知识的结构二重性，指出了管理层知识结构为组织变革提供新的动力；再探究组织变革影响管理层知识结构变动，指出了组织活动（员工流动、知识转化及组织学习）可以改变管理层知识结构；研究表明，企业战略化行为机理是管理层知识结构与组织变革行动之间的结构化过程。

本书在第二部分的前四章中建立了企业战略化行为的原理，在此理论框架中，中国情境下组织能力和战略选择的社会事实之间是否存在这种协同演化规律？研究者首先分析了组织能力和战略选择对企业绩效增长的影响机制，然后基于中国141家企业成长的调查数据进行了相关性分析和回归分析。研究结果表明，战略制定中的战略选择有利于企业未来成长能力的增强，而战略实施的企业社会化组织能力则有利于企业目前赢利能力的增强。这两者相互之间具有不可替代的作用。对于企业战略化行为来说，战略选择与组织社会化力量（组织能力）存在着相互调节的互补性关系，两者互补性协同演化力量是企业持续赢利的源泉。至此，第二部分建立了基于知识活动视角的企业战略化理论体系。

遵循建构主义的研究范式，本书在第二部分剖析了组织能力与战略选择之间的协同演化原理，那么，在企业持续成长实践中，如何揭示企业战略变革或战略创业的微观行为建构机理？特别地，在不同情境下，企业战略化行为的建构规则又表现出什么样的内容？本书在第三部分用四章着重探究企业战略化行为机理，并在行为的情感与认知的微观层面进行探究，即从情感—认知的视角给出指导其应用的一般原理。第九章是“扩张冲动下中国企业战略化行为的案例分析”。在企业扩张冲动的背景下，如何揭示企业战略化行为建构和解构的实践内涵？研究者选取辽宁曙光集团三个战略性并购阶段作为研究对象，研究发现，企业战略扩张过程中，决策层洞察力越强，越有利于增强管理层承诺，而在原战略不变的情况下，组织管理层承诺越强，反而越不利于决策层洞察力增强。决策层洞察力越强，越有利于企业战略化绩效的提高，而在原战略不变的情况下，管理层承诺越强，企业战略化绩效越差。决策层洞察力和管理层承诺之间匹配度越高，扩张冲动越有利于组织扩张战略绩效的改善。研究也表明，通过调整组织社会化能力和战略性选择之间的一致性变化，可以避免盲目性的扩张冲动，进而维持企业持续成长。

第十章是“非正式组织与中国企业战略实践”。企业文化是企业赖以成长的基石，离开了企业文化及其社会文化，企业战略往往是纸上谈兵；对于企业战略化行为来说，正式组织是企业成长的平台，而源自于企业情境的非正式组织是企业战略化行为的根基。非正式组织在企业情境中表现为什么样的组织活动？如何揭示其与企业战略化之间的关系？研究者探究了非正式组织行为与企业战略化行为之间的关系，以组织认知逻辑为主导的正式组织是战略选择的制度化基础，而以组织情感为主导逻辑的非正式组织塑造了组织社会化过程。研究发现，在中国情理社会背景下，非正式组织不仅是以组织情感诉求为主的社会性组织，不仅是企业战略化行为的推动力，而且也是企业战略化的行动方向，是保证企业战略化行为的内隐力量；同时本章也给出了非正式组织的主要构成要素。研究表明，组织情感不仅是形成非正式组织的纽带，也是引导企业战略化行为的风向标。

在企业实践的战略选择层面上，企业战略化行为实际上是一种连续性创业过程。本书后两章以战略创业为背景，深入地探究企业战略化行为机理及应用框架。第十一章是“中国企业战略化行为：动态能力视角”。组织忘记遵从情感逻辑，忘记有利于企业跨情境行为的产生，而组织学习遵循认识逻辑，学习可以促进企业情境化能力的增强。那么，在情感与认识的相互演进过程中，组织忘记与学习是如何构建企业战略实践的？研究发现，首先，组织忘记是企业战略化能力形成的基础和充分条件，而组织再学习则是企业战略化行为产生的必要条件；其次，对于陈述性记忆变化来说，组织忘记有利于企业战略化能力的形成，而组织再学习有利于企业战略化能力的增强；最后，对于程序性记忆变化来说，在组织忘记的前提下，组织再学习有利于企业战略化行为的塑造。研究表明，在战略化能力开发和形成过程中，组织忘记存在两种方式，即陈述性记忆的忘却和程序性记忆的忘却；前者直接驱动企业战略化能力的形成，而后者则是通过随后的组织再学习，进而连续性地推动企业战略化行为的开发。研究也指出，企业应该先锁定有利于组织变革顺利实现的独特能力，通过有目的性的组织忘记不断弱化其他组织能力，让道于这种独特能力的成长，通过有目的性的组织再学习增强这种独特能力及其互补性能力。

战略思想使创业行为插上腾飞的翅膀，而一种连续性创业的企业战略化行为建构是十分复杂的。第十二章是“中国企业战略化行为：情感—认知互动的视角”讨论了在情感和认知互动关系的视角下，企业战略化行为的应用机制是什么，以及企业沿着怎样的建构原理来实现其战略创业行为。本章通过揭示腾讯创业过程发现，首先，战略行动者的个体情感和组织情感分别在企业创建和战略更新阶段提升了企业战略创业的组织认知结构，而基于情感逻辑的效果推理可以促进企业战略化认知结构的形成，并有利于企业战略创业的行为继承性；其次，基于情感逻辑的效果推理不仅有利于发现和利用草根创业机会、促进战略化组织模式形成，而且有利于高层管理团队识别与利用新的商务机会、促进战略更新的企业组织认知模式提升，而高层管理团队的认知能力有利于企业战略化模式形成和企业价值理念提升。研究表明，企业战略化是战略行动者先热爱所从事的专业，再转向通过组织情感从事自己所热衷的事业，并保持两者的一致性转化的战略化行为，进而实现自我价值向社会奉献的超越。

第 一 部 分

企业战略化行为：中国实践与理论框架

第 一 章

中国企业战略化行为：一个实践的视角

每个人都会漫不经心地做些战略化行为，这往往会使人受益终生。

William H. Starbuck(2006)

与西方管理学注重理性经济人的理论假设不同，中国社会更多地强调情理相容和通情达理的人情关系准则(杨国枢，2004)。在企业的内外环境中，西方企业注重职业精神或“角色一致性”，而在中国情理社会所塑造的企业员工行为更多地强调“社会一致性”，所以，西方管理学理论很难揭示这种偏向情境决定论(situational determinism)或以外在社会情境为重心的中国企业组织行为机理(Hsu，1981)。换言之，在社会互动的企业战略管理实践中，以自我意向为重心的西方管理理论难以用来揭示以社会情境为重心的中国企业管理实践。沿着翟学伟(2008)提出的本土化研究思路，并结合杨国枢(1997)倡导的本土化的主位性(emic)研究方法，本书的研究将扎根于中国企业战略管理实践，借助于西方科学的研究范式及理论方法，并在现有相关研究成果的基础上，提出中国情境化的战略管理理论。

任何管理理论的产生都来自于特定的企业实践状况，诞生于20世纪60、70年代的企业战略理论，是由一些未来学家提出的。当时处于传统工业时代，注重机械化生产的企业具有很强的同质性，它们更多地依赖差异化的市场开发和市场竞争来获取竞争优势，这就为传统战略管理理论的诞生提供了土壤，同时，比较静态的产业环境也更有利于未来学家开发战略思维，这也给企业培育新的商务能力提供了足够的时间。所以，传统战略管理理论比较适合传统行业的战略规划。但是，时过境迁，企业所处的环境已经发生了翻天覆地的变化：从依赖机器生产转向依赖员工协作，从依赖自然资源占有转向依赖组织知识创造，从依赖单一行业竞争转向跨行业集团合作，这些转变使得企业不得不面临急剧变化的内外环境，企业要想在这种动荡环境中保持持续成长，就必须要在日常组织活动和企业实践中培育、发现并始终围绕一个独特的、个性化的“共同线”，即注重把战略和日常实践结合在一起的企业战略化行为(Balogun 等，2003)。

如果不能质疑以往战略研究所遵循的想当然假设及重新考虑企业实践背景，

战略管理研究就不可能产生具有前沿性的理论框架。现有战略理论过分强调企业宏观层面的数据分析，如产业态势、竞争优势和线性规划，而忽视了企业自身的演化路径，这种“失去自我”的竞争适应性变化已经严重制约了战略理论的发展(Regner，2005)。大量持续成长企业的案例告诉我们，企业战略不必过分注重一时的得失，企业战略活动也可能很少按照长期规划展开。例如，一方面，恒基伟业、亚细亚集团、秦池集团等企业过分注重一时得失而使企业迅速走向衰败，这种追求利润持续增长的逻辑也曾使星巴克公司一度落入成长危机，而索尼公司在20世纪70、80年代的“三起三落”并没有阻挡其创造世界级公司的业绩(Raynor，2007)。不片面地注重眼前得失会使企业获得更多的成长机会并提升组织能力，而注重可预见的眼前得失，即在意清晰的规划，迟早会导致企业的衰落。另一方面，通过观察和研究杜邦、诺基亚、摩托罗拉等长寿企业，采访国内迅速成长的腾讯公司、万向集团及万科等企业，不难发现，这些企业一路走来，一开始并没有清晰的长期战略规划，反而更多地依赖于战略性思维指导下的“走一步看一步”。所以，对比成功与失败企业的成长过程，可以看出，把战略思维和企业实践结合起来，即从企业日常活动过程中创造出商业化的战略选择和随之社会化的组织能力，组织能力的社会化过程进而影响着此后的战略选择，只有注重这种交互演进的战略化行为，企业才能得以在动荡环境中持续成长。近年来，对“企业战略化行为”(business strategizing)的探究越来越受到战略学者的关注。

1.1 技术路径

企业战略化行为根植于企业实践之中，而不是在企业文档或者高层管理者的言语之中(Jarzabkowski 等，2007)。企业战略化研究应该以企业战略实践作为研究的起点，这样可以摆脱传统战略理论的束缚；根据 Jarzabkowski 等(2007)的界定，实践的视角可以从三个层次进行一致性分析：一是实地调研所获得的概念原型，二是企业战略实践的过程展现，三是实践者的体验描述(如实践者的体会、学者的评论、现象的发生过程等)。为了能够较为深入地了解企业战略实践，根据探究企业战略化行为的三种方法(Balogun 等，2003)，本章强调运用实地走访和调研、企业成长的追踪观察、二手数据挖掘的方法来获取20家中外企业战略化行为实践的较为真实的数据，试图从这些企业失败与成功的经历中了解企业战略化实践。为了揭开企业战略化实践中的深层次原理，透视出相关概念和原理，本章按照不同类型企业数据获取的先后顺序，即先实地调研、再观察与二手资料分析和业界数据的元分析三个阶段，对不同阶段分别选取失败与成功的企业或在其他方面具有可比较性的企业进行对比。为了克服案例选取的偏差，我们随机进行抽取，并根据可比照、可分析的原则，探究企业战略化的行为实践背后的原理。例如，在实地走访阶段，我们选取了 12 家分布于我国西北地区、东南地区和东北地区的中小民营企业进行对比分析；在观察与资料收集阶段，我们选取了 2 家成功企业和 2 家失败企业进行对比分析；而在深入了解和验证战略化行为实践中，我们选取了 4 家国外著名企业的不同成长历程进行比照研究，以进一步明晰中国情境下企业战略化实践的内涵。

1.2　实地走访

1.2.1　案例

为了深入了解企业战略化行为，本书作者的研究团队于 2010 年 1 月至 2 月和 2011 年 6 月分别实地走访了辽宁 3 家、甘肃 4 家和浙江 5 家民营企业。我们的访谈和走访是开放式的，每个企业至少访谈 3 个人，采用三角法进行实地调研(Jick，1979)。访谈对象一般是创始人(或者总经理)、合伙人(或者中层管理者)及一般员工，同时考虑被访谈者的入职年限；为了客观地反映出已经衰败的企业的真实面目，我们也分别走访曾经与这家企业有过密切业务往来的合作方代表、曾经历过该企业衰败过程的老员工，以及了解该企业业主的伙伴或者业主本人。被访谈或实地调研的 12 家企业之中，沈阳金诺、甘肃双湾混凝构件厂、宁波金龙铜业以及宁波亚东实业 4 家公司已经衰败，这些倒闭的企业已经分别存在了 8 年、6 年、3 年和 18 年；甘肃振国、双丰辣业、双湾砖厂及大连乾日 4 家企业目前处于发展停滞时期，它们分别成立于 1994 年、1998 年、1988 年和 1995 年；而浙江天地通讯、宁波 3S 国际公关、宁波普华永道以及大连永顺塑料正处于快速成长时期，这些企业已经分别走过了 13 年、8 年、12 年和 6 年。

表 1-1　调研企业情况一览表

企业名称	企业性质	规　模	行　业	成立年份	发展阶段	破产年份	省　份	受　访　人
天地通讯技术有限公司	民营(上市)	300 多人	信息技术	1995	成长期	—	浙江	管理人员、财务人员、家族内部协调人
金龙铜业有限公司	民营	30 多人	机电	2008	衰败	2010	浙江	合伙人、业务经理、车间主任

续 表

企业名称	企业性质	规模	行业	成立年份	发展阶段	破产年份	省份	受访人
亚东实业有限公司	民营	200多人	房地产	1991	衰败	2008	浙江	创办人、合伙人、营运人员
普华永道会计师事务所	外资	20多人	服务业	1998	成长期	—	浙江	首席营运官、合伙人(人事)、行政部员工
3S国际公关有限公司	合资	30多人	服务业	2003	成长期	—	浙江	总经理、合伙人、一般员工
永顺塑料公司	民营	19人	化工	2006	成长期	—	辽宁	总经理、生产总管、销售总管
双丰辣业	民营	200多人	农产品加工	1998	停滞期	—	甘肃	创始人及其妻子、管理人员
双湾混凝构件厂	民营	17人	建材业	2000	衰败	2005	甘肃	创始人、合伙人、参与人
双湾砖厂	民营	70人	建材业	1988	停滞期	—	甘肃	2个(管技术、生产)合伙人、技术工
振国有限公司	民营	15人	农产品加工	1994	停滞期	—	甘肃	合伙人、管理人员、技术工
乾日有限公司	民营	45人	海产品	1998	停滞期	—	辽宁	创始人、管理者、一线工人
沈阳金诺有限公司	民营	25人	信息技术	2001	衰败	2008	辽宁	创始人、合伙人、参与者

通过对4家衰败企业的走访发现，过分强调经济利益、忽视社会关系(企业内外)、合伙人关系紧张、内部缺乏组织凝聚力、员工无归属感、管理制度滞后及无战略远虑所导致的公关危机等存在于人际关系中的一些社会化因素导致了这些企业走向衰败。在采访这些企业时，笔者惊奇地发现，被访者很少提及企业衰败是由市场因素或盈利能力所导致的。

通过访谈4家停滞不前的企业发现，与政府关系良好、创始人拥有良好的亲和力和人格魅力、关心员工心理、注重友情和亲情关系等社会化因素支持着企业一直走到现在，而这些企业也普遍存在着忽视外部市场变化、甚至无销售人员、无长远性战略、员工更迭频繁、创业者缺乏长远眼光或满足于现状等问题，这些问题导致企业发展停滞，或者围绕着眼前市场并依赖很好的社会关系不断更换市场领域，但是始终做不强。所以，我们可以看出，良好的社会关系是企业生存的根本保障，而缺乏长远性的战略思维往往使企业停滞不前。

通过走访4家快速成长的企业发现，管理体制的优势、对员工成长的关心、良好的工作氛围、兼顾长短期发展的战略性计划、合作的企业文化、家族成员内部的凝聚力、强调利益共同体中成员之间情感依恋的合作关系、内部关系和谐基础上的市场依赖战略等因素成就了这些企业的快速发展。如果强调经济利益为主导的战略制定和决策行为是组织认知活动，而组织情感是促进战略实施过程中组织社会化的潜在驱动力，那么通过进一步分析，我们也看出，企业快速成长既离不开组织情感的培育，也依赖于组织认知的战略性思维和洞察力。

1.2.2　讨　论

通过上述的实地走访，我们还进一步发现，企业不管有没有明晰的战略计划书，它们在实际组织活动中都存在一条较为明晰的内隐线或共同准则，这也许就是我们一直要寻找的战略化中的“共同线”，即战略性思维。如果缺少这条主线，企业一旦遭受挫折就会很快崩溃；这条主线越模糊或组织社会化力量越强（组织社会化力量是指组织能力以及由正式组织所产生的非正式组织能力，表现为组织情感力），企业在遇到发展机会时越显得游离不定，从而停滞不前。如果这条主线过于明晰且组织社会化力量不强，企业衰败会迅速加快。

我们所走访的上述企业大都是中小企业，这些企业虽然没有像大企业一样具有明确的战略计划或相关文件，但是它们一路走来，其发展历程也体现了真实的企业战略实践，这为我们展现了战略化微观行为的实际操作过程。我们也可以得出一个初步的论断：企业战略化是由以战略性思维导向的战略选择和以社会化力量导向的组织活动两部分构成。为了进一步探究企业战略实践中制定战略的战略选择活动和战略实施的组织社会化活动，我们将通过下面几个案例来理解相关概念的现实原型。

1.3　观察和二手资料分析

为了在概念层面理解企业战略化的实践，我们通过观察、知情者访谈和二手数据分析等方法收集了IT行业中王安和恒基伟业两个失败企业案例，以及走专业化道路的万向集团和走多元化道路的格兰仕两个成功企业案例，通过这两种场景的对比，我们可以得出组织社会化过程的组织能力构建和战略性思维指导的战略选择在企业战略化实践中的基础性作用。

1.3.1 场景一：案例

案例(一)

王安于1951年开始生产自主研发的磁脉冲记忆芯片的特种电子与数字设备；1964年推出了用电晶体制造的桌上电脑；1990年，王安电脑公司跻身世界500强；然而，1992年，由于公司连年亏损，不得不申请破产保护。王安公司连续性创业过程中的兴盛和衰败形成了鲜明的对比。进入90年代之后，向更廉价和多功能化方向发展的个人电脑逐步取代了功能单一的文字处理机和大型微机。当IBM等公司致力发展个人电脑之际，王安却不听下属劝告，拒绝开发这类产品。电脑行业已向更开放、更工业化、标准化的方向发展，王安却坚持自己老一套的专有生产线。公司产品不但未赶上发展高兼容性个人电脑的新潮流，而且失去了独特性能，新产品开发与市场脱节。在组织制度上，王安骨子里的中国传统文化观念与现代企业制度产生了严重冲突，这些观念主要是权威观念和以血缘为纽带的家族观念等。王安延续传统的家族管理方式，不顾众多董事和部属的反对，任命36岁的儿子王烈为公司总裁。从1986年年底王烈赴任至1988年年中，公司的财务状况急剧恶化，1988年亏损额高达4.24亿美元。1989年9月，王安不得不亲自宣布王烈辞职。米勒在接替了王烈的职务之后，没有适应市场要求推出新产品，反而通过对已售出产品的维修、软体换代和收取其他附加费获取利益，这种只顾眼前利益的做法最终将公司引向末路。

王安受以往成功经验的影响，固守单一文字处理机、大型微机产品及原有的专有生产线，不能满足市场对个人电脑以及电脑行业标准化和开放化的要求。这种固步自封导致王安公司的产品在技术迅速更新的市场中，丧失了产品和技术的特点和优势，被电脑兼容性的浪潮远远甩在了后面，这是王安公司失败的最根本的原因。传统的沿袭观念冲击着现代企业管理模式，王安受这种观念的支配，背离了任人唯贤的原则。王烈和米勒在管理上的无能更加速了企业的衰败。

案例(二)[①]

北京恒基伟业电子产品有限公司(以下简称“恒基伟业”)2001年以来遇到了真正的麻烦。此前，恒基伟业凭借“商务通”仅用1年多时间就占据了国内掌上电脑60%以上的市场份额，成为当之无愧的龙头老大。尽管随即受到竞争者的有力挑战，却仍然能维持着市场领先地位。而在2001年，恒基伟业到了必须发力

---

① 改编自“中欧商业在线”，http：//www.ceibsonline.com/case/show/index/id/17。

的时刻：竞争对手紧跟不舍，市场持续萎缩，难以确定新的利润增长点，当初共同创立恒基伟业的老员工也纷纷离职。恒基伟业面对的不仅有国内竞争对手，还有来自国外高端市场厂商的有力挤压，比如惠普、索尼、Palm、诺基亚这样的国际巨头。在竞争者队伍中，除了在家用PC市场占据龙头地位的联想，对恒基伟业威胁最大的就是位于广东的中山名人电脑技术有限公司了。面对挑战，张征宇曾对外表示“并不想卷入价格战”。但在持续的市场压力下，恒基伟业不得不作出反应，发布为期90天的“A计划”，最高降价幅度达到35%；其他厂商纷纷跟进，摩托罗拉、联想、桑夏等品牌都大幅降价。价格战极大地刺激了市场需求，2000年全国掌上电脑总销量超过了200万台，比1999年增长了1倍以上。同时，整体价格水平猛降近40%，利润空间被大大压缩，一些实力不足的小厂商退出了市场。

技术战是掌上电脑市场的另一个主题。2000年5月，恒基伟业推出商务通连笔王，采用了与汉王公司合作开发的连笔识别软件3.0版，实现了手写识别的突破性改进。随后市场上出现了一股“连笔王”的高潮，各种名头的“连笔王”充斥市场。2000年6月，恒基伟业宣布使用微软的Windows CE 3.0操作系统，次年4月推出了基于Windows CE 3.0的商务通奔扬2168。恒基伟业推出了与西门子共同开发的无线信息终端产品。恒基伟业还先后研制了针对证券、警务、新闻等行业的专业产品。

在国内，商务通所属的低端掌上电脑市场刚刚经过两年多的快速增长，就遇到了需求停滞、市场萎缩的问题。经过前两年火热的价格战，低端掌上电脑已经接近价格底线，很难再通过降价来刺激消费。低端市场传统产品利润率一再下降，而新产品也难保持较高的利润。行业市场也已经被竞争对手盯上，名人、联想等都有自己的行业产品，Palm公司也将主要面向教育、保险、医疗行业及销售人员推出自己的产品。

2001年6月，创业元老孙陶然宣布“无限期长假”，淡出了公司的管理，引起了一场人事变动。2002年9月，另一位元老范坤芳离职，并宣称将推出智能电话，打造“新的‘商务通’神话”。孙陶然和范坤芳都是恒基伟业负责市场营销的副总裁，他们的离职对恒基伟业无疑是重大的打击。关于出走的原因，一篇报道将其归咎于张征宇持股太多，使得创业伙伴看不到发展的前景，并称张征宇在恒基伟业中保持80%以上的股权。2002年6月，恒基伟业计划在香港主板上市，当时张征宇对外透露他占有超过50%的股份。公司管理层拥有超过10%的股份，其他股份则由私人投资者拥有。由于前两年恒基伟业快速膨胀，员工大量增加，在市场增长放缓时造成了沉重负担，公司不得不从 2001 年 11 月开始裁员。

1.3.2 场景分析

场景一的两个案例告诉我们，背离员工(管理者)意愿的组织社会力量，往往使得企业看不到未来发展所存在的威胁和潜在的机会，而一意孤行的战略选择会加速企业衰败。从案例(一)可以看出，在战略选择上，“当 IBM 等公司致力于发展个人电脑之际，王安却不听下属劝告，拒绝开发这类产品”，这忽视了组织社会化过程为企业带来的潜在发展机会；而在组织社会化活动中，“王安延续传统的家族管理方式，不顾众多董事和部属的反对，任命 36 岁的儿子王烈为公司总裁”，这种不注重组织社会化力量的战略选择只会加速企业失败。从案例(二)可以看出，一味强调依赖于战略制定和选择，而忽视组织内部社会化力量即组织能力的培养和增强会使企业失去战略化即持续成长的动力。

1.3.3 场景二：案例

案例(一)[①]

1984 年，万向还是浙江萧山的一家小厂，刚刚签订了第一笔出口合同；1994 年，万向刚刚注册了万向美国公司，负责人当时还只是一名留学生；而到了 2003 年，万向已经把产品销售到了世界各地，同时已经在美国、欧洲收购了约 20 家企业，成为名副其实的跨国公司。鲁冠球丝毫不掩饰他的雄心壮志：“向海外扩张是企业的需要。我承认，中国企业和国外企业在管理和技术方面还有很大的差距，但是我们能依靠资源与它们联合。”

鲁冠球初中毕业即进城当学徒，凭着他的手艺和吃苦耐劳，到 1969 年已小有积累，创办了宁围公社农机修配厂。1979 年后，鲁冠球意识到，企业必须摆脱这种没有方向的盲目状态，否则就根本不可能做大。经过一番思考，他决定放弃其他产品，集中力量专门生产汽车万向节。鲁冠球在经济十分拮据的情况下，将 3 万多套价值 43 万元不符合标准的万向节送往废品收购站，万向节厂全体员工半年未发奖金。1980 年，在全国万向节厂整顿检查中，鲁冠球带领的萧山宁围万向节厂以 99.4 的高分居全国同行业之首。1983 年 3 月 14 日，鲁冠球承包了萧山宁围公社农机修配厂，没有分配承包奖金 300 余万元，而将其全部用于工厂

---

① 改编自“中欧商业在线”，http：//www.ceibsonline.com/case/show/index/id/85。

培养人才和建造乡村小学。此后，他建立起总厂式管理模式，进行同心多元化扩张，一举购并了8家亏损企业，并成立了杭州万向节总厂。总厂制管理为集团化管理积累了一定的管理经验和管理人才，同时，促进了各分厂在成立初期迅速走上专业化、规模化生产之路。1992年12月，万向集团制定发展规划："通过新建和技术改造，逐步形成十字轴万向节、等速驱动轴、传动轴，轴承、滚针、油封等系列化工业产品，并小规模涉足其他产业投资。"1996年，万向集团进行资产重组，钱潮公司收购机械公司、特轴公司、汽轴公司、传动轴公司等7家汽车零部件企业60%的股权，以较低的投入、较快的速度获得了多家年销售亿元、利润千万元的稳定成长型公司，在较短时间内形成了巨大生产能力，迈入高速成长期。业务蒸蒸日上的同时，鲁冠球也从没有停止过在企业体制和管理体系上的探索。1992年12月，集团公司改革行政机构，调整领导成员，新建公司管理委员会，鲁冠球担任董事长兼总经理。1994年，万向集团成立董事局，作为最高决策机构负责集团重大决策。同时，集团对下属各企业进行了公司制改造，行使发展、控制、组织三大职能，使下属企业成为拥有独立法人地位、直接面向市场的竞争主体，使整个集团形成"外大内小"的经营特色。

20世纪80年代初，鲁冠球早就希望向海外发展，争取打入国际市场。1984年春天，一位美国商人从广州一路找到了钱塘江边的这家小厂。舍勒公司的代表对万向产品表示非常满意，当即订购了3万多套万向节。1993年是万向国际化道路上的一个转折点。当年9月，万向美国公司在美国肯塔基州开始筹备，总经理是当时正在攻读博士学位的倪频。1994年，万向美国公司在美国芝加哥成立。3年后，万向美国公司的销售收入突破1 000万美元。同年，万向欧洲公司和南美公司也先后成立。作为集团拓展海外业务的桥头堡，万向美国公司和其他海外公司采用了高标准的管理体系：管理本土化、市场营销本土化、资本配置本土化、人才本土化，以及注重技术研发。同时，万向通过国内的技术中心、国家级实验室、博士后科研工作站等对海外技术研发机构形成了强大的技术支撑和辐射作用。随着万向对国际市场越来越熟悉、国际化的步伐越来越快，万向美国公司在整个万向集团中发挥更重要的作用——成为集团在海外业务的中心和资源配置平台。1997年7月，万向收购AS公司60%的股份，成立万向欧洲轴承公司。2000年4月，万向收购了美国舍勒公司。2001年8月，万向收购美国UAI公司21%的股份，成为其第一大股东。2003年9月30日，万向成功收购美国的洛克福特公司，因持有33.5%的股权成为洛克福特公司的第一大股东。

万向进入国际市场是从海外销售开始的。经过数年努力，万向产品基本在美国市场站稳了脚跟。从 1997 年开始，万向开始了国际化战略的第二次转型：从以海外销售为主向运用资本工具进行并购转变。数年中，万向美国公司已先后在美国、英国、德国、加拿大、澳大利亚等 8 个国家拥有了 30 多家公司，其中独资或控股 18 家，构建起涵盖全球 60 多个国家和地区的国际营销网络，万向跨国集团初具雏形。

案例(二)

从 1978 年梁庆德创办羽绒制品厂到 2007 年实现 180 多亿元销售收入的格兰仕，在这 30 年间所走的发展道路是一个弃旧图新的不断创业之路。格兰仕 30 年间企业战略化发展分别经历了产品代际推进和行业更迭两种创业活动，期间包括从羽绒制品向毛纺织品、从轻纺业向小家电业、从微波炉向光波炉、再向空调业转型的连续性创业阶段。具体来说，在这 30 年发展期间，格兰仕从其组织特征、企业类型，到核心竞争力、业务范围和市场范围都经历了几个脱胎换骨的发展阶段(如表 1-2 所示)。正是这些连续性创业活动造就了一个民营企业迅速跻身世界级企业的辉煌。

表 1-2 格兰仕 1978—2007 年间成长历程

发展阶段	1978—1991	1992—1998	1999—2005	2006—2007
组织特征	权利导向	市场导向	多元化导向	品牌导向
企业类型	加工生产	生产	生产和研发	生产和研发
知识锚 (Anchors)	加工技术	生产管理技术	研发技术	全球化品牌运作能力
主要业务范围	羽绒制品	微波炉	微波炉、光波炉、空调、电饭煲、电风扇、空调等产品	光波空调、光波炉等高端家电产品
市场范围	供外贸单位出口	国内市场	从国内到国外市场	全球化市场

第一次战略转型：从羽绒制品向家电业的产业转移(1991—1994)。格兰仕先后通过与港商、美国公司合资建厂，引进日本最新型号的粗梳毛纺生产线，生产羽绒服装和羽绒被，出口海外，形成年总产值 1 亿多元的羽绒制品生产规模，处于国内羽绒加工业首屈一指的地位，这些为格兰仕进行规模化和专业化生产积累

了良好的经验和能力基础。因此，正是在先前羽绒加工和管理技术基础上，不断扬弃和补充相关知识，使得企业动态能力得以不断明晰和增强，从而为日后在家电业的腾飞奠定了良好的基础。

第二次战略转型：从单一产品向多元化发展（1999—2002）。早在20世纪90年代初，格兰仕先后从上海无线电十八厂聘请了5名微波炉高级工程师，聘请日本人从事生产管理，在美国建立技术研发院；特别在1998年为实施国际化战略，格兰仕集团聘请韩国人担任国际营销主管，聘请美国人从事技术研发活动等，这些按照全球化视野网罗人才的经验和能力为格兰仕第二阶段的战略转变提供了条件。同时，这些人才的引进也为格兰仕的人员管理带来新挑战，于是格兰仕的管理范式开始从网罗装备向网罗人才和整合人才迅速转移。

“格兰仕对组织建设过程中的调整不遗余力，哪怕由此带来暂时的局部市场波动，也在所不惜。我们希望打造一支能不断健康发展的团队，打造可持续发展的组织行为，使基业常青。”俞尧昌说，“这种人才的整合比收购生产线更有价值，因为这些优秀的人才知道生产制造过程中哪些是缺陷，哪些是必须要回避的问题，这就使格兰仕发展。”为了实现从单一产品向多元化产品的转型，在确定放弃单一产品的战略选择之后，在1999年到2002年间，格兰仕以人才整合为突破口，通过不断的组织忘记和相应的组织学习行为，进一步提升了人才整合能力，形成了以人才整合构架为主体的企业动态能力，系统地建立了格兰仕价值理论体系，从而使得格兰仕集团的范围经济主要表现在利用微波炉经营的资源和能力积累，迅速开拓到空调、电饭煲和电风扇等产品市场，推出“金刚光波”、“数码光波一键通”、“平板光波”和“蒸汽光波”等新产品，开发和拥有光波微波炉、磁控管开发的核心配件技术。

第三次战略转型：从以产品为主导向以品牌为主导的战略转移（2005—2007）。为了实现从“世界工厂”向“世界品牌”的转变，加强自主品牌在国际市场的建设和推广，2005年之后格兰仕通过了一系列组织变革措施，组织忘记和学习交错使用，进一步开发和提升了全球化战略营销能力的内涵。格兰仕在全球市场的深度管理营销推进过程中，更侧重考虑如何驾驭品牌资产和顾客资源，例如把2007年定位为“品牌年”等。这些策略为格兰仕更好地形成、增强和利用动态能力，实现第三次腾飞打下了良好的基础。

1.3.4 讨　论

通过格兰仕的战略化过程分析，不难看出，在每一次战略转变中，格兰仕都是根据市场变化和组织变革状况，先确定战略转型的方向，再从组织社会化力量中寻找有利于战略转变的组织能力，锁定特定的能够确保组织变革顺利实现的独特能力(如生产管理能力、人才整合能力和市场营销能力)；然后通过有目的性地弱化其他组织能力，显现这种能力在组织变革中的基础性地位，通过有目的性的社会化行为增强这种独特性能力，同时引入其互补性能力，促使这种独特性能力成为战略转型中的组织能力，并且增强这种能力，从而为战略实施提供强有力的保障。

组织社会化行为是指以员工流动为手段，实现管理模式重建、管理思维转换，进而形成更高层次的组织能力过程。场景二中两个案例进一步告诉我们，组织社会化力量是企业进行战略选择的基石，也就是说，以组织能力的建立和增强为前提条件，在战略性思维指导下，当组织能力达到一定程度，战略选择才能进行，这是企业得以持续成长的根本原理；这两个案例也反映出，组织社会化过程是以打破原有的组织模式为代价的，用社会化力量来推动新的组织模式构建和在更高层次上促进组织能力增强。所以，以组织社会化力量为代价，组织社会化过程为战略选择提供新的机会空间，而组织能力为战略选择提供新的机会判断和利用能力。

1.4 对国外企业案例的元分析(meta-analysis)

通过上述实地调研、观察和二手数据所获得的案例对比分析，我们已经对企业战略化实践有了初步的认识，然而，这种初步的、零散的论断与业界实际(实践者、学者以及其他著名企业战略实践)是否相似？也就是说，这种结论是不是具有普遍性？为了验证或者深挖企业战略化实践的一般性行为，本节将分两个场景进行展现和分析，第一场景(场景三)对索尼和星巴克的案例进行评述，第二场景(场景四)给出 IBM 和 HP 两家公司近二十年的战略实践，从战略过程中进一步探寻企业战略化行为框架。元分析是指运用其他文献所使用的材料进行更深层次的分析，揭示内在原理(Read 等，2009)。本章采用元分析更多的是引用别人文献使用的案例，在案例基础上更深入探究企业战略化实践。为更加客观地描述企业战略化中的战略选择过程，本章主要选择的受访者是主要决策者和参与者，尽量采用直接引用和描述他们的直接感受。

1.4.1 场景三：两个案例

案例(一)(Raynor，2007)

索尼公司在1975年引入Betamax，并创造了大量的VCR市场空间，此后的8年为消费者提供了也许最好的、最实用的创新性产品，但是其设计版式是失败的，于是1989年从美国市场撤回Betamax，其市场份额下降了0.3%，而导致松下的VHS设计完全占领了这一市场。另一个战略失误是索尼的MiniDisc，在1991年闪亮登场的MiniDisc，一度与索尼的Walkman压缩式卡型盒式录音机播放器一起创造了“唱片时代”，尽管索尼对这种技术和相关内容进行了大量投资，但是索尼一直难以从日本之外的市场获得订单，甚至在2000年之后到数字便携式产品出现，销售一直处于下滑状态。

索尼为什么在Betamax和MiniDisc上出现两大类似的战略失误？Rayoner(2007)认为，公司的战略失败并不意味着这是一个坏的战略，而是因为这种战略太宏伟了，也就是说，索尼太注重计划性战略制定，而忽视了战略实施过程中所出现的不确定性变化，战略分析和战略制定固然重要，但不能时过境迁，还抱着原战略不放，即忽视这种战略在实施过程中所带来的新机会。同时，也必须随着组织能力变化而对原战略进行必要修正，如与其他利益相关者保持距离和不合作。由于索尼公司过于对原战略注入太强的战略性承诺，坚持做产业领先者而不做跟随者，强调路径依赖的战略制定和随后的战略执行力，而忽视战略实施中的社会化力量，从而犯了两次同样的错误。

案例(二)[1]

2008年年初，当Howard Schultz在时隔近8年之后，再次担任星巴克公司首席执行官时，他很快就得出结论：增长已经成为一种“致癌物”，该公司的企业文化和经营方式亟待转型。星巴克的首席执行官描述了他对该公司有节制发展的计划——在新兴市场和发达市场都同样适用——“在大约超过15年的时间里，当我们围绕咖啡创建这个非常独特的品牌，以及一个以价值观为基础的企业组织时，我们所做的几乎每件事都心想事成。……说到星巴克公司的增长问题，它将是一种具有正确动机的、有节制的、有益的增长——一种不同类型的增长。”

在接受《麦肯锡季刊》专访时，Howard Schultz指出，“我们一直在追逐规模的

---

① “星巴克对健康增长的追求——星巴克现任首席执行官Howard Schultz专访”，《麦肯锡季刊》，2011年4月刊。

增长，我们一直在做出某种受到股票价格支配的决策。这是一条非常非常危险的下坡路。一个不思进取、不图发展的企业不可能吸引和留住优秀人才。没有人希望晚上回到家，对家人说我在为一家正在转型的企业工作，这并不令人激动。而给员工以希望、提供愿景目标和对美好未来的憧憬，才是极其重要的。从我回来的第一天起，我就很清楚，我的任务并不仅仅是要把公司重新恢复到其最初的样子。我们必须向员工灌输一个深刻的道理，承诺不断发展壮大星巴克公司。”

Howard Schultz 认为，“对星巴克来说，这是一个独特的转折点；我认为，我们已经确定了一个非常大的机会，去做一些以前从未做过的事。情况是这样的，在美国国内和世界各地，有许多企业像星巴克一样，已经以零售门店为中心，在国内建立了全国性的业务——如 The Gap、好市多、沃尔玛、Coach、Zara。也有许多经营包装消费品的企业——如百事可乐、可口可乐、家乐氏、汤厨食品。但我还没有发现，有哪一家企业能够通过将零售业务与无处不在的分销渠道——对于我们来说，就是杂货店和药店——集成到一起，建立起互补的分销渠道。因此，这种模式就是，星巴克可以在自己的门店中，培育和推出新产品、新品牌。我们在自己的门店中推出了 VIA 速溶咖啡。速溶咖啡是一种全球销售额达到 240 亿美元的产品，它在过去 50 多年中没有任何创新，而且也没有增长。如果我们把 VIA 速溶咖啡放在杂货店的货架上销售，这个产品就死定了。但是，我们可以在自己的咖啡店中，将 VIA 融入我们与自己顾客已有的情感联系中。我们在自己的门店中这样做了 6—8 个月，并取得了远远超出预期的成功。而且，这种成功的结果是，我们轻而易举就使人们信服这项新业务，因为他们太需要这个产品了。”

Howard Schultz 同时认为：“企业增长的最大的制约因素并不是融资。我们现在坐拥大约 20 亿美元的现金。我已经向华尔街公开表示，在我们的历史上，这可能是第一次，我们将以机会主义的态度来对待潜在的收购机会。其实，最大的制约因素是人力资本。我们希望吸引世界级的人才，他们必须具有与星巴克企业文化完全一致的价值观。而且，我们希望确保，星巴克未来的增长不会以任何方式掩盖我们过去曾经犯过的错误。”

Howard Schultz 接着说，“我完全不担心这一点。一方面，我数不清在过去的 18 个月里，领导团队或公司已经庆祝了多少次。而事实上，我们有很多事情值得庆祝。我们公司的市值已经翻了两番多。在今年，在这个季度，我们取得了创纪录的销售收入、创纪录的利润。但是，实际上，我们一直在反复检查，看有没有什么事我们也许没有做好，并且我想，我们要不断鞭策自己。如果你星期一上午走进我们的会议室，你会认为，这是一家仍然在试图使自己转型的企业。我会把公司团队和我自己形容为我们正在花与以前一样多的时间，在‘后视镜’中回顾那些我们刚做过的事，以确保我们奠定了正确的基础，确保当我们的公司不断成长时，我们的企业文化得以传承。与我们过去的做法相比，这是一种完全不同的纪律和心态。”

什么是有节制的成长？即 Howard Schultz 心中的星巴克战略化实践是什么？星巴克的持续成长不仅注重长期性增长，而且处理好组织社会化行为，其战略重点不断在两者之间进行转换，这就是所谓的有节制的成长。星巴克的成长实践告诉我们，企业战略化依赖于两个不可或缺的子过程：一是注重与客户搞好社会关系，以及与员工建立基于情感的社会化组织；二是具有全球化的战略视野和保持成长的战略性思维，即坚定的严谨的分析和制定战略的决策能力。

1.4.2　场景四：两个案例

案例(一)：惠普的战略性扩张

2005 年上任惠普 CEO 之后，Mark Hurd 启动了 140 亿美元的大规模收购计划，希望通过收购来拓展业务。2005 年，惠普收购 Peregrine Systems、Scitex Vision 和身份管理软件 Trustgenix；2006 年，惠普收购 ILM 业务 OuterBay、移动软件商 Bitfone、商业智能服务软件商 Knightsbridge 和企业管理软件商 Mercury Interactive；2007 年，惠普收购 Bristol 强化业务优化科技产品、自动化电脑数据中心 Opsware、数字喷墨打印机 NUR Macroprinters；2008 年，惠普收购商务软件 Exstream、Colubris Networks、LeftHand Networks 和 IT 服务商 EDS；2009 年，正式收购了网络设备商 3COM；2010 年，惠普 12 亿美元购得手机厂商 Palm。并购后的惠普拥有一个极其庞大的产品线，包括打印机、PC、服务器、存储业务、软件和服务，从硬件到软件，从高端到低端，从企业到个人消费市场，几乎无所不包，皆有涉足。不同的业务需要面对不同的竞争对手，适应不同的游戏规则，具备不同的竞争能力，甚至需要具有不同的成本结构和商业模式。

案例(二)：IBM 的战略性收缩

早在 1991 年，IBM 就出售了其打字机和低端打印机业务部门，该部门就是现在的利盟国际有限公司。剥离该部门后，它们可以最大化地发挥其独创性和实力，而 IBM 自己也可以把重点放到核心业务上来。2002 年，IBM 将硬盘业务分离出来转交给日立；美国科罗达多州的 CSG 系统国际公司收购了 IBM 公司的电信用户计费系统和相关资产。IBM 早已将多项业务分立、剥离了出去，操作系统已经拱手让给微软，芯片划归英特尔，存储产品、服务器业务也有 Sun、惠普等敌手加入。简言之，电脑产业专业化、产品模块化的过程，就是这位巨人的业务被不断切分的过程。2004 年，IBM 将 PC 业务以 17.5 亿美元的现金和股票卖给联想集团。经历了 PC 业务剥离之后，2005 年第三季度 IBM 绝地反弹，进账 15 亿美元，以事实证明其剥离一系列非核心业务的发展战略是行之有效的。2007 年 6 月，IBM 剥离打印机业务给理光(7.25 亿美元)。在将个人电脑业务卖给联想之后，这已经是两年来，IBM 第二次出售公司整条产品线。

IBM 所大力推动的客户导向的服务解决方案，其实质正是从客户企业 CEO/CIO/CFO 等角度出发，解决直接影响业务增值的问题(如盈利增长、利润减少、人工成本削减等)，为客户带来了足够的价值(让渡价值)。上述经营理念的转变，以及内部组织结构的调整(全球部门重组为 12 个行业，同时各部门根据客户来进行交叉销售)，还有一系列的剥离出售、并购重组，这些根本性的改变造就了今天“服务的 IBM”。

1.4.3 深度比较分析

场景三的两个案例进一步告诉我们，对原战略的依恋和承诺以及坚守不变的战略制定思路会导致战略失败，同样，错过了组织社会化力量所带来的战略机会是造成星巴克的成长挫折和索尼战略失败的主要原因；星巴克的成长实践告诉我们，只要充分利用组织社会化理论，提倡“有节制成长”，才会实现真正的战略化行为。因此，战略选择固然重要，但是一味地坚守原战略选择思路或忽视组织社会化过程建设都会导致企业发展不可持续，战略化缺失。

无论是惠普的一系列战略收购和 IBM 的一系列战略剥离，两者都是通过制定战略来引导企业战略化活动，但是在战略实施过程中，两者采用了截然不同的组织社会化过程，惠普公司每次战略并购之后，先进行大规模裁员再进行大规模招聘，通过人员流动增强组织社会化能力，加快公司文化融合，迅速增强合并后的公司组织能力；而 IBM 在战略剥离之后，一般采用中高层管理团队的权限重新分割和组织安排，激活公司内部潜在的社会化力量，从而进一步提升组织创造力。这一点从美国专利局网上公布的两家公司近 8 年的专利数和排名上可见分晓。所以，两个案例进一步告诉我们，战略选择之后的战略实施必然是利用相应的组织社会化力量，以增强此后的组织能力，从而保障企业战略化行为即企业存续能力增强。

1.5　一般性讨论

企业战略化是以企业战略实践作为研究语境，而不是借助于产业组织理论、行为经济学或者演化经济学等手段来进行分析。而实践来自于中国企业成长的情境化分析，并从中发现、提炼出企业战略化的原理与框架（Prieto 和 Wang，2010）。本章正是基于这一点，从透视企业战略化行为的由大到小力度来捕捉战略实践，并最后又回到业界的评述和战略管理活动中，以检验先前的阶段性论断。与西方战略管理理论所描述的不同，中国企业战略管理实践中的战略制定和战略实施两个活动并不是截然分开的，而是“你中有我，我中有你”，两者是不可分割的，而且这两种活动分属不同的逻辑范式。因此，在微观行为层面上，企业虽然看不出有明显的程序化战略文件，但只要企业保持 5 年以上的寿命就会存在战略性思维，以及企业没明确指出的战略化行为实践（Whittington，2003）。

实地调研发现，制定战略强调战略性思维主导的组织认知活动，是组织决策过程的战略选择，而实施战略注重社会关系主导的组织化过程，这一过程以组织情感包容力来塑造组织能力。所以，制定战略是组织智力指导下的战略选择过程，而实施战略是组织情感力驱动下的社会化力量，即组织能力的形成和应用过程。在此基础上，通过观察与二手数据分析，进一步发现，脱离组织社会化力量的战略选择会导致企业战略化行为丧失即不可持续成长；而组织社会化过程可以带动战略性思维的提升（提高组织智力），并在更高平台上进行战略选择。通过国外企业案例的深度分析，我们进一步发现，在战略性思维指导下，当组织能力达到一定程度时，战略选择才能进行，这是企业得以持续成长的根本原理；战略选择之后的战略实施必然是利用相应的组织社会化力量，以增强此后的组织能力，从而保障企业战略化行为即企业存续能力增强。

在中国情理社会中，企业战略化行为并不强调经济利润的理性分析，而是注重“无唯一原则”的情感管理模式。中国大多数企业虽然没有明确的制度化战略管理体系，但是既然战略化是引导企业健康成长的原动力和主线条，那么，透视中国企业发展实践可以发掘中国情境化的战略管理理论。通过与国外企业案例的对比分析，不难看出，在中国情境下的企业战略化行为更强调以社会关系驱动的组织化过程，一是顾及外部社会关系的组织认知分析，即企业战略形成和制定过程，二是强调内部员工的社会化组织的情感模式，即企业战略实施的组织化过程。总之，通过实践的视角，我们可以看出企业战略化过程是以发展机会的创造、选择和利用作为明线，而以社会关系的扩展、提升和转移作为暗线，这一明一暗的两条线索构成企业战略化行为的“推拉”两股力量。那么，在这两股力量作用下，中国企业在有意和无意之中制定战略的战略选择行为和实施战略的组织能力活动往往呈现出相互促进、相互约束的协同演化关系，从而共同构成企业战略化的行为一致性，使得企业得以健康、“有节制”和持续地成长。

第　二　章

企业战略化行为的理论溯源

唯达者知通为一，为是不用而寓诸庸。

《庄子》

面对日益激烈的竞争和迅速变化的内外环境，企业必须进入新的市场领域，或逐步退出难以适应的现有市场。企业战略化的动因理论试图探索推动企业在不同市场之间进行战略转移的动力因素，从根本上为企业战略转型提供系统性指导(Sull，2007)。企业战略化动因是引起企业一系列战略活动的驱动力和先导力量，产生这种力量的情境性因素对于成功的战略选择与实施起着决定性作用。根据传统战略变革动因研究所关注的动力机理来源，这些文献被分成两大研究阵营(Burgelman，2002；Carlos，2003)：一是强调“强迫成长”(forced growth)的战略变革动因的外生理论(战略选择理论)，二是强调“自主成长”(natural growth)的战略变革动因的内生理论(组织适应理论)。近年来，企业战略化行为从依靠资本增减的传统模式向发展机遇选择的新型模式迅速地转变，尽管这与传统工业时代的战略选择范式转换存在某些异曲同工之处，但由于外部环境变化与组织语境演化之间关系正发生着戏剧性变化，也就是说，从先前一前一后的变化关系向共同演进关系的方式转变，企业战略化行为动因已发生了本质变化。那么，围绕着企业战略转型的历史背景，企业战略化行为成因理论研究依从着什么路径？也就是说，从企业战略化动因理论的发展脉络中，我们可以初见出企业战略实践活动的演化轨迹，进而可以得出影响企业战略化行为的关键因素，这将有助于在新形势下解析企业战略化行为的动力机制，对于推动战略化理论发展更具有重要理论价值。本章将借助于组织能力变化与外部环境变化之间动态匹配的一致性视角，回顾企业战略化行为的动因理论产生背景，以期促进战略化理论研究在组织能力与战略选择之间确保内在一致性，揭示企业战略实践活动表现力的内在原理。

2.1 战略选择理论

自20世纪70年代以来，企业战略化行为动因的外生理论认为，驱动企业战略化行为的动力源主要来自于企业外部经营环境变化(如表2-1)。企业外部经营环境包括市场需求状况和产业竞争环境，所以，战略选择理论分别从市场结构变化、组织竞争关系变化以及适应外部环境变化的时机选择等方面探索企业战略化行为动因。

表2-1 企业战略化行为动因的外生理论

	市场结构理论	组织种群理论	超竞争理论
兴起时间	20世纪80年代初	20世纪80年代中期	20世纪90年代中期
理论方法	产业组织理论	种群生态学	实物期权、博弈论
驱动力	市场需求变化	竞争关系变化	市场需求与竞争状况变化
环境的变化	稳定	动态演化	急剧变化
战略选择	需求结构	竞争位势	战略时机
标志性文献	Porter(1980)	Hannan和Freeman(1989)	D'Aveni(1994)

2.1.1 主要研究内容

在传统工业时代，企业内部运营环境变化相对稳定，而市场环境变化在驱使企业战略化行为行进过程中占据主导地位，特别是市场需求结构变化往往决定了企业的生存与发展，并直接关系到企业战略选择及其实施。一方面，企业在实施战略化行为过程中首先要了解其所在行业的市场需求结构变化，从而制定和选择有利于企业长期发展的战略。通过对企业经营环境的划分，Porter提出了着重分析特定行业的市场变化给企业带来的新的发展机遇和潜在成长威胁(Porter，1980)，从市场结构层面揭示了企业战略化行为的产业动因。例如，他给出了S-C-P模型(Porter，1980)，指出市场需求结构决定了战略化行为类型，进而导致了企业绩效的变化。另一方面，产品(服务)的市场生命周期变化是影响企业战略化行为动因的重要因素，为了了解产品(服务)的市场需求变化状况，一些学者分析了产品(服务)生命周期对战略变革行为的影响等(Carlos，2003)。

到了20世纪80年代中期，随着越来越多的竞争者进入市场，企业之间的竞争关系逐渐成为企业战略化行为的主要动因。在对有限市场资源的竞争中，企业战略化成功与否往往依赖于竞争对手的经营活动变化。“竞争的核心假设是企业行动的相互依赖，也就是，企业影响其他企业的活动，并且做出相应的反应，所以，竞争活动的本质至少在某种程度上依赖于对手的反应”（Porter，1980）。组织种群生态学理论（Hannan 和 Freeman，1989）认为，企业战略化行为应该依赖于组织种群的密度和演化路径，组织种群之间的竞争关系是战略化行为的基本依据，这种战略动力学具有较强的竞争依赖特征。Hannan 的经验研究发现，基于组织种群生态学的战略化行为动因理论主要收集相关组织种群竞争的历史数据，从竞争发展态势的角度进行战略化行为，提出一系列战略进入和退出机制。

随着知识经济的到来，企业所处的外部环境不断变化已经成为不变的规律，市场需求与竞争位势始终处于动态的急剧变化之中，企业战略化行为所获取的竞争优势在这种超竞争环境下越来越依赖于战略时机选择（D'Aveni，1994）。竞争环境的不确定性增强会促进这种战略投资选择，Kulatilaka 和 Perotti 认为战略性投资的时机选择可以降低组织变革风险（Kulatilaka 和 Perotti，1998）；通过对计算机行业中四个企业战略成功变革的案例研究，Bourgeois 和 Eisenhardt 指出战略变革的正确时机可以提高行业进入壁垒，适时的战略变革可以阻止竞争对手的跟随和模仿战略（Bourgeois 和 Eisenhardt，1988）。在超竞争环境下，选择适当的战略变革时机不仅可以为企业提高竞争位势，而且也可以为企业降低战略转型成本。D'Aveni 指出，战略变革时机对于组织成功的变革尤为重要，甚至认为战略变革时机本身是企业竞争优势之源（D'Aveni，1994）。

2.1.2　主要研究方法

因为市场需求结构变化处于特定的产业组织环境下，所以，强调市场需求结构变化的战略化行为动因理论主要借助于产业组织理论，运用产业组织理论来分析市场需求及产品需求结构变化如何影响企业战略制定和实施过程（Jr. Carlos，2003；Porter，1980）。Porter 把产业组织理论方法引入了企业战略化行为的动因分析，提出了“五力模型”（Porter，1980）；企业家在企业战略化行为过程中占据举足轻重的作用，Casadesus-Masanell 和 Yoffie 利用委托代理理论来分析市场需求变化对战略选择行为绩效的影响机制（Casadesus-Masanell 和 Yoffie，2007）。

组织种群竞争理论认为，企业之间竞争状态与关系显著地影响着战略化行为。一方面，Burgelman 运用实证方法验证了企业战略化行为的组织种群生态学原理（Burgelman，2002）；Baum 和 Singh（1994）运用以战略单元划分种群和以战略定位作为市场变化的导航器，进一步检验了战略化行为的内在动力机制。另一方面，在理论建模方面，由于基于组织种群竞争的战略化行为动因理论强调了资源约束、企业间竞争关系变化对企业战略化行为的影响，所以，博弈论方法被作为主要分析工具之一，用来分析企业之间竞争关系，探索这种竞争状态变化是如何影响企业战略变革行为的，例如，Sterman 等运用博弈论思想，结合组织行为学方法很好地揭示了战略化行为的动态机理(Sterman，Henderson 和 Beinhocker，2007)。

超竞争学派认为，随着竞争的日益加剧，企业战略化行为时机越来越成为企业创造持续竞争优势的重要源泉。首先，关于战略转型选择时机研究的一些文献运用博弈论方法来分析组织变革与竞争对手的战略性反应行为之间的关系，从而确定企业战略变革时机，以获取适时而动的先动优势或后发优势(Pacheco-de-Almeida 和 Zemsky，2007)。其次，由于经营环境变化的不确定性会导致战略投资机会成本的不可逆，实物期权理论可以用来解释战略化行为动因的内在机理演化状态问题(McGrath，1997)。例如，Kogut 和 Kulatilaka 运用实物期权方法，揭示了战略性投资不断创造企业持续竞争优势的本质(Kogut 和 Kulatilaka，1994)；Amram 和 Kulatilaka 借助于实物期权方法有效地评估了企业机会和投资价值(Amram 和 Kulatilaka，1999)。

2.2 组织能力理论

企业战略化行为必然触发组织演化与变革，而组织演化相应地会加速和进一步引发企业战略化行为。企业战略化行为动因的内生理论认为，组织演化不仅加速和推动了企业战略化行为，而且从根本上保证了战略化行为的有效实施。基于这种基本假设，组织能力理论从企业内部变化来寻找影响企业战略化行为的动力机理(如表 2-2)。

表 2-2 企业战略化行为动因的内生理论

资源理论	组织学习理论	组织创造力理论
20 世纪 80 年代初期	20 世纪 90 年代初期	20 世纪 90 年代后期
资源观、演化经济学	组织行为学	社会心理学
动态能力	组织学习能力	情感与认知
稳定	动态变化	不确定性和模糊性变化
资源能力增减	组织动力学	创新和柔性力
Nelson 和 Winter(1982)	March(1991)	Amabile(1996)

2.2.1 主要研究内容

组织能力变化所创造的企业动态能力是触发企业战略化行为的重要因素。演化经济学认为(Nelson 和 Winter，1982)，与外部经营环境变化一样，企业资源的组织能力是历史演化的产物，并且存在着自身的演化路径，这种演化力量可能是推动战略化行为的根本动力。Helfat 研究发现(Helfat，2003)，组织资源能力的演化力量推动了企业一系列的渐进式战略化行为；Lovas 和 Ghoshal 认为，组织演化并非存在于战略化行为之外，引导企业战略化行为的五种因素是战略目标、员工、组织资产、组织结构与常规及高层管理团队(Lovas 和 Ghpshal，2000)。组织演化对企业战略化行为的动力机制影响主要表现在两个方面：一方面，企业在战略化行为过程中应该注意“组织基因”的丢失，注重现有组织资源能力的利用，避免盲目性变革给企业带来成长风险。企业战略预期与反应式战略改进所导致的组织动态均衡是企业战略化行为的内在动力机理，战略化行为目的在于在竞争环境与组织潜在能力之间寻求适配(Nelson 和 Winter，1982)。Brown 和 Eisenhardt 则认为，组织变化节奏是推动企业战略化行为的根本动因，并且以从设备公司向计算机企业转变的惠普为例，指出了战略化行为更应该注意战略延续性，而不是理论上虚构的适时均衡(Brown 和 Eisenhardt，1997)。另一方面，在不同发展时期，企业内部的组织演化所产生的不同组织资源、能力和模式对推动企业战略化行为具有重要影响。Bansal 通过对加拿大石油与天然气业、采矿业及林业在 1986—1995 年间企业战略化行为研究发现，企业在不同发展阶段资源能力不同，战略变革的动因也存在明显差异(Bansal，2005)。

组织学习理论认为，组织学习是促进企业战略化行为的主要动力。Schilling 等指出，企业运用“干中学”来提高组织现有常规的“学习曲线”适应能力(Schilling，2003)，进而有效地推动战略化行为；Zollo 和 Winter 则认为“故意学习”可以使企业有目的性地发展组织动态能力，从而避免组织刚性带来的成长陷阱(Zollo 和 Winter，2002)。针对组织学习和整合组织能力难以转移的问题，Garvey 和 Alred 指出，“指导式学习”将越来越受到重视，因为这种学习方式鼓励和促进非正式和开放式学习活动，在一定程度上使企业避免“学习近视”和战略性短视行为的发生(Garvey 和 Alred，2001)。战略化行为要求企业不断进行新陈代谢，由于组织黏性，组织学习尽管能够改变战略愿景，却难以扔弃过时的组织能力，所以，De Holan 和 Phillips 认为组织忘记虽然在短期内会损害企业绩效，但是从长期来看会增强企业活力，对企业战略化行为产生显著影响(De Holan 和 Phillips，2004)。De Holan 和 Phillips 进一步指出，组织忘记是企业战略化行为的加速器(De Holan 和 Phillips，2004)。因此，组织忘记理论是对组织学习理论进行必要补充的一种理论。

企业战略转型是一个复杂组织行为，企业战略化行为有适应性战略逻辑(如组织资源能力与组织学习理论)，又有创造性战略逻辑，两者共同构成了企业战略转型过程(Regner，2005)。其中，创造性逻辑强调从已有的实践之外寻找解决方案，是通过组织创造力来开发完全新的胜任力(Regner，2003)。Sarasvathy (2001)指出，企业可以采用效果推理的方法，即先通过行动方法的改变，再充分利用已有的可得资源，来获取意想不到的结果，这种创造力可以产生一个新组织能力；Baker 和 Nelson(2005)研究发现，在不确定性环境下，企业通过对手边资源的有意与无意地拼组，可以创造出新的组织结构和相应的组织能力，这种无中生有的方法能够改变现有资源的构成，促进企业战略更新。这两篇文献都强调通过先行动后思考的方式来进行组织创新，这与“走一步看一步”的创新模式相一致(潘安成和邹媛春，2010)。企业战略化行为首先要求组织必须具有创造力，组织创造力也许占据组织活动情感面的大部分(Huy，2005)。Amabile(1996)提出了从社会心理学角度探究组织创造力，组织创造力能够捕获在工作场所中创造性探索和个体内在创造力所导致的组织转型、组织设计及组织动力学相关的概念、原理和理解力。Zhou 等(2009)运用互动的视角调查了社会网络和相似性价值对员工创造力的影响，研究发现，适量的弱关系使员工展现出更大的创造力。例如，战略转型既包括企业资源能力转变，又包括组织学习机理变化。组织社会性结构形成了员工的态度和行为通常是以社会性构建方式呈现，企业中的组织社会网络塑造了情感承诺以接受或提供社会性支持，这是组织社会化力量产生的基本来源(Lee 和 Kim，2011)。

2.2.2 主要研究方法

组织资源观的企业战略化行为动因理论，为了探索组织资源能力所产生的“动态能力”对企业战略化行为的影响机制，主要运用演化经济学和资源观理论进行分析。一些学者从企业微观层面把战略转型视为连续变化过程，这种连续性变化为企业战略化行为提供了强大的驱动力，借助于演化经济学方法分析战略化行为微观机理。例如，Barnett 把演化推理方法引入战略化行为研究之中(Barnett，1997)；通过对 Intel 公司战略化行为动因进行分析，Burgelman 发现，驱动企业战略转型的整合演化框架是以“变异—选择—维持—竞争”的微观演化机制为基础的(Burgelman，2002)。另一些学者根据企业的不同发展阶段，把组织资源能力演化也相应地划分为不同阶段，从而可以探索在不同演化阶段，不同资源能力在驱动战略化行为过程中相应的作用。例如，Bansal借助于组织生命周期理论，剖析了组织资源能力演化对战略变革行为的影响(Bansal，2005)；Neergaard给出了组织资源能力变化的“局部权变模型”(Neergaard，1992)。组织学习理论认为，企业战略化行为是由组织变革行为过程所推动与贯彻的，企业战略化行为根植于组织行为之中。企业战略选择的行为机理依赖于组织学习，是以组织变革中行为主体忘记为基础的(Cyert和March，1963；Herdberg，1981)，因为组织行为主体是有限理性的，所以，组织主体的学习行为是以“满意中放弃原则”(satisficing principle)来推动战略化行为和贯彻具体战略方案的。因为行为科学被广泛运用到战略化行为动因理论研究之中，学者们运用行为科学方法从不同侧面提出了企业战略化行为动因理论，例如，Schilling等的“干中学”理论(Schilling，2003)、March的探索性与开发性学习理论(March，1991)及De Holan和Phillips的组织忘记理论(De Holan和Phillips，2004)等。

在社会心理学基础上发展起来的组织创造力理论把组织活动看做智能体(agent)行为，借助于实证和案例方法对企业战略行为进行模拟与仿真，试图探索在内外环境急剧变化情况下战略转型的内在机理。例如，Regner指出概念化模型来揭示战略变革动因(2005)。其后，借助案例研究方法，Sarasvathy提出了效果推理的方法(2008)；Baker和Nelson(2005)则通过对29家企业进行现场调研的方法来探究无中生有的一般模型。Amabile(1996)和Zhou等(2009)主要通过实证方法来探究组织创造力产生的机理，进而指出其对组织能力的增强。这些研究方法的选取主要基于两种原因：一是对于组织创造力现在还没有统一的界定和模型，二是组织创造力的测量指标一直处于争论之中。所以，采用案例和实证方法更容易从实践中把握组织创造力对企业战略化行为的重要性。

2.3　企业战略化行为的理论渊源

2.3.1　理论评述

传统战略化行为动因的战略选择理论从外部环境变化的视角，提出了针对不同的外部环境变化特征给出实施战略变革的理论依据。从市场结构理论向超竞争理论的发展中，战略化行为动因也发生根本性变化；基于组织种群生态学的战略化行为理论从动态竞争的视角，考虑了行业竞争环境和资源约束对战略变革的重要影响；在这种超竞争环境下，战略化行为理论强调了战略时机变化对于组织变革的重要性(见表2-1)。学者们分别从不同的视角对战略化行为动因所产生的依据和标准进行了探索，在一定程度上揭示了战略变革机会的识别和时机的选择框架。然而，知识经济已经大大地改变了企业赖以成长的环境，战略环境也发生了根本性变化，企业战略化行为的实际内容也发生了很大变化。无论市场需求变化还是行业竞争关系变化，尽管对揭示战略化行为动因起着重要的作用，但这些战略选择理论都忽视了组织潜在变化对战略实施和结果的影响，所以难以保证企业转型过程中竞争优势的持续创造，甚至会减少企业的生存机会。传统战略化行为动因的组织能力理论认为，企业战略化行为一般是由其内部各种力量在动态变化过程中的不均衡发展所推动的，这种组织演化力量往往体现在企业用较少的成本、投入和时间来获取较大竞争优势的过程。借助于不同学科的研究方法，组织资源能力演化理论、组织学习理论和组织创造力理论分别从组织适应和创造的角度剖析了战略变革动因(见表2-2)。组织资源能力演化理论认为组织可得性资源的自身演化力量是促进企业战略转型的根本性因素之一；组织学习理论认为组织学习能力可以改进组织行为和企业演化路径，进而加速企业战略化行为的步伐和促进新战略的有效实施；组织创造力理论提出为了避免企业进入混沌和突变阶段，由组织的局部和全局搜索活动形成的自组织能力是持续竞争优势之源。然而，对于在动态市场环境中的企业持续成长来说，以上述三种理论为主导构成的组织能力学派并不是保证企业长期发展的充分条件，甚至会削弱企业进一步成长的发展潜力。首先，组织演化对企业战略化行为具有路径依赖特性，在竞争范式转移过程中企业转型是不可能一蹴而就的；其次，组织活动(演化、学习和自组织)在创造竞争优势的同时也潜在地增强了“组织惰性”，企业战略化行为并不是完全被动的适应过程，这与组织适应的假设前提是相矛盾的。因此，基于组织适应的战略化行为动因理论难以从根本上揭示企业持续成长的动力机制，特别地，在当前经济形势下，战略化行为已经开始从依靠资本的增减来实现扩张的传统模式向战略并购式的扩张迅速转变，与外部经营环境变化规律不一致的战略转型必然被市场所淘汰。

无论市场环境变化还是组织能力演化都是推动战略化行为的重要力量。经营环境是对企业战略化行为起着重要影响的外部力量，对于企业战略化行为而言，市场环境变化不仅包括其本身的不断变化，而且包括企业对市场环境选择所带来的新市场进入或者现有市场的退出，而后者在推动企业战略化行为过程中将越来越占据主要地位。企业战略化行为意味着竞争环境也发生相应变化，首先，企业可以通过战略选择主动地选择企业生存环境，特别地，在考虑组织演化情况下的战略选择更易于企业选择有利于自身成长的市场环境；其次，企业战略化行为并不仅仅是单向的变化过程，现有的战略化行为动因理论尽管在一定程度上考虑了组织内部环境演化的影响，却运用线性方法考虑组织演化或把组织演化作为一个不可分割的整体，这种研究假设往往是不切实际的(Sull，2007)；最后，基于外部环境变化的战略化行为动因理论并没有考虑企业战略转型中的经济与时间成本，这种带有某种“空想”成分的企业战略变革很难有实际操作性。

2.3.2 企业战略化研究的兴起

企业战略化行为是企业战略制定和战略实施的过程，其中，战略制定是企业从日常组织活动中发现商机、了解商机产生的背景及利用这些商机所需的条件，并进行决策的战略选择过程；一旦战略确定之后，战略实施则根据战略所需，进行以管理者和员工安排为中心的社会化组织活动(Cooper-Thomas 和 Anderson，2006)，这一组织化过程必然会为企业创造成长的潜力(这在本书的后续章节中将展开探究)。Balogun 等(2003)认为，战略制定是以宏观的经济分析为导向的战略行为，而战略实施是以微观的社会化过程为导向的战略行为，前者以宏观框架的战略计划指导微观组织行为，而后者是以微观活动塑造宏观情境的战略执行和战略涌现的过程(Mintzberg 和 Waters，1985)。Porter 和 Kramer(2011)进一步指出，企业战略活动必须统一在共享价值创造的框架中。战略制定活动不仅以实现企业利润为目的，还要考虑社会效益的提高，即担当企业社会责任；而战略实施活动则在为利益相关者谋求双赢局面，在尊重利益相关者，特别是员工群体发展的基础上实现企业持续成长。也就是说，战略制定注重以企业所有者为中心的共享价值创造，从而强调照顾相关利益者的共享价值创造(员工群体的主观感受和企业社会责任)。

企业战略制定和战略实施都是在具体的企业实践中展开的，企业战略化是一种来自于实践的战略管理(Jarzabkowski 等，2007)，那么，构建企业战略化理论必然是从企业日常活动中开发新的管理理论(Feldman 和 Orlikowski，2011)。一方面，隐藏在企业实践中真实的组织情感即一种客观存在的社会性感受，以及塑造企业战略方向的高层管理团队的战略性思考(Samra-Fredericks，2003)，为战略化理论的构建提供新的视角；另一方面，战略制定中正式的战略决策过程和战略执行中非正式组织过程都是企业战略化行为不可分割的一部分(Parker，2007)，使战略理论更能够指导企业战略实践。围绕着企业战略化过程，一些学者强调以经济为中心的企业战略制定研究，Lecocq 和 Demil(2006)通过产业结构层面战略化的案例分析发现，自发地进入互补性资源的行业会带给企业新的成长活力；Mathews(2007)则从资源观视角探究企业战略化，研究指出，从市场中获取资源不一定为企业带来潜在的竞争优势，战略选择既要考虑外部资源获取，又要考虑内部资源开发，两种资源的互补性和协同可以增强企业战略化行为。另一些学者则从社会效益探究战略实施机理，Folyd 和 Lane(2000)以管理层的演化过程为线索，提出战略实施包括组织胜任力的界定、利用与修订三个子过程，指出管理者的情感与核心价值观冲突是驱动组织社会化的根本力量；Perrini 和 Minoja(2008)发现，企业社会责任影响家族企业的战略绩效，而创业者的社会价值观在塑造企业持续成长战略中起着基础性作用。因此，企业战略化不仅包括以经济利润为动机的战略制定活动，强调商业化活动的战略选择，这种商业化行为更多注重知识创新；而且包括随后战略实施的社会化组织活动，强调增强企业社会化力量的组织适应力，这种社会化过程本质上是为了利用更大范围和更深层次的知识整合。

2.4 企业战略化研究的趋势分析

企业战略化行为是一个动态的演化过程，现有文献大都从考虑单一因素演化角度研究企业成长规律及其内在机理。战略管理文献始终围绕着企业成长的“自主性”和“强迫性”问题(Baum，1996；Barnett 和 Carroll，1995)。前者指出不断提升组织能力是企业持续竞争优势之源；而后者则认为从外部环境中寻找发展机遇的战略选择能够驱动企业持续成长，这种选择可以实现企业持续成长的二次更新(Volberda 和 Lewin，2003)。如果只考虑一个因素的演化(适应力或者战略选择)就会出现边际递减现象(Jr. Carlos，2003)，企业容易形成演化偏见(Henderson 和 Stern，2004)，这是一种自我牺牲的方式。其实，对于企业战略化行为实践来看，战略性思维导向下的组织认知活动(战略选择)和社会化力量驱动下的组织能力变化是互补的、共存的及非线性的关系，两者是战略化不可分割的部分，由于情感与认知对于知识创新与利用本身就是一种协同演化关系，所以战略选择和组织能力在行为一致性上可能存在一种协同演化力量，组织能力影响着战略选择时机，反过来，战略变化又影响着组织能力的转变。战略管理理论的发展本身要求对企业持续成长问题进行深入和系统的研究，因为系统地揭示战略实施的时机选择和组织能力转变的一般原理，不仅可以把握企业持续成长的协同演化本质，而且可以推动战略管理理论和管理科学的发展。

在企业战略转型时期，识别和适时地把握内外环境变化给企业所带来的发展机会是驱动企业战略化行为的原动力。借助于产业组织理论形成的战略化行为动因理论主要分析企业市场需求结构变化，借助于组织种群理论的“适者生存”思想把行业竞争引入战略化行为动因分析之中，超竞争理论强调战略变革时机对企业成功转型的重要作用；而强调组织适应的战略化行为动因理论则根据企业组织适应能力的变化，分别探索了动态能力、组织学习及组织创造力对推动企业战略化行为的影响，并且指出它们可以逐步地引导企业向具有成长潜力的市场转移。目前，在企业边界越来越模糊的背景下，企业战略化行为的高失败率现象引发了人们对现有战略化行为动因理论的进一步反思，也促进了人们进一步探索一种兼顾战略选择与组织适应之间协同演化的战略化行为动因理论。那么，如何从协同演化视角系统地构建企业战略化行为理论并如何加以运用？这将是本书所要解决的主要问题。

2.5　小　结

既然企业战略化行为是企业既能维持生存又能满足未来市场变化需求的企业持续成长实践，那么，通过组织能力和战略选择之间的互动可以创造持续的企业活力，保持持久的企业生命力。在企业经营层面上，战略管理的本质就是获取持续成长，而不是持续增长。在知识共享和相互信任组成的根植性关系基础上，由组织能力和战略选择构成的组织认知能力和组织情感力可以相互转变（McEvily 和 Marcus，2005）；而且这些能力可以通过组织社会关系来调节，而知识根植性是创造和调节两者协同效应的指示器（Nielsen，2005）。其次，这种组织能力和战略选择之间的互动能构建企业战略化过程的基本架构（Abernathy 和 Wayne，1983；McKee 等，1989）。又因为战略选择与组织能力在企业成长中的路径“依赖”与“突破”是交替演进的（Wright 等，1991），所以，企业战略化行为在“动态互惠”（dynamic reciprocity）（Farjoun，1998）中得以保持一致性和持久性，而对于企业持续成长实践来说，战略选择的演化和组织能力的演化不是相互独立的，而是互补和协同演化关系。

组织能力学派和战略选择学派对企业战略化行为研究的贡献十分有限。由于战略选择与组织能力是相互制约的，又是“自制动”的（Henderson 和 Stern，2004）、互补的和共存的，如果只考虑一个因素的演化（适应力或者战略选择）就会出现边际递减现象（Jr. Carlos，2003）。但是，协同演化模式比单一演化模式更能够反映企业成长与发展的本质（Szulanski，2000），只有同时强调内外商务力量互补性相互作用才能使企业实现竞争优势并且产生超绩效（Wright 等，1995）。因此，要运用协同演化的思想分析战略选择与组织能力关系；这种协同演化思想为揭示企业持续成长的本质提供了新的研究框架。

第 三 章

企业战略化行为的理论构建

静而与阴同德，动而与阳同波。

《老子》

随着经济全球化发展，企业赖以生存的环境发生了巨大变化，不确定性已经成为不变的规律，这使得现有的战略理论难以系统地解释企业持续成长所存在的问题，以及难以揭示其本质。一方面，忽视了组织社会化力量的战略选择往往带有较大的主观性和盲目性，因此难以较好地解释实践中失败企业案例，也导致了大批企业的失败。另一方面，忽视战略制定过程中战略选择的组织能力可能导致组织核心刚性和成长停滞，正如 Mosby 和 Weissman(2005)指出，卓越的商务能力往往使企业忽视了其他商务机会，这就导致卓越的商务能力扼杀企业未来成长的潜力。为了解决组织能力理论目前所存在的理论缺陷，以及为了避免企业现有核心商务所带来的组织惰性和在转型过程中出现的竞争劣势，在 Duncan(1976)的组织二面性思想基础上，以 Birkinshaw 和 Gibson(2004)、O'Reilly 和 Tushman(2004)为代表的一些组织能力学派的学者开始关注二面性组织建设和研究。企业开发和培育二面性组织可以克服组织惰性，而且为企业持续成长的战略选择提供组织条件。Ethiraj 和 Levinthal(2004)认为，对组织的适当模块化可以保证企业不断提升生存能力。Zook 和 Allen(2003)进一步指出，企业应该从现有核心商务的边缘化外设边界寻找战略机遇。Hart 和 Sharma(2004)认为，新的资源景观带来的机会窗能够保证企业进入全新产业和建立新的胜任力，为企业战略化活动增加新动力。

从组织能力研究的最新文献来看，一些学者开始从战略性角度重新研究组织能力，如战略人力资源管理的出现，战略性组织再造工程的引入，以及战略性知识创新的提出，等等。Valikangas 和 Gibbert(2005)认为，“边界板战略”能够使企业摆脱成长陷阱。显然，组织能力学派已经开始吸取战略选择学派的一部分思想。同样，战略选择学派也开始引入组织能力学派的思想。Delmar 等(2003)认为，注重组织能力异质性的战略选择容易为企业培养持久的生存能力。与 Zook 和 Allen(2003)的观点相对立，Gottredson 等(2005)指出，战略选择应该考虑战略实施，企业关注点也应该从外部变化向核心能力转移，只要能够为组织带来生命力，企业可以通过组织忘记使组织能力成为新的核心战略能力。Argenti 等(2005)指出，为了使战略得以顺利实施，企业的战略性沟通是必需的，而且这种沟通还有利于企业战略定位和战略改进。在企业实施层面上，Kaplan 和 Norton(2005)进一步指出，建立战略管理办公室是使企业能够实施战略和长久发展的根本保证。战略选择学派也开始考虑战略选择与组织能力变化的一致性问题，如战略适配度和战略共振等观点的出现。显然，组织能力学派与战略选择学派开始进入相互渗透和融合的阶段。

企业战略化行为离不开组织能力和战略选择力量的支持。源自理论生物学的协同演化思想为我们探索组织能力与战略选择之间的互动机制提供了理论框架，这两者是由一系列正反馈机制所造成的“相生相克”的依赖选择行为。协同演化思想为揭示企业战略化行为内在机理提供了一致性框架，最近的研究成果也给出了协同演化机制的一般概念性框架。例如，Volberda 和 Lewin(2003)识别了四种协同演化的生成机制，即自然选择(盲目性、竞争性、否定协同演化)、战略选择(多样性生成、替代性选择、协同演化加速)、等级更新(管理目的瀑布式开发、目标适应过程、专制、局部变化)及全盘更新(集体性感觉产生、洞察力的证实、修改与替代、共享战略模式、循环、核心改变)。协同演化原理是互补性相互依赖和动态反馈力量之间的共同作用，所以，企业战略化的协同演化行为依从“自然选择”和“人工选择”的交互作用。在协同演化概念性框架基础上，一些文献开始运用经验研究的方法，从不同的产业来探索企业成长与环境的协同演化机理。通过对美国音乐行业 120 年发展的研究，Huygens 等(2001)发现，企业既注重在组织内部搜寻新能力，又关注竞争环境中对新能力的吸收；不同发展时期的战略焦点也在发生变化，这种协同演化原理起源于能力与胜任力之间内生的相互作用模式，组织能力改进之后的战略选择和战略选择之后的组织搜寻行为是两者协同演化的驱动力。与 Huygens 等(2001)对音乐产业和 Flier 等(2003)对金融服务业的经验研究思路相同，Murmann(2003)运用协同演化的方法对印染业进行研究，研究表明企业成长活动不是组织能力或者战略选择的结果，而是两者共同造就的。Henderson 和 Stern(2004)指出，企业内部选择和外部选择是协同演化的，从先前选择中获得的经验与教训是连接过去与未来选择的调节器。在共同创造生存能力的过程中，协同演化思想为企业战略化行为组织能力的二阶变化与战略选择的一阶变化提供了很好的理论框架；Ethiraj 和 Levinthal(2004)认为，这种框架为企业成长所带来的可演化力(evolutionability)创造了企业非线性的战略化行为的差异性。

3.1　理论背景

企业战略化行为是企业不断获取生存能力(Henderson 和 Stern，2004)的同时又能创造出成长空间。企业战略化行为建立在源源不断地获取“持续能力”(sustainability)的基础之上，所以，企业既要通过组织能力来适应当前环境的变化以获取经济利润和开发潜在能力，又要能依靠战略制定来把握未来的发展机会，以便拓展企业的长期成长空间和赢得未来市场竞争。长期以来，企业的生存问题一直是资源学派研究的重心，他们从组织生态学和资源观(尤其是组织知识)角度探索企业租金产生的源泉(Makadok，2001)。组织能力是指企业不断创造、转移、搜索、利用(或者扔弃)知识的过程与效率，所以，组织能力是吸收能力与知识环境协同演化的结果，也由此产生了不同的组织结构形式和战略组合能力(Frans 等，1999)，这种资源观认为资源(包括知识与能力)可以为企业带来成长活力(Fiol，2001；Barney，1991)，特别是企业的“动态能力”(Teece 等，1997)。战略选择是指企业应对环境的急剧变化时，从企业可能的发展机会中选择适当的战略(King 和 Tucci，2002)，不断进行决策更新，使得组织能力及其变化与环境相匹配，以创造企业成长空间(Soo 等，2002)。这种战略理论认为企业战略往往受到组织能力及其惰性力量的制约(Cockburn 等，2000)，特别是在急剧变化的动态环境下。

战略选择理论认为，在超竞争环境下，可以为企业带来成长活力的资源是不存在的(D’Aveni，1994)，也就是说，组织资源(包括“动态能力”)只能在环境稳定的情况下帮助企业持续成长(Eisenhardt 等，2000)；在市场环境急剧变化中，企业进行战略选择能创造出新的成长空间(D’Aveni，1994)，也就是说，企业通过开发和把握发展机遇可以保持健康发展。然而，忽视了这种组织能力的战略选择也难以塑造企业战略化行为，因为无论是资源(Ahuja，2004)还是知识创新(Eisenhardt 等，2000)都是组织演化的结果，并具有历史与语境的依赖性，所以组织资源的利用也存在很强的惰性与冲量，而不是没有“沉没成本”地任意进行战略选择。同样，战略的实施也必须克服先前战略所带来的组织刚性(Volberda，1996)，所以要求企业的战略选择达到实时均衡是不可能的，而单独进行战略选择无法为企业带来持续成长(Fiol，2001)。在企业战略化成长实践中，组织能力是借用"后视镜"来驱动企业发展与成长的，而战略选择则是通过"洞察发展拐点"来引导企业持续成长的。然而，很少有人从理论上研究企业的持续成长是战略选择与组织能力直接协同的产物(Cockburn 等，2000)。

3.2 价值创造

企业价值创造是通过市场竞争体现出来的，竞争行为并不是企业从外部市场环境中争夺资源的战略性活动，而是企业间为了追求优质资源而进行投资选择的战略之间的比较(Lovas 和 Ghoshal，2000)；因此，竞争战略是企业在可选择的投资战略之间的决策行为，是企业战略选择的核心之一。企业存续能力是企业在既定战略实施的过程中，能够通过组织能力改进环境适应性能力，进而创造高于竞争对手或者同行业平均水平的价值；或者在组织核心能力既定的前提下，通过战略选择寻找到比竞争对手更好的发展机会。前者是把存续能力作为企业成长的内生变量，代表性理论如资源观(Fiol，2001；Barney，1991)等；而后者则把企业存续能力作为企业成长的外生变量，如战略选择理论(King 和 Tucci，2002；Cockburn 等，2000)。因此，既然企业存续能力是由战略选择和组织能力改进共同构成的，那么企业战略化行为也是企业与竞争对手共同决策的。组织能力理论主要是从横向角度分析其产生的机理，侧重于在某个演化截面静态地进行研究，如资源观指出具有 VSIN① 资源是生存能力之源(Cockburn 等，2000)；而战略选择理论认为在超竞争条件下，预测未来变化是不可能的，对于某一具体机会的把握能够创造生存能力(Powell，2001)。

企业价值创造是企业既能在维持现有产业竞争结构中获取比较优势，又可以在未来的竞争中获取超绩效(Powell，2001)。企业价值创造可以塑造企业战略化行为，能够带来持续成长能力。企业战略化能力则是在战略与组织之间连续性匹配(Volberda，1996)的情况下，在可控性资源与柔性组织的扩张中逐渐产生的，如果这种连续性匹配丧失，那么组织适应环境与创新的能力会大大降低。由此可

① Barney(1991)指出，具有价值的(valuable)、稀缺的(scare)、不可模仿的(inimitable)以及不可替代的(nonsubstitutable)资源，即 VSIN 资源是企业竞争优势之源。

以看出，企业战略化能力在企业演化过程中不断产生。战略化能力要求企业不仅识别当前组织的核心能力，开发现有知识资源，注重现行生存能力的获取，而且，更要注意对未来可能所需知识的搜索和市场发展机遇的探索，识别企业成长机会并适时作出决策，为企业提供足够的成长空间。这种成长活力既是从组织未来成长的空间即组织演化的角度为企业寻求发展机会，更主要的又是从组织生存的空间即种群生态学角度，通过知识的开源（fan-out）与节流（fan-in）（Hart 和 Sharma，2004），提高注重知识多样性与异质性的组织能力，而后者是基于对市场环境变化的判断采取“拼组”式战略选择以提高组织的适应性能力（Siggelkow，2002）。因此，企业战略化行为不仅是通过对市场环境发展机会的把握来创造（战略选择）的，也是依靠企业对市场环境的反应能力来产生的，更主要是因两者共同的动态协同作用产生的。

3.3 企业存续能力

3.3.1 组织能力

理论上，企业是一个由知识存量与流量构成的社会网络（Ghemawat 和 Levinthal，2000）。先前的经验知识水平对组织能力①的稳定性起着积极作用（Agarwal 等，2004），并且促进组织的动态演化（Shafer 等，2001），因为知识网络中的“动态能力”（Teece 等，1997）改变了知识语境的异质性结构。在组织知识结构变化的过程中，组织知识的常规也塑造了企业演化的路径与组织能力，而且促进了组织能力动态演化的收敛性（Cockburn 等，2000）。所以，组织能力产生的过程是由组织知识及其组织语境相互作用所决定的，而不是市场力量所决定的（Lovas 和 Ghoshal，2000），企业现有的知识资源直接塑造了企业未来（Karim 和 Mitchell，2000）。组织学习能力促进这种动态能力的演化（Eisenhardt 等，2000），并且是推动组织能力演化的催化剂。

知识创造是企业随着时间推移不断组合组织分布性知识的过程，组织能力的产生从某种程度上是在路径依赖中演化的产物。因而，组织能力是在动态中不断平衡企业现有知识与可得性知识之间的转换。Nerkar（2003）通过对制药行业的经

① 这里的组织能力有别于“动态能力”（Teece 等，1997），动态能力更加注重人力资本与社会资本，而组织能力侧重于组织知识复杂系统在演化过程中的知识搜索、转移、创造与利用，即组织社会化力量所带来的适应与创造环境的组织合力。

验研究指出，组织能力是一种动态能力的演化，新知识在组织复杂系统的演化过程中得以不断涌现，在这一过程中，企业的技术与成本优势随着组织能力的增强而逐渐得到提升，这种适应力在企业生产与服务中不仅可以节省商务时间，而且新知识的利用能够降低资源消耗（Li 和 Rajagopalan，1998），在市场竞争情形下这种优势也日益明显。所以，来自多层次异质性的知识资源（Lengnick 和 Wolff，1999）的组织能力为企业提供了生存空间。

3.3.2 战略选择

不同组织具有不同的知识处理模式；反过来，知识处理模式的差异也导致了组织形式的不同，不同的知识处理模式决定了组织的性质与命运（Nonaka 和 Takeuchi，1995）。战略机会集是在企业复杂系统相互作用中演化的结果（Lovas 和 Ghoshal，2000），是一种“自然选择”的产物（Miner，1994），这种集合中的战略千差万别，这些战略“并不是按照主观意愿进行设计与构造，而是根据相对较小与适时的干扰能够产生重要影响的自发性产生过程”（March，1994）。因此，组织战略是企业适应性目标与组织行为相互“结构性摩擦”（Volberda，1996）所产生的潜在演化路径（Branzei 等，2004）。在这些演化路径形成过程中，企业系统与局部不断进行反馈，究竟是局部还是全局占优，则依赖于竞争的环境条件和高层管理者的战略指导思想。如果只从眼前利益考虑，则只对原来战略进行修改、补充与完善。例如，在环境稳定变化情况下，由控制理论所产生的传统战略决策就是典型例子（Lovas 和 Ghoshal，2000；Cockburn 等，2000）。战略选择理论则是从组织演化与种群生态学角度（Lovas 和 Ghoshal，2000）把企业作为整个系统，从系统外部来考虑企业成长。战略选择是根据管理者对市场环境变化的判断，往往通过“路径突破”（Karim 和 Mitchell，2000）方式，在这些战略中进行“人工选择”（Miner，1994）。战略选择是在环境急剧变化背景下形成的战略理论，从系统外部重新界定战略决策的视角，通过战略不断更新迫使竞争对手与环境失衡，毁掉其市场优势（Lengnick 和 Wolff，1999），或者通过适时地把握发展机会，为企业产生比较优势。当然，战略选择为企业带来生存能力的前提条件就是企业本身能够实时地改变，以迅速适应更新的战略，适时地抓住发展机遇，使组织知识及其核心知识过程与企业目标保持平衡（Krogh 等，2001）。

3.3.3 社会化与制度化

从存续能力的产生来看，Afuah（2002）乐观地指出，以社会化为基础的组织能力的差异性可以为企业带来持续成长活力。但是，强调结构与知识多样性以及共享(Cummings，2004)的组织能力理论从生态学角度指出，组织的初始知识积累水平决定了企业的社会化路径(Ahjua 和 Katila，2004)，这种路径一旦被结构化与常规化，就可能把指导决策的潜在假设锁定在某一特定核心价值理念之中，这样往往会导致组织惰性(Lengnick 和 Wolff，1999)。传统的战略决策对组织局部是适应的(Cockburn 等，2000)，但可能阻碍企业生存能力的产生(Lovas 和 Ghoshal，2000)，换句话说，这种战略缺乏系统的考虑。在超竞争环境下，以制度化为基础的战略选择虽然克服了这种缺陷，但是一味地追求对环境的适应可能会“舍本逐末”(Lengnick 和 Wolff，1999)，企业战略变化的频率过高，往往导致企业在技术范式转移时崩溃(胡汉辉等，2005)和丧失制度约束力。

King 和 Tucci(2002)认为，在组织能力的社会化创造过程中，组织的经验与管理决策对于企业进入新的领域、寻找新的发展机会起着积极推动作用，而且，企业介入新市场会促进这种能力的进一步成长。同时，在这种演化过程中产生“竞争想象力”(competitive imagination)(Hart 和 Sharma，2004)，即组织中战略不断涌现(Mintzberg，1978)。所以，在企业战略化过程中，组织社会化力量是企业注重知识利用和组织学习共同作用的结果，前者是企业系统地运用组织能力，通过开发现已有的知识，不断改进商务过程，获取比较优势；后者是企业不断进行学习，通过探索内部社会化规律和搜索环境不确定性变化中存在的市场机会，了解组织社会化进一步发展的可能性，把握外部环境的急剧变化为企业带来的市场开发机会，以便在不断涌现(Mintzberg，1978)的战略有机系统(Branzei 等，2004)中做出满意的选择。

在组织能力与战略选择相互作用的过程中，两者的形成通常是相对独立的。首先，在时间维度上，组织能力注重于企业眼前利益的获取，协同发挥的作用早于战略选择；战略选择则强调未来发展能力，其作用滞后于组织能力。其次，从系统角度来看，组织能力是由企业内部组织知识相互作用产生的，侧重于组织内部的开发性学习和知识挖掘；而战略选择是通过对企业系统外部环境变化的制度化而产生的，这种制度化选择更注重探索性学习和知识搜索。再次，从绩效的标杆来看，组织能力以实现企业利润最大化为目标；而战略选择的制度化则以企业未来潜在成长与适应能力能够与环境变化连续性相匹配为原则。最后，组织社会化能力是“第一层胜任力”(Sidhu 等，2004)，企业是借用这种“后视镜”来驱动其发展与成长的，而战略的制度化选择则是“第二层胜任力”(Sidhu 等，

2004)，企业通过战略性“洞察发展拐点”来引导生存能力的创造。所以，在企业战略化行为中，战略选择是企业战略活动的外生序变量，而组织能力是企业战略行动的内生序变量，这两个序变量构成了企业战略化行为的特征变量，企业成长活力是两者共同演化的产物(March，1994)。在环境急剧变化情况下，尽管组织能力与组织内部涌现的战略大部分是匹配的，但是与市场变化的步调、方向与反应往往是不一致的(Branzei 等，2004)。战略选择在这些战略基础上根据市场机会进行筛选、改进与制定。这种制度化的战略方案在实施过程中所需的组织能力往往大于现有的组织能力，与组织社会化方向往往存在差异，战略更新的节奏也可能与组织变化节奏不匹配，此时，组织社会化能力会根据既定战略制度化的需要不断进行调整和修正。企业战略化能力正是组织能力与战略选择之间相互作用的产物，柔性组织是组织能力与战略选择之间协同演进所形成的组织模式(Volberda，1996)，驱动企业战略化过程的动力源自柔性组织中的创造性摩擦。

3.4 共享性价值创造

企业战略化行为要求企业以创造共享性价值为前提条件(Porter 和 Kramer，2011)，要求企业动态地处于演化均衡的语境与环境(Lengnick 和 Wolff，1999)。单一地从内部或者外部视角，或者从组织能力、从战略选择与实施视角，往往只能为企业带来局部利益，对企业整体的长期利益可能是一种损害(Campbell，1994)。基于资源观的组织能力往往忽视了战略选择能力，在超竞争环境下，企业战略化又是如何利用两者的相互作用，而不是仅仅依从组织能力的本身(Eisenhardt 等，2000)？所以，组织能力与战略选择之间的互动机制可能是两者相互作用与不断反馈在系统层面上的耦合关系。

虽然组织能力和战略选择各自在一定程度上为企业提供了生存能力方面的支持，但是，两者之间的协同机制完全不同于它们各自的作用，也不是两者作用的简单之和。首先，这种协同机制在企业演化系统中比组织能力和战略选择处于较高的序。组织能力是由吸收能力与知识环境协同演化的结果(Frans 等，1999)，战略选择是市场超竞争情况下企业进行“人工选择”(Miner，1994)的结果，而两者之间的协同机制则是更高阶的系统整合。其次，在成长活力创造的层面上，这种协同机制为企业成长提供强有力的支撑，而组织能力或者战略选择则只能在一定时空约束条件下为企业带来生存能力(或称比较优势)(Cockburn 等，2000)。因此，共享性价值不仅在很大程度上受组织环境的社会价值影响(战略选择)，而且包括由企业对环境变化的反应所带来的经济利益，而这种协同机制在企业持续成长中比两者更具战略意义。企业战略化行为可能是两者相互作用的结果（Henderson 和 Stern，2004；Terwiesch 和 Bohn，2001）。如果 *EC* 为组织能力，*SS* 为战略选择，*SCA* 为成长活力，算子 $\supset$ 代表"如果~那么~"，$\otimes$代表"协同关系"，则 $EC \otimes SS \supset SCA$。即如果组织能力与战略选择存在协同机制，那么企业就能够创造共享性价值。所以，在企业与环境的演化过程中，组织能力与战略选择之间的协同关系为企业战略化行为提供可能。

通过不同形式的相互作用两者是可以不断更新与发展的，那么这种相互作用是一种互补关系，还是替代关系？以及这些关系存在的条件是什么？如何实施调配与管理措施使得两者共同促进企业与竞争环境的一致性？这些问题对于企业如何源源不断地产生生存能力起着至关重要的作用。

3.5 企业战略化的行为路径分析

如果战略选择的环境变化和组织能力的转变二者不协调，那么企业的寿命就会变得越来越短，也就是说，战略环境或者组织能力的变化往往加速企业衰退，换言之，加速企业战略化行为的终止。由于组织能力转变是企业"商务景观"（businesses landscape）（Ghemawat 等，2001）重新组合的结果，不同的商务对应着不同的市场环境，因此，战略选择直接对组织能力的有效转变起着至关重要的作用；同样，组织能力变化也会塑造战略选择的机会集。从组织能力变化的动态机制来看，组织能力随着战略选择而进行相应的转变，这不仅会给企业创造新的企业价值，带来新的竞争优势之源（Farrell，2005），也会引入新的竞争对手。如果这种转变的出发点并不是基于传统经济学上的竞争优势考虑，而是基于寻求互补的协同演化优势作为动机（Singh 和 Mitchell，2005），那么这种竞争优势往往是可持续的。这种持续竞争优势就是企业在不断界定商务的利润驱动力（如市场需求等），以及识别和改变商务单元或者测量商务绩效标准的基础上，通过改进或者改变组织能力来实现的。于是，企业战略化行为一般要经历四个过程（Siggelkow，2002b）：首先，通过不断引入与核心商务互补的资产来增强现有核心商务的"厚度"（thickening）；然后，对具有一定"厚度"的现有"商务景观"重新界定核心商务，并且通过引入与其相应的互补性资产来培育新的核心商务；再次，在一定时期内，维护和改进这种潜在核心商务的赢利能力，使其平稳地为企业带来利润和组织能力提升；最后，在现有的核心商务成熟的后期，随着内外环境变化，这种核心商务已经难以适应企业成长的需要，这时企业通过消除现行核心商务且重构其互补性资产，对现有商务景观进行修剪以增强新的核心商务的市场能力，这就构成了企业战略化路径。因此，随着一系列的战略选择，组织社会化能力进行相应地转变和改进，企业进行“一张一合”式的战略扩张与收缩（Hart 和 Sharma，2004），企业在这种战略化动力学中不断汲取互补性协同演化优势，从而获得持续生命力。

另一方面，企业战略化行为路径随着战略选择而不断转变（见图 3-1）。首先，组织能力一开始通过从企业内部非核心商务中获取商务机会，来提高战略适应性，于是通过战略选择使得企业活动边界逐渐扩大。当企业边界扩张到组织能力控制的边界值，同时现有的一些商务在市场中的生存优势和与企业内部互补优势逐渐耗尽时，企业就会从现有新的核心商务中开发战略发展机会，于是组织社会化行动开始“收敛性”提升战略能力，企业活动边界会逐渐收缩。其次，在这种战略化动态过程中，企业虽然在一定时期内围绕特定的核心商务进行“一张一合”地发展，但是，从长期来看，通过不断地界定和重构核心商务，最初的核心商务与现行核心商务已经发生了偏离，甚至是“大相径庭”。例如：佳能公司的技术轨迹在稳定中是漂移的，诺基亚现有主业与初创期已面目全非。由于主要互补优势来源的转移即协同演化力量的转移，使得组织能力在不断与战略选择作用中产生了先“外向”后“内向”的周期性转变，因此，从组织社会化演进的轨迹角度，企业战略化行为必须围绕其 DNA（Govindarjan 和 Trimble，2005），从新商务向核心商务的动态转变过程中只是对其进行渐进性选择，不断形成一系列

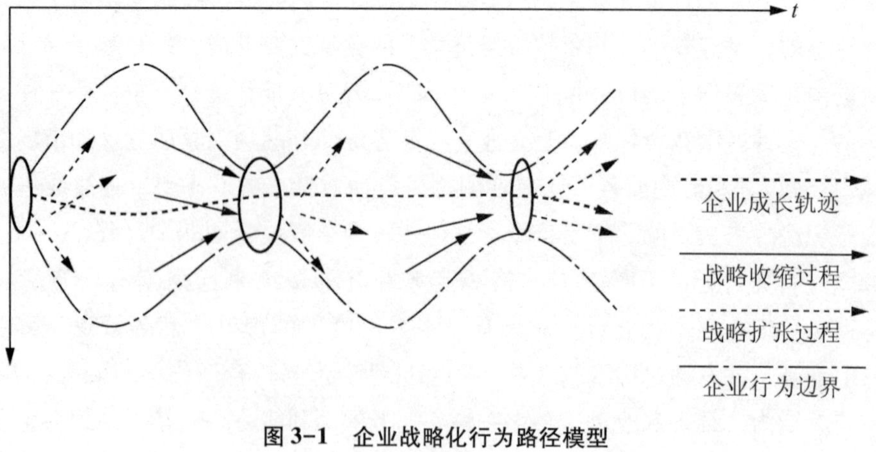

图 3-1 企业战略化行为路径模型

的互补优势。于是，企业战略化行为是一主一次两类商务同时运营的二面性组织(ambidextrous organization)(O'Reily 和 Tushman，2004)。但是，两类商务的周期性改变不仅为企业带来巨大的失败风险，而且从协同演化角度来看，在没有任何预演的情况下这种颠覆式改变也不可能在短期内顺利地完成。

但是，强调理性分析的管理偏见是影响组织社会化过程的重要因素，因为认知和信念的变化往往会阻碍战略选择条件下的企业持续竞争优势源泉的创造。我们认为，企业战略化绩效的单一衡量标准是管理认知偏见的主要表现形式，从而由此得知核心刚性产生的内在机理。所以，组织社会化行动首先要避免这种核心刚性导致的管理近视行为。由倾向性情感所触发的高层管理者的洞察力和战略预见力是十分重要的，因为这种能力不仅可以进一步充分降低信息不对称性的程度，而且能够从情境变化的整体性上考虑企业战略化活动。但是，如果当管理者有以往成功的经验，而这种经验只是在过去的竞争范式中所获取的，那么他们以此形成的认知能力就会拒绝组织变革(Gilbert，2005)。在新环境下，以往经验形成的常规往往限制了组织搜索范围，这些“伪常规”(dysfunction routines)(Garvin 和 Roberto，2005)可能成为组织社会化能力的障碍；同时，组织复杂程度和刚性程度也延长了组织能力转变的时间(Hannan 等，2003)。所以，企业应该把组织情感与认知逻辑结合起来考察企业战略化过程，这对于共同推进战略选择与组织能力协同演化以及创造持续竞争优势是至关重要的。

在企业战略化实践中，企业多元化战略选择是实现持续竞争优势的重要手段(Haspeslagh 和 Jamison，1991)，这种多元化动态机制(diversification dynamism)实际上是通过企业的知识溢出和吸收能力(Cohen 和 Levinthal，1990)来支持企业战略化的活力，在此过程中必须运用感性手段来防止信息过载和避免资源误配。因此，在倾向性情感主导下，多元化战略选择离不开专业化战略的支持，两者在企业战略化行为实践中也是互补的。当企业改变原有的组织方式或主要运营模式时，能从多元化或专业化过程中获取互补性知识才是战略选择的基本准则(Badaracco，1998)。例如，佳能公司战略化行为正是技术多元化溢出效应和销售的运营收入提高(吸收能力改进)之间良性循环的结果(Watanabe 等，2004)；相反，美泰(Mattel)公司在 1998 年收购学习有限公司(Learning)时，由于远远偏离了其核心商务，最终导致这一举措的失败(Dearlove，2004)。

3.6 结 论

从协同演化思想考虑组织变革的机理问题，企业战略化行为的本质是使得组织与环境变化保持一致性。在企业创造存续能力的过程中，组织能力和战略选择存在着复杂的交互作用关系，组织社会化活动始终处于与市场环境协同演化的“漩涡”之中。而两者的协同演化过程是一把“双刃剑”，如果能够把握其内在规律，并且很好地被利用与实施适当的战略管理措施，这种机制可以为企业战略化行为提供强有力的支持。但是，如果背离其规律，错误地进行战略管理，那么，由此得到的管理模式必然会大大缩短企业寿命和加速企业的衰败。

在战略转型期间，企业要面临新旧两个市场的竞争，正确处理组织能力与战略选择之间的协同演化关系有利于指导企业战略化行为。本章通过构建组织能力与战略选择之间协同演化模型研究发现：第一，对于当前市场来说，根据不同的战略定位，企业应该采取不同的战略管理模式。在当前市场竞争环境下，相对于战略转型期企业竞争位势的期望水平，当战略定位较低时，企业通过探索性创新可以增强存续能力；当战略定位较高时，企业通过开发性创新战略可以增强企业存续能力(March，1991)。第二，在新的市场竞争环境下，探索性创新更有利于创造新的生存能力；战略定位和战略选择的可靠性直接影响着组织社会化之后的企业对存续能力的获取；在调整组织能力与战略选择匹配关系的情况下，提高战略选择的可靠性具有决定性作用；特别地，在目标市场变化的不确定性环境下，提高战略选择的可靠性有利于企业战略化行为。另外，在不同的发展阶段，企业绩效增加的协同演化机制也是不同的。当依赖于组织能力创造企业绩效时，企业应该积极进行开发性组织学习，在依赖战略选择来创造企业绩效的情况下，企业应该进行探索性组织学习。因此，“二面性组织”(Gibson 和 Birkinshaw，2004；O'Reilly 和 Tushman，2004)不仅有利于组织能力与战略选择之间协同演化机制的实现，而且有利于企业进行成功的战略变革。

无论组织能力还是战略选择都是在协同演化的机制中产生与发展的，在企业存续能力产生的层面，两者也存在着复杂的协同演化关系。所以，一定条件下，组织能力可以为企业创造存续能力，战略选择也能够促进企业的发展；只有两者的协同关系才能为企业带来成长活力。在组织能力与战略选择的协同演化机制中，首先，组织能力能够为企业创造生存能力；当企业在组织能力不占优势的情况下，战略选择能力的提高可以为企业带来生存能力，而且，战略选择的增强有利于企业成长能力的递增。所以，组织能力和战略选择是企业战略化行为不可或缺的重要因素。其次，对于企业存续能力的创造来说，如果企业对于某种战略没有得到最高的期望收益值，那么企业应该用组织能力来弥补，这容易起到事半功倍的作用，即产生系统的协同效应。在这种战略比其他战略具有更高的期望收益值的情况下，企业只能选择增强组织能力或者战略选择能力，而且企业更像一个机械系统即在发展过程中没有协同效应。因而，组织能力与战略选择协同演化的过程中，企业并不一定产生协同效应，所以，正确把握协同演化过程中两者的关系，是指导管理实践和促进企业战略化的核心问题之一。再次，如果企业战略的期望收益值在市场中并不是最大的，实施知识开发与搜索以提高组织能力，企业创造生存能力的步伐将会加快；但是，若这种收益值在市场上是最大的，则注重对企业现有核心能力的培育，会在一定程度上增强组织能力，也可以加快生存能力的产生。所以，企业不仅应在组织层面上进行学习与知识创新，更应该在企业层面上开展战略性学习，在上述一系列原理的指导下进行管理才能为企业创造持久生命力(Tripsas 和 Gavetti，2000)。

第 二 部 分

企业战略化行为的原理分析

第 四 章

组织知识演化与企业战略选择

在企业战略活动实践过程中，企业战略化行为可以看做是一系列的战略选择与组织实施的过程。作为一种战略性资源，组织知识活动可以用来解释企业战略化行为(Barney，1991)。企业无论选择从外部引进技术和资源，还是组织自主创新，都伴随着组织知识的生成与演化。战略管理就是要不断进入未知领域来获取持续的竞争优势，所以，战略选择实际上是知识创新过程。同时，知识创新作为组织能力的重要组成部分，能够为企业战略化行为创造持续的成长潜力。因而，企业战略化行为离不开组织知识创新。

在企业的战略化行为中，战略选择的实施过程往往伴随着组织知识创新，例如，经过近20年的努力，结合中国国情，联想控股探索出了一条有联想特色的“贸—工—技”高科技产业化道路，成功实施了联想的国有股份制改造，初步建立了现代企业制度。在20世纪90年代初，联想立足中国本土市场，在较早对外开放的IT行业中，和国际强手进行了直接竞争并初战告捷，取得了丰富的经验教训，带动了民族IT业的全面发展。在发展过程中，联想充分学习并吸纳了西方成功企业的先进管理经验，结合中国本土特色，逐步提炼出了具有联想特色的企业管理理念。在并购IBM笔记本业务之后的新战略实施过程中，联想公司进行了许多的尝试和创新，调整了人事结构，并相应地升级了公司信息系统，重塑了企业文化。透过联想公司的战略化过程，可以看出，战略选择以组织知识创新的方式引发企业战略化行为。那么，组织知识创新与企业战略选择存在怎样的关系？知识创新如何推动组织活动的更替以实现企业的持续发展？本章将对现有关于企业战略选择和组织演化的文献进行梳理和讨论，重新构建知识创新模型来分析企业战略选择行为的内在模式，探究企业成长的内在机理。

4.1 组织知识演化

为了探究企业战略化行为的原因，近年来，学者们分别从组织内部知识活动或者从外部知识吸收的视角，分析企业绩效增长的知识创新系统。主张组织内部知识创新的学者认为，技术研发产生的知识创新是企业战略化行为的动力之源（Barney，1991）。Davenport 等（2003）指出，技术研发是企业知识创新的核心，Knight 和 Carusgil（2004）进一步强调组织内部知识创新活动在竞争环境下能为企业带来更高的企业价值；Volberda（1997）认为，组织内部知识创新是建立组织能力的基础，从而塑造了企业战略选择景观。另一方面，主张外部知识模仿创新的学者认为，模仿创新的动力主要来自于客户的需求，Rivkin 等（2003）认为成功的知识创新必须注重对外部知识的不断搜寻；Ulwick（2002）指出，客户参与知识创新是技术模仿创新的重要方式之一；Adner（2002）进一步指出，企业外部市场的知识创新，可以避免由市场不稳定导致的组织内部知识创新机制的失效。

如果企业专注于内部知识创新，不稳定的市场会导致现有组织知识迅速贬值，从而严重地削弱企业竞争力（Lichtenthaler，2003），导致组织惰性和学习性近视（Sterman，2001），损害组织能力。同样的，企业注重外部知识获取往往会导致原有内部知识创新机制的失效，仅仅依赖外部知识创新难以创造持续的企业超绩效（Im 和 Workman，2004），对比技术引进来说，客户知识对战略化行为来说更具负面影响（Christensen，1997）。因此，局部知识创新往往把组织演化与变革分割开来研究（Barney，1991；Rivkin 和 Siggelkow，2003；Dunphy 和 Stace，1998），这难以系统地解释企业战略化行为的内在机理（Nutt，2002）。

企业成长动力与路径是由知识创新所产生的，既包括企业外部知识开发和模仿，也包括组织知识的探索与创造，同时，企业战略化行为更应该充分地注重组织知识的学习和共享（Volberda，1997）；这种知识创新是驱动企业成长的战略化行为的根本力量（Rivkin 和 Siggelkow，2003；De Holan 和 Phillips，2004）。然而，现有文献分别沿着内部知识创新和外部知识创新来探索战略化行为，很少把内部知识系统与外部运作环境作为一个适合与平衡的整体系统来考虑组织知识系统演化问题，这样难以系统地把握战略化行为的一体性本质，下文将重新构建知识创新模型，并分析在内部知识创新和外部知识引进双重驱动下企业战略选择和组织社会化活动之间的一致性发展模式，揭示企业战略化行为的动态机理。

在企业战略化行为过程中，知识创新不仅包括技术研发或管理技术更新等在内的组织内部知识活动，而且也包括通过组织吸收能力和客户关系管理等手段来吸收外部知识。组织知识创新是复杂相互作用的非线性活动过程，不仅受到组织知识存量的影响，而且也受到组织知识流量的影响（胡汉辉和潘安成，

2006)。企业战略化行为是由外部拉动力量与内部驱动力量共同作用的结果，在组织知识创新的增长演化过程中，存在某一特殊时刻，在此时刻组织的累积性知识总量的增长率达到最大，而在这一特殊时刻之后，受组织知识吸收能力的制约，组织累积性知识的增长率越来越慢，知识创新增长趋缓，最后趋于一个有限值，也即组织的知识容量（通常称为饱和值）。知识创新是以非线性方式进行演进的，企业战略化行为路径呈现 S 型曲线。Bass 模型预测在不连续创新环境下的知识活动（Meade 和 Islam，1998；Linton，2002），所以，知识创新参数明显具有组织特征（Linton，2002），以此为基础，我们可以揭示企业战略化行为的内在机理。

在企业战略化过程中，企业是不同商务的组合体，新旧商务的代谢过程包括组织内外新知识的引入。如果一个组织有外部知识吸收及内部知识创造两种策略可供选择，存在自发性与模仿性创新，那么两种组织知识创新路径的差异性程度称为“适配度”。一般地，这种“适配度”直接表现为在动态环境下企业战略性能力，一旦原有战略被知识创新所取代就不可能恢复，并逐渐淡出，新知识策略最终主导企业新商务组合，这时组织社会化会沿着局域“适配度”变化最快的方向演化。新商务战略最终是否被选择取决于现行商务能力的变化率，因此，知识创新系统可以深层次地揭示企业成长机理。

现在考虑知识创新对组织演化、组织变革力量及实现的作用机理。在企业知识系统中，在组织学习和组织忘记的共存和相互作用下，新旧知识代谢在组织知识演化中某一时期来说是守恒的（De Holan 和 Phillips，2004）。首先，在企业战略化行为的组织演化阶段，均衡战略是收敛稳定的。在这种情况下，组织内部知识创新与组织外部知识变化不匹配，此时组织演化可能成为成功陷阱。如果过分追求组织知识的内部或者外部创新，积累的经验与能力往往会损害企业短期利益或长期发展，难以保证企业健康成长（Lichtenthaler，2003；Sterman，2001；Im 和 Workman，2004；Christensen，1997）。到了现行商务能力提升过程的后期，具有收敛性稳定的战略调整是通过组织学习和知识共享活动来实现的，并且具有强大吸引力，而不符合收敛稳定的其他商务战略通过组织忘记（organizational unlearning）被扔弃。因此，在这个阶段，组织演化是收敛稳定的。

其次，随着内外知识构成的变化，组织变革力量日益显现。在一定的条件下，现有知识战略和知识创新策略处于共存的胶着状态，企业成长很快地进入“二面性组织”阶段（O’Reilly 和 Tushman，2004）。处于这一阶段的组织变革路径的“分岔”（Prigogine 和 Stengers，1984）依赖于商务组合性质：其一，如果均衡战略是稳定成长的，企业就必须适时地进行取舍，当现行商务能力仍然具有较大市场潜力时，企业着力培育潜在商务机会；当现行商务能力逐渐成为成长陷阱时，企业就应该及时选择新的商务战略；其二，在一定条件下，企业可以用新战略替代现行商务构成或代替刚性较强的商务能力。

再次，在组织变革过程中，组织内外知识创新会产生了很强的互补性，企业完成二次创业，又开始进入快速成长阶段。

随着由知识创新引起的一系列战略选择，企业战略化行为表现为“一张一缩”（fan-out and fan-in）的行为特征。详见表 4-1，例如，Intel 公司从 1981 年开始酝酿进入新兴 PC 机行业，在此之前，他们一直集中于半导体行业；1985 年公司决定进入 PC 机行业，1989 年起开始内部知识创新战略，进入互联网行业；为了避免核心商务 Pentium 的技术锁定，1997 年又开始战略化过程，积极拓展高端的迅驰系列，在互联网时代，在 2002 年又开始引入互联积木商务技术。

表 4-1　企业战略化行为周期的知识创新特征

	第一阶段	第二阶段	第三阶段
企业成长曲线特征	企业成长率随时间的增长而增长	企业成长率随时间的增长而减小	企业成长率随时间的增长而增长
组织知识搜索	全局搜索	全局和局部搜索	局部搜索
组织发展	不确定性（分岔）	稳定收敛性	刚性
企业成长期	转型或进入期	快速成长期	成熟和衰退期

4.2　组织演化和战略选择

从企业战略化行为的能力创造来看，组织知识的积累水平决定了企业的发展路径（Afuah，2002）。组织能力的差异性可以在一定程度上为企业带来竞争优势，但是，在超竞争环境下，这种知识子系统演化路径一旦被结构化与常规化，往往会导致组织惰性（Lengnich-Hall 和 Wolff，1999）；战略选择虽然克服了这种缺陷，但是一味地追求组织先验性能力和市场环境的应对能力往往会“舍本逐末”，企业战略变化的频率过高，往往导致企业在技术范式转移时崩溃（胡汉辉等，2005）。所以，企业战略化行为是组织社会化活动和战略选择共同作用的结果。前者是企业系统地开发现有知识和引入新知识，获取差异性组织能力，以便更好地生存和为未来成长服务。后者是企业不断进行探索式学习，了解组织的演化所进一步发展的可能性，把握外部环境变化可能为企业带来进一步发展的机遇。从而把企业塑造成有机和互补的战略性知识系统（Branzei 等，2004），正如 Huber（2004）指出，未来的企业决策需要更大范围和深度的知识系统。正是这种组织知识系统的自我演进推动了企业非线性“波动”式的战略化行为，这种非线性成长是准周期性发展的。

在推动组织知识系统自我演化过程中，战略选择的改变和组织社会化活动不是相互独立的，而是互补性协同演化关系。协同演化模式比单一演化模式更能够反映企业成长与发展的本质。单纯从组织社会化过程或者从战略选择实施企业管理，往往为企业带来局部利益和短暂竞争优势，但对企业长期利益来说可能是一种损害（Campbell，1994）。而且，对于企业战略化研究来说，由相互作用和反馈两者共同推动的协同演化为企业成长提供了一种新研究框架（Lewin 和 Volberda，2003），这种框架能够很好地改进组织社会化活动和战略选择之间的联系，而且为战略研究提供新的洞察力。从组织社会化与战略选择创造战略化动力的过程来看，两者通常是相对独立的。首先，在时间维度上，组织社会化注重企业眼前利益的获取，在两者协同效应中发挥的作用早于战略选择；战略选择则强调未来发展能力的成长，其作用往往依赖于组织社会化活动。其次，组织社会化活动是由企业内部组织知识相互作用所产生的，侧重于组织内部的开发性学习和知识挖掘；而战略选择是通过对企业系统外部环境变化的判断所产生的，这种选择更注重探索性学习和知识搜索。再次，在绩效的标杆上，组织社会化活动以实现企业利润最大化为目标；而战略选择则以企业未来的潜在成长及组织能力能够与环境变化连续性相匹配为原则。最后，作为“一阶变化”（March，1991）的组织社会化活动是企业成长的“第一层胜任力”（Sidhu 和 Volberda，2004），企业是借用这种“后视镜”来驱动发展与成长的，而作为“二阶变化”（March，1991）的战略选择则是企业成长的“第二层胜任力”（Sidhu 和 Volberda，2004），企业通过战略性“洞察企业发展的拐点”来引导竞争优势的持续创造。所以，在这种协同演化系统中，战略选择是外生的序参量，而组织社会化活动是内生的序参量，这两个序参量构成了组织知识系统的特征变量，企业的持续发展是两者互补性交互作用的产物（March，1994）。

因此，在当今竞争日益激烈的环境下，组织能力在本质上体现在组织知识系统不断发展、变化的过程中。基于价值性组织知识的创造逐渐成为企业未来发展的动力之源；企业战略化行为以企业价值观为指导，依靠技能性知识来实现，其中技能性组织知识是实现企业持续发展的中枢；而结构性组织知识为企业持续发展提供了物质基础，往往直接反映企业当前的运营状况。因此，由结构性知识、技能性知识和价值性知识构成的组织知识系统演化特征是企业平衡当前利润收入和未来战略投资水平的重要尺度。组织知识系统演化动力是决定企业的赢利能力和成长能力协调增长的内在动力，组织知识系统演化是决定企业战略化行为周期性的根本力量。组织知识系统的开发和探索是企业战略化行为的主要手段，战略选择是在现有战略实施的基础上对市场机会进行筛选、改进与制定，当修订后的战略在实施过程中所需的组织能力大于现有的组织能力，与组织演化方向存在差异，以及战略更新的节奏也与组织变化节奏不匹配时，组织社会化活动根据既定战略的引导，不断进行调整和修正。这种战略化组织是组织能力与战略选择协同演化所形成的组织模式（Child，1972），企业战略化行为的动力源自于在企业知识系统演化过程中的创造性摩擦。

4.3 讨论与结论

知识创新不仅可以为企业带来绩效的增加，更重要的是能够从本质上推动企业成长，企业战略化行为机理是由组织知识活动所决定的。然而，现有文献大多从经济角度分析知识创新活动对企业绩效的影响，很少从知识创新活动角度剖析企业成长过程。本研究以企业内外新知识引入与互动过程分析企业成长的内在行为机理，研究发现：首先，企业知识创新系统中的知识创新系数是预测企业成长的基础，通过构建企业知识创新系统变化的动力学模型发现，现行商务能力的变化率决定了新商务战略是否被选择，改变企业知识创新的过程可以驱动组织演化与变革。其次，在企业成长期，组织演化是收敛稳定的，而具有收敛性稳定的战略调整是通过组织学习和知识共享活动来实现的；企业成长进入“二面性组织”阶段，组织变革路径的选择依赖于知识创新过程中的新旧商务绩效；在组织变革中，企业顺利进入下一轮成长必须在超越企业原有组织知识边界中进行知识活动，同时组织内外知识创新之间存在很强互补性。最后，知识创新产生企业商务代谢的战略化机理，而组织学习和知识共享分别通过降低成本和把握最佳时机来驱动企业成长。

知识创新是在新市场中进行全局性搜索知识和有目的性的学习和共享，企业既要注重“开发性知识活动”，不断改进和修订战略以维持企业绩效的增长，又要通过“探索性知识活动”着力捕捉和增强潜在商机，在战略化行为中创造“期间互补”（intertemporal complementary）的发展模式。因此，企业同时在这两个方面进行努力，建立“二面性组织”，方能真正把握企业成长的内在原理。

第　五　章

并购行为与企业战略绩效分析

战略并购是企业战略化过程中选择和捕捉商业机会的重要形式和手段，通过战略并购，企业引进先进的技术或互补性资源，扩展了组织知识边界，为企业战略化实践创造了成长动力。随着经济全球化进程加快和市场竞争日趋激烈，无论处于并购还是内部发展(internal development)阶段的企业，普遍面临着开发新商务的同时兼顾原商务优势，以及整合新旧商务模式的企业战略化行为挑战(strategic entrepreneurship)。近年来，我国企业数量急剧增多，规模日益扩大，战略性并购行为日渐增多，在全球并购浪潮背景下，我国企业的并购金额和次数都已达到了一定规模。然而，在并购交易数量增加的背后，企业并购扩张的失败率却持续居高不下。据麦肯锡调查，全球的并购成功率仅有23%，而我国企业并购的成功率也仅为20%。并购行为的失败使得中国企业付出了昂贵的代价，甚至给企业造成不可挽回的损失。企业并购行为作为企业战略化行为的重要组成部分，给企业发展带来的影响是巨大的，深入探究企业并购行为的动因及其并购绩效，已成为当今学术界和企业界共同关注的热门话题。

战略化行为既强调以捕捉新商务机会为主的扩张并购行为，又要同时兼顾原商务优势的维持与改进过程。近年来，国内外学者已经对企业战略性并购行为进行了大量研究，主要概括为以下两种研究思路：一是从企业绩效出发，考察企业并购后的绩效变化趋势，同时从并购交易特征角度分析影响企业绩效的要素；二是从并购双方市场关系角度划分企业的并购模式，以此来对比不同并购模式对企业成长和发展带来的影响。在企业战略化实践中，企业要么在同一行业中进行组织演化式并购，要么进行跨行业的组织变革式并购。前者强调技术性并购，而后者被称为管理性并购。那么，究竟什么样的并购模式更适合于一个特定的企业？也就是说，现有的组织知识如何塑造不同的战略化路径？当前研究多是从并购交易特征角度分析战略并购对企业绩效的影响，对企业并购模式的研究尚少；此外，国内外学者虽然已经通过研究证实不同的战略并购模式会为企业带来不同的并购绩效，但以往研究多局限于从并购双方的市场关系方面对企业战略并购模式进行划分。由于企业在同一行业进行并购更多地依赖于企业现有的技术资源，而跨行业并购往往注重利用企业已有的富余的管理能力，所以，在资源观基础上，即根据 Richard Makadok(2001)对企业资源的分类，将企业并购模式划分为技术性并购和管理性并购。为了从并购的角度探究企业战略化行为路径的形成过程，本章将根据 Hoskisson 和 Hitt(1990)提出的“动因—战略—绩效”研究范式，以我国 173 家 A 股上市公司为研究样本，分析探究影响企业并购模式选择的因素，以及不同并购模式下的企业战略化绩效变化趋势。通过探究战略化过程中的并购行为，可以了解企业战略化并不是理性分析出来的，而是以现有的资源能力为基础塑造出来的，这一研究成果不仅可以丰富我国企业战略化理论的研究，而且对提高我国企业并购行为的成功率具有重要的指导意义。

5.1　并购理论及假设

在企业战略化行为过程中，并购行为作为一种潜在的力量，可能为企业带来竞争优势(Kinsella 和 Benson，2005)；而传统的战略理论往往会使企业战略化落入“冲动背后的陷阱”，只有从根本上把握冲动行为的本质才可能弥补战略化理论背后的战略缺失(Bromiley，2004)。利用组织行为和战略并购活动可以系统地揭示企业战略化行为及战略选择的本质，而且系统地分析组织冲动和战略冲动之间的动态关系也将逐渐成为国际主流战略研究的重要领域(Lamberg 和 Parvinen，2003；Walsh 等，2006)。

与自上而下的渐进性组织社会化行为相比，战略并购不是停留在高层管理者的决策活动中，而是更多地依赖于他们的认知和动机。他们通过决策活动来间接地影响积蓄在组织内各个层次的组织活动，通过选择不同层次的绩效标杆来直接地引导或加快战略化行为(Branzei 等，2004)。从认知能力的角度看，Boyd 和 Bresser(2004)指出，高层管理者对竞争环境的理解和对公司能力的认识也影响着战略化行为的维持与创造(Branzei 等，2004)；从注意力的视角来看，高层管理者关注的焦点变化也影响着组织变革中的战略冲动(Ocasio，1997)，因为这种注意力可以改变高层经营者的思考模式，进而改变战略化力量的方向和大小(Cho 和 Hambrick，2006)。此外，战略决策的活动频率也对战略化行为产生影响，例如，Amburgey 等(1993)指出，连续性变革的时间间隔越短则企业战略化行为的节奏越快。另外，Martin 和 Park(2005)指出，组织学习可以创造和促进战略冲动；而 Miller 和 Friesen(1982)认为，创业型企业比传统企业具有更强的战略并购冲动。

传统的研究以产业组织理论划分并购模式，即相关多元化和非相关多元化，或者按照并购交易双方之间的市场关系划分为横向并购、纵向并购和混合并购。本研究为了探究企业战略化行为的一般原理，更强调微观层面的分析。本研究沿用 Richard Makadok(2001)将企业资源划分为技术性资源和管理性资源的方法，其中，技术性资源是企业的技能性资源，而管理性资源则为企业的组织性资源。本研究认为，在企业战略化过程中，企业利用管理优势进行跨行业并购，利用技术优势进行行业内并购。这两种互补性资源虽然在企业战略化过程中起着基础性作用，但是不同的资源优势往往塑造不同的战略化行为即并购路径。企业并购过程也是并购双方资源整合的过程，企业只有实现了技术资源与管理资源的匹配才能实现战略化行动。本研究从企业资源观出发，根据 Richard Makadok(2001)对企业资源的分类，将企业并购模式划分为技术性并购和管理性并购。技术性并购是指并购方在所在行业范围内对同行业其他企业发生的并购行为，并购双方在技术资源上具有相似性；管理性并购是指并购方对当前所在行业范围以外的其他行业企业产生的并购行为，并购双方在管理资源上具有相似性。

企业并购模式的选择是指企业根据自身情况而采用不同的并购模式来实现自身的战略扩张目标。企业绩效是指企业通过并购行为取得的价值增值，包括经营绩效的改善、市场竞争能力增强、成长能力提高等。对于企业绩效，国内外学者已经从不同角度进行了大量有意义的研究，但对于企业并购战略选择方面，学术界研究的成果还较少。本文综合国内外研究的成果和不足，主要从并购前企业特征和其所处行业特征出发，考察这些特征对企业并购选择的影响。企业的特征有很多，受数据限制以及出于所选取的影响因素的价值性考虑，本研究只选取 7 个特征因素作为解释变量，并从整体研究背景和具体研究角度提出研究的基本假设。

Grant(2001)认为，在一定程度内，公司的业绩和经营业务的多少呈正相关，但超过一定界限后，随着经营业务的增加，公司业绩呈下降趋势。Amit 和 Livant(1989)的研究表明，企业在进行无关的多元化经营时，经营利润要低于进行专业化经营的企业。本文认为，管理性并购是并购方选择与当前经营业务之外的企业进行的并购，属于企业的无关多元化经营，由此我们提出如下假设：

假设 5.1：采用技术性并购的企业长期绩效要好于采用管理性并购的企业。

前景理论认为，在不同的风险预期条件下，个体的行为倾向是可预测的，该理论认为在有利条件下的个体是风险厌恶型，而在不利条件下的个体是风险喜好型。Kahneman 和 Tversky(1979)指出，企业绩效决定企业战略选择的风险偏好程度，高盈利的企业管理层要比低盈利的企业管理层在企业战略选择中更厌恶风险。由于技术性并购的企业管理者比管理性并购的企业管理者掌握更多的关于产品、技术、市场及行业运作方面的相关知识，根据以上理论可以认为技术性并购要比管理性并购的风险小(Sitkin 和 Pablo，1992)，由此我们提出如下假设：

假设 5.2：企业并购前绩效越好，企业在选择并购模式时越倾向于技术性并购。

Christensen 和 Montgomery(1981)研究表明，企业在进行并购模式的选择过程中不仅受自身特征的影响，还受所在行业特征的影响。Ansoff(1965)指出，当企业所在行业绩效很差或是市场饱和时，通过技术性并购继续留在本行业中会导致境况变差，企业往往会选择管理性并购解决这些困难。本文认为，高绩效行业中的企业会利用自身资源选择技术性并购来继续留在当前行业，使自身实力增强，而低绩效行业中的企业为快速获得优势资源会选择管理性并购来增强自身优势。

假设 5.3：并购前企业所在行业绩效越好，企业在选择并购模式时越倾向于技术性并购。

在我国特有的市场经济体制下，企业与政府的关系成为企业并购模式选择的重要因素。Khanna 和 Palepu(2000)研究表明，政府会通过授权、政策支持甚至直接投资等方式促成企业管理性并购。由此，本文认为企业并购前国有股所占比例越长，政府给予企业的支持资源就越多，并提出如下假设：

假设 5.4：企业并购前国有股所占比例越长，在选择并购模式时越倾向于管理性并购。

李善民等(2004)认为，企业上市年限越长，相应积累的资源越多，获取资源的能力就越强，在当前所处行业内发展就越充分，就越有可能寻求外部发展机会。本文认为，企业并购活动的发生年份与上市年份之间的时间差越长，企业的融资能力越强，企业积累的经验就越多，就越有可能进行管理性并购。

假设 5.5：企业上市年限越长，越有可能倾向于管理性并购。

Amburgey 和 Miner(1992)认为，企业通常会在选择扩张战略时优先选择与自身当前发展战略相似的战略。因此本文认为，企业并购前的多元化程度对企业选择并购模式有一定影响。若企业并购前多元化程度较低，则更有倾向于选择技术性并购；若企业并购前多元化程度较高，则更倾向于选择管理性并购。

假设 5.6：企业并购前多元化程度越高，越有可能倾向于管理性并购。

Amihud 和 Lev(1981)认为，企业并购的一个重要动机是减少企业经营风险，对于上市公司来说，其股东可以通过证券投资组合来降低其投资风险，但管理者却不能通过这种方式来降低自身职业风险。代理理论认为，管理者会由于不持有企业股权而对企业成败漠不关心，只关注自身职位的稳定，因此可能会只从自身利益出发作出相应决策，而不考虑股东利益，通过多元化扩张来降低自身风险(Jensen 和 Meckling，1976)。本文认为，我国上市企业中有很大一部分是国有控股企业，管理层基本不持有企业股份，他们经营企业的目的主要在于实现企业在自身经营过程中的平稳过渡，而非股东利益最大化。因此我们提出如下假设：

假设 5.7：并购前管理层持股的企业更有可能倾向于技术性并购。

Chatterjee 和 Wernerfelt(1991)研究指出，企业规模越大，企业积累的管理资源越丰富，企业进行行业外扩张的意愿就越强烈，因此本文认为，并购前企业规模也是影响企业并购模式的一个重要因素，并提出如下假设：

假设 5.8：并购前企业规模越大，越有可能倾向于管理性并购。

5.2 研究设计

5.2.1 样本选取与指标选择

本研究样本的主要来源为 CSMAR 数据库，样本财务数据的主要来源为金融界网站、百度和讯网和新浪财经，样本行业由 CSMAR 数据库自动划分，划分依据为 CSRC(中国证券监督管理委员会)2001 年 4 月颁布的《上市公司行业分类标准》。本研究选取在沪深两市上市的、从 2002 年 1 月 1 日至 2006 年 12 月 31 日 5 年间发生并购活动的 A 股上市公司为样本。为体现企业并购后的长期绩效，我们参考国外学者的研究，将延续时间定义为 3 年(Steven Kaplan，1989；Meyers 等，1992)，考虑到可获得的数据截止到 2009 年度，因此本研究将样本时间跨度定义为 2002—2006 年。出于数据的完整性及一致性考虑，本文在数据处理过程中采取如下标准：

(1) 将 CSMAR 数据库中，在 2002 年 1 月 1 日至 2006 年 12 月 31 日期间进行首次公告的时间作为并购方成功实施并购行为的时间，对交易未成功事项进行剔除。

(2) 将数据不完整的事项剔除。

(3) 选取并购后上市公司成为目标方第一大股东的事项。

(4) 考虑到金融类上市公司独特的经营和财务特征，本研究样本中不考虑金融类上市公司(Fama 和 Jensen，1983)。

(5) 对上市公司在考察期内发生多起不同模式的并购行为的事项进行剔除。

(6) 上市公司在考察期内发生多起同种模式并购行为的，则保留交易规模最大、对企业影响最大的一起。

(7) 为了更好地检验企业并购行为对经营绩效的影响，剔除交易规模小于总资产 10%的样本。

基于以上原则，我们共获得了 173 家符合条件的样本企业，其中采用管理性并购的样本企业(管理相关型)为 87 家，采用技术性并购的样本企业(技术相关型)为 86 家。样本的基本情况见表 5-1 和表 5-2。

表 5-1　样本年度分布表

	2002	2003	2004	2005	2006	总　计
管理相关型	15	13	37	12	10	87
技术相关型	10	11	37	10	18	86

表 5-2　样本行业分布表

行业代码	管理相关型	技术相关型	行业代码	管理相关型	技术相关型
A	6	3	D	2	6
B	0	1	E	1	0
C0	2	4	F	1	3
C1	4	2	G	6	6
C2	0	1	H	11	5
C3	1	2	J	4	3
C4	12	6	K	5	1
C5	3	4	L	2	0
C6	3	10	M	9	0
C7	13	19			
C8	1	10			
C99	1	0	总计	87	86

衡量上市公司并购绩效的财务指标很多，若仅以某一指标来衡量，难以全面反映企业的并购绩效，而某些指标间的相关性又会造成不必要的重复(冯根林和吴林江，2001)。为力求客观全面地对上市公司并购绩效进行综合评价，本文从企业的盈利能力、经营效率和成长能力三个方面，结合2002年财政部颁布的《企业绩效评价指标体系》，选择每股收益、主营业务利润率、总资产收益率、净资产收益率、总资产周转率和净利润增长率(Q1—Q6)6个财务指标对企业绩效进行综合评估，从而进一步分析我国上市公司并购前后绩效的变化。

5.2.2 变量与测量

(1) 被解释变量——并购模式(Type)

本研究所指的并购模式是指管理性并购和技术性并购。并购模式在本文中被定义为虚拟变量，即并购事件被定义为管理性并购则取1，被定义为技术性并购则取0。

(2) 解释变量

① 并购前企业绩效(FP)

对样本并购前一年每股收益、主营业务利润率、总资产收益率、净资产收益率、总资产周转率和净利润增长率6个财务指标用因子分析法得出第t-1期的综合得分值，用F_0来表示。

② 并购前行业绩效(IP)

依据2001年颁布的《上市公司行业分类指引》，若企业前三位SIC码相同则认定为同一行业，并购前行业绩效用同行业企业的并购前绩效的平均值来表示。

③ 国有股所占比例(Sow)

本文对企业股权结构的考察主要针对企业与政府的关系，用并购前一年国有股(包括国有法人股)在企业中所占比例来表示(李善民等，2004)。

④ 企业上市年限(ST)

用企业并购活动的发生年份与上市年份之间的时间差的自然对数来表示。

⑤ 并购前多元化程度(IND)

企业并购前多元化程度用并购前一年的主营业务收入和主营业务利润所占比重来界定。若某一行业的两个指标所占比例都大于90%，则为单一化经营，用1表示；若企业年报中报告了其他行业情况且业务收入或利润超过10%，则为多元化行业，用0表示(李善民等，2004)。

⑥ 管理层持股(MS)

此处管理层持股在本文中被定义为虚拟变量，若并购前企业高级管理层在企业中持有一定股份则取 1，若并购前企业高级管理层在企业中不持有股份则取 0。

⑦ 企业规模(Sca)

用企业并购前一年企业员工总数的自然对数来表示。

(3) 控制变量——并购发生时间(Year)

本研究样本涵盖 2002—2006 年 5 年时间，具有跨时期特征，属于独立混合横截面数据，因此，本文用年度虚拟变量来消除时间的影响。

5.3　结果与讨论

冯根林和吴林江(2001)指出，不同行业企业的经营绩效和成长水平是不一致的。因此，为了消除行业因素对企业绩效的影响，我们将 Q1—Q6 分别减去相应期间各自行业平均水平(黄嵩和李昕旸，2008)建立新指标 q1—q6。选择 1 年为期间单位，以并购行为产生年度为 t 期，分别考查企业($t-1$，$t+3$)前后共 5 期合并口径的 6 个财务指标。将原始数据矩阵用 SPSS 17.0 进行因子分析，得到各样本企业 5 个不同年份的综合得分，将所获得的数据采用因子分析法对 173 家总体样本企业(86 个技术相关型+87 个管理相关型)并购前后 6 个调整指标 q1—q6 按照并购前 1 年($t-1$)、并购当年(t)、并购后 1 年($t+1$)、并购后 2 年($t+2$)、并购后 3 年($t+3$)分别进行因子分析，按照特征值大于 1 的原则分别提取公因子，得出综合得分函数。

将 173 家上市公司并购前一年的财务数据进行使用因子分析的可能性分析，结果如下：从图 5-1 中得知，KMO 统计量=0.679>0.50，巴特利特球度检验统计量观测值为 440.023，差异检验的 F 值=0.000 显著，可以做因子分析。

接下来考察全部 6 个公共因子对变量的总方差所作贡献。相关系数矩阵中有 2 个因子的特征值大于 1，分别为 2.836 和 1.231，其累计方差贡献率为 67.771%，为使主成分的累计方差贡献率达到解释水平，本文选取 3 个主成分，总的累计方差贡献率达到 83.234%，可认为 3 个主成分可很好地反映变量所含信息，即选取的 3 个主成分能较好地评价上市公司 $t-1$ 期的并购绩效。根据得分系数建立 3 个主成分得分公式：

$$f_{01}=0.344q_{01}+0.145q_{02}+0.375q_{03}+0.285q_{04}+0.173q_{05}-0.1q_{06}$$

$$f_{02}=0.001q_{01}+0.710q_{02}+0.067q_{03}+0.036q_{04}-0.547q_{05}+0.010q_{06}$$

$$f_{03}=-0.083q_{01}-0.111q_{02}-0.116q_{03}+0.164q_{04}-0.189q_{05}+0.968q_{06}$$

以各主成分的方差贡献率为权重加权平均，得上市公司并购前一年(t-1 期)的综合得分为：$F^0=(0.47260\ f_{01}+0.20511\ f_{02}+0.15463\ f_{03})/0.83234$

同理，得出上市公司第 t 期、第 t+1 期、第 t+2 期、第 t+3 期的 KMO 统计量分别为 0.702、0.731、0.673、0.632，差异检验的 F 值＝0.000 显著，均可以做因子分析。对第 t 期到第 t+3 期均选取 3 个主成分因子，其对应主因子的累积方差贡献率分别为 80.045%、79.899%、79.662%、75.387%，用同样的方法计算出对应第 t 期到第 t+3 期的综合得分函数为：

$$F^1=(0.44087\ f_{11}+0.21894f_{12}+0.14064\ f_{13})/0.80045$$

$$F^2=(0.46789\ f_{21}+0.22140f_{22}+0.10959\ f_{23})/0.79889$$

$$F^3=(0.43914\ f_{31}+0.22385f_{32}+0.13363\ f_{33})/0.79662$$

$$F^4=(0.36042\ f_{41}+0.22380f_{42}+0.16965f_{43})/0.75387$$

根据综合得分函数分别计算出采用技术性并购战略和采用管理性并购战略的上市公司样本并购前后相应期间的综合得分，以每期总样本的综合得分函数均值来表示上市公司并购前后各期的并购绩效，得出考察期内技术性并购样本和管理性并购样本的并购绩效变化对比图，在图 5-1 中，我们以 0 来表示技术性并购，以 1 来表示管理性并购方式：

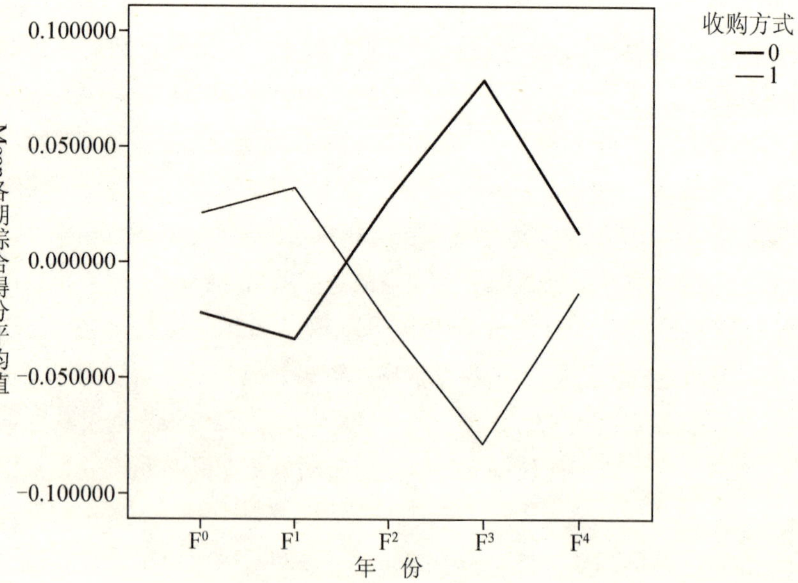

图 5-1 不同并购模式下并购绩效得分趋势图

由于本研究的被解释变量（并购模式）为 0、1 二元虚拟变量，因此，需要用二元 Logistic 回归模型来验证前文中提到的假设。Logistic 回归模型要求各变量之间相互独立，我们通过各变量间的相关性检验和多重共线性检验来判别所有变量是否适合建立 Logistic 回归模型（魏江，2002）。通过检验发现模型中各解释变量的相关性都较小，通过多重共线性检验得到，6 个解释变量的容忍度分别为 0.65530、0.65167、0.90837、0.94269、0.90023、0.95793，均大于 0.6。由于一般认为变量容忍度小于 0.3 才存在多重共线性，因此我们认为本文中的变量适合建立 Logistic 回归模型。

二元 Logistic 回归结果如表 5-3 所示，Logistic 回归模型的 R-Square 值为 0.4321，Max-rescaled R-Square 值为 0.5746，-2LogL 为 239.823，说明我们所建立的模型具有较好的预测能力。

根据表 5-3 我们可以得到我国上市公司并购模式选择的 Logistic 回归模型为：

$$P(\text{Type})=\frac{\exp(-0.5728-0.3828FP+1.1411IP+0.5661SC-0.1334ST+0.0089IND+0.3932MS+0.2369Sca)}{1+exp(-0.5728-0.3828FP+1.1411IP+0.5661SC-0.1334ST+0.0089IND+0.3932MS+0.2369Sca)}$$

在用 Logistic 实际建模时，必须把数据分成预测样本和检测样本两区，预测样本的正确率可以用检测样本去检测，本研究用全部样本来作为预测样本。本文样本中技术性并购和管理性并购约各占整个样本的一半，为了检验上述模型的预测能力，我们用 0.5 作为阀值，即预测概率超过 0.5，就认为并购类型为管理相关型，小于 0.5 就认为并购类型为技术相关型，对样本数据进行回代，结果见表 5-4。

从表 5-4 可知，Logistic 模型预测的总正确率为 73.41%。在 87 家管理性并购中，预测正确的有 63 家，准确率为 72.41%；在 86 家技术性并购中，预测正确的有 64 家，准确率为 74.42%。表 5-4 表明所建模型能够较好地识别两种并购模式的不同特征。

表 5-3　Logistic 模型回归结果

解释变量	模型	
	系数	P 统计值
Constant	-0.5728	0.4456
并购前企业绩效	-0.3828	0.0463 **
并购前行业绩效	-1.1411	0.0074 ***

续 表

解释变量	模型	
	系数	P统计值
国有股所占比例	0.5661	0.0001 ***
企业上市年限	-0.1334	0.4506
并购前多元化程度	0.0089	0.0440 **
管理层持股	0.3932	0.0921 *
企业规模	0.2369	0.0123 **
R-Square	0.4321	
Max-rescaled R-Square	0.5746	
-2LogL	239.8230	

注：表格中，***、**、*分别表示统计值在1%、5%、10%的水平上统计显著。

表 5-4　拟合预测结果

	预测管理性并购	预测技术性并购	正确率
实际管理性并购	63	24	0.724138
实际技术性并购	22	64	0.744186
总正确率	阀值：0.5		0.734104

从图 5-1 可以看出，采用不同并购模式的样本，企业绩效截然不同。选择管理性并购的上市公司在并购前绩效要普遍好于选择技术性并购方式的上市公司。上市公司在采用管理性并购后当年绩效出现缓慢上升，而采用技术性并购的企业当年并购绩效则出现略微下降趋势，在并购后两年，管理性并购企业绩效急剧下降，而技术性并购企业绩效迅速上升并在并购后第一年赶超管理性并购企业绩效。在并购后第三年，技术性并购绩效开始下降，管理性并购绩效开始上升。总体来看，在并购后第三年，技术性并购企业绩效高于并购前绩效，而管理性并购企业绩效要低于并购前绩效。即相对于管理性并购来说，技术性并购更容易给企业带来好的并购绩效，印证了假设 5.1。企业在采用管理性并购两年后绩效下降，而采用技术性并购的企业两年后绩效上升，原因可能源于企业的整合成本。首先，企业并购行为发生后紧接着就要进行整合，由于管理性并购模式的整合难度要远大于技术性并购模式的整合难度，因此可以推断前者付出的整合成本会高于后者，与并购带来的利益抵消会带来不同的并购绩效；其次，管理性并购的整合期普遍要长于技术性并购的整合期，也因此会带来不同的企业绩效。

由表5-3知，并购前企业绩效、并购前行业绩效与技术性并购模式显著正相关，这表明并购前企业绩效越好，在并购模式选择时企业越倾向于选择技术性并购，从而进一步证实了假设5.2和假设5.3，这与Kahneman(1979)等的研究结果是一致的。该结果提醒我们，在研究并购模式选择对企业绩效的影响时，需要关注企业并购前绩效，管理性并购不能改善企业绩效在较大程度上与企业自身的绩效改善能力有关。企业上市年限与技术性并购正相关，但统计量上并不显著，这表明企业上市年限越长，企业在选择并购战略时会越倾向于技术性并购方式，但是该实证结果并不能被完全证实，因此假设5.5还有待进一步验证。国有股所占比例与管理性并购模式在1%水平上显著正相关，这表明，国有股股权在企业内所占比例越高，企业越倾向于管理性并购，这与Khanna(2000)等的研究结论相似。从回归结果中还可以看出，并购前多元化程度和企业规模均与管理性并购模式在5%水平上显著正相关，这与Amburgey、Chatterjee、李善民等的研究结果相一致(Agrawal A. 等，1992；Chatterjee S. 和 Wernerfelt B.，1991；李善民等，2004)。管理层持股在10%水平上与管理性并购模式显著正相关，拒绝了假设5.7。出现这种研究结果主要有以下几点原因：首先，我国较大一批上市公司是由国有企业改制而成的，国有股在整个企业股权中占控股地位(黄嵩和李昕旸，2008)，管理层的持股力量不及政府在企业决策中的主导作用；其次，当前国内越来越多的企业呈现出多元化经营的趋势，管理层的“随众”心理驱使他们选择进入新行业市场的决策；最后，管理层出于降低企业经营风险的目的，在进行并购扩张时选择管理性并购。

国内外对企业绩效影响因素的相关研究虽然很多，但绝大多数是研究并购交易特征对并购绩效的影响，如并购资金来源、是否关联交易、并购双方相对规模等，很少有针对并购前并购方特征的研究。朱乾宇等学者指出，并购模式是影响企业绩效的重要因素之一(魏江，2002；黄速建，2003)。并购前企业特征影响着企业并购模式的选择，不同的并购模式会进一步带来不同的企业绩效。本研究以我国上市公司为样本，从企业资源角度剖析上市公司的并购模式，分析不同模式下企业的并购绩效，从企业并购前的特征出发，着重研究并购前企业特征对企业并购模式选择的影响，进而阐述选择恰当的并购模式可以有效地改善企业绩效，研究成果将丰富国内企业战略扩张方面的研究内容。

5.4　小　结

企业扩张冲动行为是一个协同演化的组织行为系统，其精髓在于组织冲动和战略冲动交替演进的动态过程。一旦战略冲动力启动，相应地组织在各个层面机会构建与孕育新的组织活动（Branzei 等，2004），渐进性自下而上的组织冲动可以保证战略变革的顺利实现，迅速改变战略方向。建立在组织冲动基础上的战略冲动会有助于组织变革（Branzei 等，2004），这种行为模型可以预测企业扩张的动态过程（Jegadeesh 和 Titman，1999）。因此，就如同行走中的左右脚一样，在企业战略扩张过程中，组织冲动与战略冲动共同支持着企业扩张活动的顺利实施。

自 20 世纪 90 年代全球第五次并购浪潮以来，中国企业步入了快速成长的战略扩张阶段，国内并购交易数量和并购金额急剧攀升，数十亿美元交易额的并购已是寻常之事，本章旨在从并购行为的视角揭示企业战略化的行为路径及其影响机制。客观地说，企业并购模式是影响企业战略化绩效的重要因素，也有助于洞察企业战略化行为机理，及时利用优势资源，调整企业的相关资源组合方式，引导战略决策者选择适合企业发展的战略化行为模式，而不是一味地“照搬照抄”，寻求所谓的“最佳实践”，这样可以有效地探索中国特色的企业战略并购模式，增强企业战略化能力。

本研究通过对我国上市公司 173 起重大并购事件、并购前后 5 年的并购绩效趋势及并购前企业特征、行业特征与并购模式选择的关系分析，发现采用技术性并购的企业和采用管理性并购的企业在并购绩效方面存在显著的差异，具体表现为：①企业自身特征和所处行业特征会影响企业并购模式的选择，国有股占有比例越高，企业并购前多元化程度越高，企业规模越大，在进行战略选择时企业战略化行为越倾向于选择管理性并购模式。②企业并购前绩效越好，并购前行业绩效越好，企业战略化行为越倾向于选择技术性并购模式。③在企业战略化行为的不同阶段，采用技术性并购的企业长期绩效要普遍好于采用管理性并购的企业。

此外，本研究还发现，企业管理层是否持股也是影响企业进行并购模式选择的重要因素，但是企业上市年限能否成为企业并购模式选择的依据还有待进一步验证。以上研究表明，我国上市公司的企业特征和行业特征影响着公司战略扩张时的并购模式选择，不同的并购模式又会进一步影响企业绩效，造成企业战略化路径的差异。

如果不能理解组织微观行为与企业战略化之间的关系，就不可能透彻地理解企业战略化行为及战略选择问题的本质。正是基于以上认识，本章着意分析中国企业并购行为，探索企业战略化的有效战略选择模式，构建组织能力与战略选择之间动态的调配机制，因势利导地进行企业战略化行为。这不仅对于新兴市场中正准备进行战略扩张的企业怎样做到未雨绸缪、有效地把握快速增长的扩张冲动与经营风险的平衡具有重要意义，而且对正处于经济转型时期的中国企业快速、持续、健康地成长更加富有价值。

第 六 章

知识分层演进与组织社会化能力

资源观认为，企业战略实施的组织能力差异性主要来源于难以被模仿、稀缺的组织知识活动，而组织知识的分层演进已经成为企业战略化行为的基本原理，因为主导企业战略活动的根本力量已从物质资产向智力资源转移(Argyris，1993；Argote，1999；Volberda，1996；潘安成，2008)。一些学者根据组织活动的阶段性来探索知识的产生、转移和利用，但却忽视了组织知识的自演化(潘安成，2008)。如 Carlile 和 Rebentish(2003)认为，组织知识在企业经营活动中以简单周期性方式(储存、再获取、转变)进行循环往复运动，提出知识转变周期概念；Birkinshaw 和 Sheehan(2003)则根据产品周期把组织知识活动划分为创造、移动、扩散和商业化四个过程，从而给出组织知识的“S”形曲线生命周期。然而，无论基于企业经营活动还是基于产品周期的知识生命周期理论(Carlile 和 Rebentish，2003；Gibson，2001)，实际上都是对传统企业周期理论的一种知识解释，这些理论忽视了知识系统的自身演化轨迹，是对知识管理理论的一种曲解(Argote，1999)，将为揭示企业战略化行为带来更大的障碍(Argyris，1993)。

另有一些学者对知识活动的自身演化轨迹进行了探究，其中，Nonaka 和 Takeuchi(1995)建立了被广泛引用的 SECI 知识创造模型；姚哲晖和胡汉辉(2007)从知识的个体、团队与组织层面进一步提出了 SECI 的改进模型；张庆普和李志超(2003)指出了企业隐性知识流动的转化模型；而吴晓波和聂品(2008)从技术演化中探究了知识演化的内在机制。但是，这些研究建立在 Polanyi 源自于特定企业环境的知识显性和隐性二分法模型的基础上，Glisby 和 Holden(2003)研究发现这种模型不具有一般性与普适性，同时，这些理论虽然从认知角度很好地揭示了知识活动的内在机理，但完全把知识活动与企业战略化行为变化割裂开来，往往造成企业战略实施过程中知识整合的失败(Pfeffer 和 Sutton，2000；Puranam 和 Srikanth，2007)。无论是基于组织行为的知识活动，还是具有知识特性的组织活动，都会使知行分离，从而损害组织能力，导致企业无法持久地成长(Lamberg 等，2009)。

企业战略化作为一个组织知识的分层演进过程(Argote，1999)，存在着一个自我推进、发展和超越的知识自演化过程。其中，企业“知识深度”决定着企业的成长行为(Murray，2002)。根据知识—行为框架(Gibson，2001；Garud，1997；Schulz，2001)，三层深度知识结构共同塑造了组织行为的微观机制：处于深层的原理性知识(know-why)寄存于主导逻辑等组织价值理念中，这种“二阶知识”(Ture 和 Baumard，2007)多样性创造了组织认知向前和向后演化路径；处于中间层的技能性知识(know-how)一般寄存在技术、经验和常规等组织认知之中，这种“一阶知识”(Ture 和 Baumard，2007)具有二重的连接功能；而寄存于资源中浅层的信息性知识(know-what)表明了组织可得性知识量及探索和开发的活动范围(Schulz，2001)。

在企业战略实施的组织社会化过程中，企业寻求一个长期发展与短期生存之间动态均衡的组织知识演化过程(Volberda，1996)。然而，现有知识理论并没有把组织知识活动与企业成长行为有机结合起来，难以揭示企业战略化行为的内在机理(Katila，2002)。为此，本章在回顾相关文献的基础上，首先给出组织知识的层次划分；然后构建企业组织知识自演化的非线性模型，分析组织知识系统演化动力学规律；在此基础上，最后进一步探索企业战略化行为的组织过程。

6.1　组织知识分层演进

根据 *American Heritage Dictionary*(1992)，知识通常是“经验或研究所学到的东西”，其包括信息、解释力、洞察力和假设及其之间序化和序化的倾向；而在 *Merriam-Webster's Collegiate Dictionary*(2002)，知识是指“通过研究和推理，或者联想和经验，或者通过不同类型的学习所知道东西的意识”。从组织行为的知识构成来看，组织知识一般分为信息、技能和原理三个层面。相应地，组织社会化过程也是由信息性、技能性和原理性等组织知识有机构成的。首先，信息性知识处于企业资源层面，由于具有明显的因果关系结构(Saviotti 和 Mani，1998)，所以它们拥有信息的特征和明显的信息性，这种知识层次是数据的一种序化结构形式，而且这种结构形式并非是无限的而是有界的。其次是技能性知识，Nonaka 和 Teece(2001)指出，这类知识具有“自跨越”性质，即知识在意识与情感的层面之下还具有自我连接的功能，这种关系可以通过学习和经验使信息在一定语境下相互连接起来。例如，企业竞争能力就是在这种组织知识之间的连接活动中产生的。所以，这类知识直接表现为企业的某种技能或能力。最后是原理性知识层面，Buckley 和 Carter(2003)认为知识是寄存在人思想中的一种品质，即是一种思想状态；Lawrence(1980)进一步指出，真正的知识全部来源于意识，而思想只是分析并使之合理，所以，这类知识存在于组织情感之中，是企业寻找战略化行为的价值倾向。在企业战略实践中，这三个层面的组织知识往往胶着在一起，它们之间的交互作用推动了企业组织社会化活动的不断演进，一般很难明晰地划分开来(Tuomi，2000)。一般情况下，这三个层面的组织知识分别对应着企业物质资源系统、人力资源系统和经营管理系统，分别根植于企业信息资源、能力和文化的组织知识网络中(Carrillo 和 Gaimon，2004)。

信息性知识一般寄存于组织技术、文档、数据库、专利档案、制度与运作程序等组织物质资源之中，因果关系较为明确。在企业中，这种知识所包含的信息(或者数据)之间的因果关系已经稳定且结构化，很容易实现转移和被模仿(Lenox 和 King，2004)。技能性知识是组织中知识主体在解决问题过程中所展示的才能，这种才能主要寄存在企业的人力资源中，包括产生、转移、运用组织结构知识的能力，主要通过建立学习性组织来实现知识积累。原理性知识往往存在于组织文化与创新精神等组织意识之中，指导组织能力演化的方向。这种知识能够引导组织的渐进性创新能力迅速提高，但其因果关系很不明确，而且一般不具有可得性即严格的组织黏着，这类知识的形成与积累一般是在上述两种组织知识的基础上，通过组织有意识或者无意识的总结而产生和演进的。这三种组织知识的相互作用就构成了组织知识系统演化活动框架(如图 6-1 所示)。知识创造总是发生在价值范畴中的潜意识中，是组织知识演化的起点；组织学习是为实现现有的某种企业价值而进行的有意识地消化与理解异质知识的过程，包括个体、群体与组织三个层次的学习；知识转移是为了使技能性知识能够提升市场价值即提高组织能力，系统地运用组织中的互补性资产的过程，同时，把这些能力知识纳入信息性知识，以实现组织知识共享。这些知识活动共同推动着组织知识系统在商业化过程中实现其不断丰富和更新，企业只有在这种知识系统“演化活动的矿藏”中不断探索发展机遇，通过适时的战略选择才能为其持续地带来竞争优势。相反，孤立地理解某一层次知识是不可能实现企业持续成长(Carrillo 和 Gaimon，

2004)的，特别是在不确定环境情况下，企业只有识别这些知识层次之间的相互关系及其演化规律才能不断获取竞争优势。

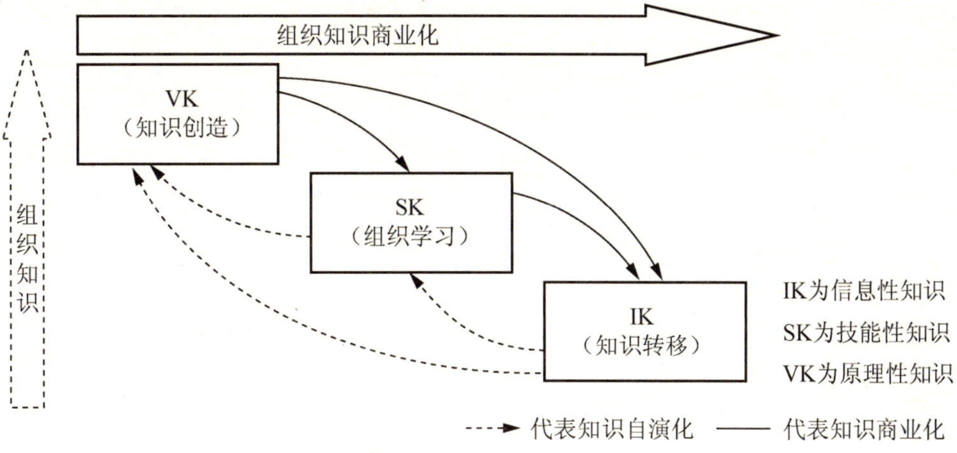

图 6-1　组织知识分层演进模型

组织知识的分层演进由初始的组织知识系统构成，即由信息性知识、技能性知识和原理性知识之间相互作用所决定的。信息性知识是企业资源，是企业战略化行为的物质保证；技能性知识反映企业面对环境变化调节和匹配组织行为的能力，是企业战略化行为的方法或手段保障；原理性组织知识则是把组织知识变成企业成长力量的驱动器，直接表现为企业战略化行为的动机或倾向性情感。如果原理性知识发生变化，那么组织结构与能力知识也发生相应的改变，同样，技能性知识的改变也会导致组织结构知识发生变化。但是，反过来则不然，因为原理性知识在一般情况下是不变的，技能性知识较为稳定，而信息性知识受环境的影响最大。在企业成长的过程中，信息性知识对于组织学习和有效知识转移起着不可替代的作用；如果没有技能性知识作为信息性知识的转换器，那么信息性知识就会阻碍企业知识创新；同样，如果失去原理性知识作为组织能力的方向性指导，组织知识活动效率不但低下，而且往往是毫无价值。

组织的知识存量会随时间的推移而逐渐增加，最终趋向于组织知识系统的最大容量，即知识饱和度（Carrillo 和 Gaimon，2004）。随着知识存量逐渐向知识系统的最大容量逼近，由于“学习近视”和“组织惰性”的作用（Levinthal 和 March，1993），组织知识存量的实际增长率会逐渐减少。由系统动力学模型可知，当技能性知识即组织能力增强时，组织知识存量则不断地增加，也就是说，在一定条件下，组织知识的积累有利于组织能力的提高。但是，随着原理性知识的积累，组织知识存量的不断增加不利于企业持续成长（Lenox 和 King，2004），即企业的成长意识逐渐变弱，从而造成“组织惰性”和“核心刚性”。于是，原理性知识的积累在某种程度上是不利于企业可持续发展与变革的根本因素（Carlile 和 Rebentish，2003），这与“核心刚性”和“路径依赖”理论相一致。且原理性知识的成长直接与组织能力相关，并且成正比例关系，于是，在一定条件下，企业的组织能力越强，就越容易建立较强的企业文化系统（潘安成等，2004）。

现在考虑知识管理模式对组织知识系统的影响。当组织知识存量较小时，随着时间的推移，组织知识的增长速度变得越来越快，组织能力也逐渐增强。当知识存量的增长率为零时，对于企业持续竞争优势获取来说，技能性知识在一定的企业价值指导下得到最佳状态，另一方面，组织能力一定程度上决定了组织生命周期的时间。当组织知识存量较大时，组织知识系统的增长速度变得越来越慢，并逐渐趋于饱和状态，在这个阶段，组织长期形成的领导价值观、习惯与规章制度等文化因素损害了组织能力，从而削弱了组织创造力热情、想象力和创新意识，正是在这个意义上，企业强文化可以塑造组织在面临技术或者竞争范式转移过程中的战略化行为。

因此，组织知识系统中本身存在着演化周期，这种周期在一定程度上决定了企业的持续成长。由于易于模仿和被替代，信息性知识为企业带来的成长是短暂的，运用这种可得性知识资源来维持企业竞争优势是一种短视行为。但是，当这种知识必须与组织能力知识相结合，通过知识不断更新、重构与渐进性创新时，企业绩效则会显著增加，这样就导致了企业渐进式增长，这种知识往往决定了企业产品生命周期的时间。然而，这种关注知识开发性活动的行为往往使企业落入成长陷阱，因为这两种层面的知识在组织知识系统自演化中并不能使企业适应竞争范式的变革。于是，原理性知识是引导企业持续发展的根本因素，但却不能直接为企业赢得竞争优势。所以，建立战略化能力的企业要注重开发自演化的组织知识系统，显然，这种组织知识系统具有很明显的独特性，不可能被模仿和复制，这也是塑造企业战略化行为差异性的根本原因。

6.2 组织社会化与知识演进

企业战略化过程是一个开放的组织知识分层演进系统，第二章从理论上研究了战略选择和组织社会化活动的协同演化原理，这种“自主成长”与“强迫成长”构成的双绞线战略(胡汉辉、潘安成和刘红军，2005)使企业内外环境变化得以协调发展。Siggelkow(2002a)认为，企业健康成长始终伴随着组织能力的改进和战略的修订，特别是组织能力的转变和战略选择的交替进行，这与 Hart 和 Sharma(2004)把企业战略化行为划分为知识战略扩张(fan-out)和整合(fan-in)的 2F 模型内涵相一致。单一依赖战略选择或者组织社会化活动不可能为企业创造持续竞争优势。在企业稳定成长期，企业强调惰性式战略冲动(momentum)(Jansen，2004)可能导致“组织近视”和“竞争力陷阱”(He 和 Wong，2004)；而在企业处于内外不稳定时期，企业一般强调扩张式冲动(Jansen，2004)往往依赖于企业战略的倾向性情感。过分关注市场机会的战略选择，导致知识创新多样化，大大地提高了企业战略化行为的不确定性。同样，如果忽视企业组织能力的改进，往往偏离企业实际与市场环境相互作用过程中所产生的企业成长轨迹，最终因核心商务的退出障碍导致企业衰败。

在创造企业持续竞争优势过程中，战略选择与组织社会化活动是一种互补关系，既相互促进又相互制约，所以，企业战略化行为根本在于其是否能够按照潜在的轨迹发展，管理决策者在把握组织知识创新的基础上实施动态决策控制。当组织社会化活动的推动力量较强大时，企业决策者应注重战略选择拉动的知识创新，培育市场需求力量以创造竞争优势；当战略选择力量较大时，企业决策者应该积极实施有效激励措施(潘安成等，2005)，以实现组织能力的改进与转变，促使持续竞争优势的产生。因此，在每个发展阶段的过程中形成了企业战略化行为的发展阶段，这些战略性转变的行为机理将在第七章详细讨论。

6.3 讨论与结论

在企业战略化行为过程中，由战略选择所带来的创新知识和由组织能力改进所带来的创新知识在企业成长过程中交错地共同激发企业成长活力。互补性知识(Teece，1986)在战略选择和组织社会化活动演化过程中创造的协同效应起着基础性作用(Nielson，2005)，互补性原理不仅使知识创新与转移和企业的实际决策战略变化一致，而且使企业持续成长的双绞线不断收敛，促使适当的战略选择与组织社会化活动产生“战略共振”(Brown 和 Blackmon，2005)。由于互补性原理强调了变化与绩效之间存在明显的 J 曲线关系，即在变化初期，新商务不如现有商务对企业绩效的贡献大(Whittington 等，1999)，而且在这种战略多元化转变过程初期，即使在协同效应存在的情况下，企业绩效也会出现暂时下降的情况

(Gary, 2005)。例如，Biggadike(1976)通过对40家企业战略性市场进入过程的案例研究发现，至少在进入新商务后的两年内，企业出现负的投资回报。同时，知识创新活动提高了企业在成长过程中应对不断变化的市场环境的反应能力，同时也进一步促进了这种能力的成长，这种"冲动定理"证明了企业成长曲线(新商务在发展初期)是凹性而非凸性的成长原理(Milgrom等，1991)。在这种企业战略变革期，组织能力在旧商务的保护下得到成功转变，新商务的组织社会化活动由于赢得时间得到加强，而旧商务在适当的时机进行剥离或者重构；这就构成了企业成长的S形曲线，即先凹后凸的函数曲线(Bass，1969)。企业成长又进入新一轮周期的初创期，即成长曲线从凸性转变为凹性，这与上一轮周期在结构上是相同的。

以实施战略为主导的组织社会化活动是企业战略化行为的驱动力之一，制定战略与实施战略之间的互补优势塑造了企业具体的竞争优势，这种竞争优势天生就具有动态性和语境依赖性。然而，传统的竞争优势理论过分强调整体的比较静态优势，而且竞争优势明显具有路径依赖的特性(Arthur，1989)，这种竞争优势在一定程度上为企业的失败埋下了伏笔(Marris，1964)，因而，注重组织与环境之间动态相互作用的目的在于激发企业内在的互补优势。因此，企业战略化行为就是在动态地寻求这种互补优势的基础上不断获取持续竞争优势的过程，互补优势不仅可以降低企业战略化行为过程中的成本和风险，而且能够为企业成长提供更强的柔性能力。

在当今竞争日益激烈的环境下，企业核心能力本质上表现为组织知识的利用和再创造，因此，组织知识系统演化动力学是决定企业赢利能力和成长能力均衡增长的内在因素。组织知识系统的开发模式是企业创造持续成长动力的根本手段，适当地利用组织知识系统演化力量，可能是获取持续成长的最有效途径之一。创造原理性知识逐渐成为企业未来成长的动力，如企业发展是以企业价值理念为指导来运用技能性知识，不难看出，技能性知识是企业战略化行为的中枢；而信息性知识是企业发展的物质基础，往往直接反映企业当前所处的发展情境。因此，由信息性知识、技能性知识和原理性知识所构成的组织知识系统的演化特征是丈量当前利润和未来战略投资水平均衡的重要标准。正确理解它们之间协同演化的本质，不仅能降低企业经营风险，还能在战略管理实践中有效地实施企业战略选择的组织社会化活动。

第 七 章

企业战略行为的组织结构化机理

在不确定性变化的市场环境下，企业为了实现持续增长，往往需要根据企业战略适时地调整管理层结构和组织模式。根据麦肯锡 2009 年 12 月对世界各地 3199 个战略转型期企业的调查发现，管理层变动与组织模式不相匹配是企业战略化行为崩溃的主要原因之一。在实施战略的过程中，不仅涉及管理层变动，同时也需要组织模式的相应转变，如组织人事变化、知识转化及组织学习(Loasby，2002)。企业战略化行为强调能决定企业长期发展的组织内部联动的微观行为(Ezzamel 和 Willmott，2010)，即“组织化(oragnizing)活动”（Starbuck，2006)。组织化是组织结构化过程，由管理层调整和组织变革行动之间的复杂关系所驱动。其中，管理层变动不仅驱动企业战略转型活动，而且带动组织能力的改变，所以，管理层变动是企业战略化行为中连接战略制定与战略实施的中观活动，也是实现企业持续成长的中枢神经系统；同时，由管理层变动所引发的企业战略化行为既支持战略转型，又会引发管理层权力的重新划分，从而从战略层面触发了组织社会化力量的产生(Ezzamel 和 Willmott，2010)。

既然企业战略化行为是管理层知识结构和组织微观行为之间相互驱动作用的过程(Ezzamel 和 Willmott，2010)，理解管理层知识结构与组织变革之间的行为关系，将有利于从组织能力层面揭示企业战略化行为机理。一些学者从管理层知识结构变化层面分析企业战略绩效(Hambrick，2007；Eisenbach 等，1999；方润生，2002)，研究认为，管理层变动是企业战略化行为的内在驱动力，管理层知识结构有利于组织模式的转变和形成；另一些学者则从组织变革的视角分析企业战略化过程(Loasby，2002；潘安成，2009；Heracleous 和 Barrett，2001)，注重员工流动、知识转化及组织学习对企业战略转型绩效的影响，指出这些组织行动能够保证企业战略化行为的顺利实施。但是，在不确定性变化的环境背景下，企业战略化行为是渐进的动态匹配过程，无论是强调组织模式选择还是侧重管理层变动，都难以系统地解释两者之间相互促进和制衡的关系。所以，组织变革和管理层变动在企业战略化过程中起着同等作用，探究两者之间的互动机理对于揭示企业战略化行为具有重要意义（Ezzamel 和 Willmott，2010；潘安成，2007）。

结构化理论（structuration theory）认为（Sarason 等，2006），任何行动都在预先结构下展开，这种结构既促进行动的开展，同时又对行动的演进产生限制作用，而行动的结果则进一步推动了结构的变化。结构化理论为分析企业战略化行为中的组织化活动提供了一个主观与客观、宏观与微观的互动框架（Pozzebon，2004），而组织化强调管理层知识结构和相应的组织变革行动之间的关系，可以系统地揭示企业战略选择和实施的微观行为机理。一方面，企业战略化往往是由企业深度知识活动造成的（Heracleous 和 Barrett，2001），既包括横向的管理层知识结构调整，又包含纵向的即自上而下和自下而上的组织知识演化（潘安成，2009）；另一方面，管理层知识结构不仅为组织吸收外界新知识提供结构性能力，而且也促进了组织知识的转化和学习。为此，本章在结构化理论框架下，构建组织化的动态过程，也就是说，以管理层知识结构为出发点，分析组织变革影响管理层知识结构的因素和途径，提出二者相互构建的组织化机理，并形成战略演化路径的企业战略化模型；最后，再运用惠普公司战略化过程进行案例论证。

7.1 管理层知识结构

企业管理层知识结构是由梯队型管理层知识所构成的。管理层知识是企业不同层次管理者的知识构成状况，包括不同类型的管理性知识和技术性知识（Penrose，1995）。管理层知识结构反映了管理层知识存量中各种知识分别所占的比例和层次及其之间的相互关系，这种知识结构并不是各种类型知识的简单叠加和各种知识的数量关系，而是不同比例的各种层次知识在企业中相互作用过程中形成的相对稳定的又不断更新的错综复杂的演化关系。管理层知识结构是指企业管理者在决策和组织行动过程中不断吸收和重构的规则和资源，包括一整套组织常规和管理制度，具体体现在战略转型与组织变革活动之中。所以，管理层知识结构在企业战略化行为中不断涌现出来，能够促进和约束组织日常活动。管理层知识结构不能离开组织变革而独立存在，一方面，对战略化行为有使用和限制的作用；另一方面，也要依附于组织变革行动的构建过程。因此，管理层知识结构的这种二重性是企业战略化行为机理的基础和核心（如图 7-1 所示），也就是说，这种结构二重性是指管理层知识结构一方面充当持续性战略行动的中介，另一方面也是组织变革行动的结果。这种知识结构和组织行动相互构建和共同演化，贯穿于企业战略化行为的整个过程之中(Pozzebon, 2004)。

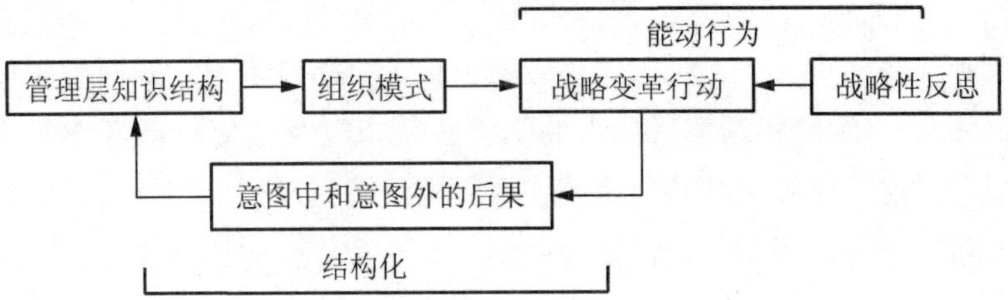

图 7-1 管理层结构二重性的结构化过程

在组织知识的认知逻辑中, Nonaka 和 Takeuchi(1995)将组织知识划分为显性知识和隐形知识, 同样, 管理层知识结构也具备显性与隐性的特点, 企业内部不同层次的管理者所掌握的各种技能和经验分为隐性知识和显性知识。显性知识在管理层内部表现为决策的程序和说明、通知、文件、制度、职权结构及从属关系等, 而隐性知识表现为管理层对决策的态度和价值取向、组织惯例、管理技术诀窍及组织氛围等。根据系统科学采用的用知识元表示知识结构的方法(席运江和党延忠, 2008), 如果把显性知识和隐性知识作为知识元, 那么管理层知识结构可以定义如下: ai(i=1, 2)表示管理层知识结构中的显性知识和隐性知识, f0 表示显性知识和隐性知识之间的关系, W0 表示显性知识和隐性知识之间关系的权重, A0= {ai | i=1, 2}, 那么, 管理层知识结构就是指二者之间关系的整体, 即知识结构= { {知识元}, {知识构成} }, 即知识结构= {f0⊂A0×W0}。所以, 在企业战略化行为中, 管理层的决策行为在推动组织变革的同时, 组织模式转变也悄悄地完善着管理层知识构成(如图 7-2 所示)。综上所述, 可以获得以下命题:

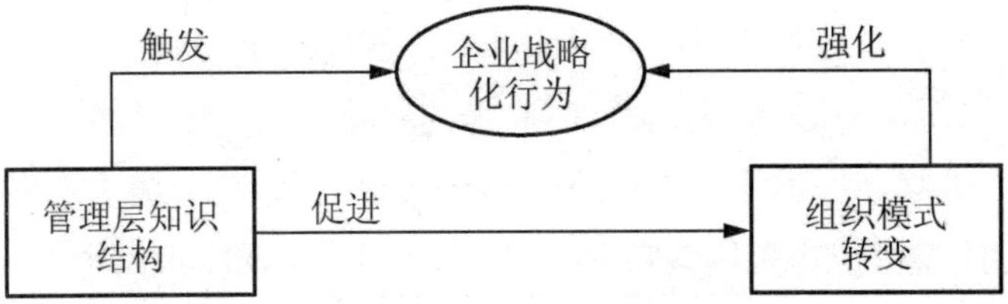

图 7-2 基于管理层知识结构的组织变革模型

命题 7.1: 在企业战略化行为过程中, 管理层知识结构变化触发相应的组织变革, 同时也限制了组织变革的方向并引导组织变革的推进。

7.2 管理层知识结构与组织变革

在企业战略化行为中，组织模式转变包括企业岗位重新设置所产生的员工流动(turnover)，组织结构调整所带来的知识转化，以及由应对新环境所引发的组织学习行为，这些组织活动共同构成了组织模式转变过程。同样的，这些组织变革行动伴随、影响着管理层知识结构调整，并支持着企业战略变革行为和保证战略变革的有效实施。

组织变革是企业内部环境的改变过程，既包括组织模式的转变，又包含了组织成员的变动。企业为了应对快速变化的组织环境，常把人事调整作为组织变革的重要内容，企业人事变动可以带来绩效改善，组织变革必然伴随着企业各层次的员工流动。作为知行的主体，组织中人员的调整方式对管理层知识构成和结构形成会产生重要影响(Madsen，2003)。例如，近年来惠普公司在多次战略变革过程中，先进行裁员再进行组织结构调整，而后招聘新员工。一方面，管理者是企业实施组织变革行动的核心，管理层智力资本结构的变化会直接影响组织结构(方润生等，2002)，管理层变动会改变企业的组织制度、职权分配和从属关系等正式规则安排，进而直接导致管理层知识结构中的显性知识结构变化。另一方面，处于转型期的企业往往降低了员工对组织的忠诚度，通常会带来比较严重的人才流失问题。所以，员工流动会带动企业经营理念和文化层面发生深刻变化(Schein，1996)。相对于显性知识来说，隐性知识更多地依附于管理层变动之中，管理层人事变动对隐性知识的影响更加剧烈，可直接带动管理层隐性知识的结构调整。因而，由组织变革导致的管理层人事变动在改变了管理层知识结构中的显性知识的同时，又更加显著地导致了管理层隐性知识结构的转变。组织变革所带来的人事变动是导致管理层知识结构迅速变化的重要机制。

Nonaka 和 Takeuchi(1995)认为，企业战略化过程中，隐性知识与显性知识存在相互转化机制，提出了包含知识社会化(隐性知识转变为新的隐性知识)、知识外化(隐性知识转变为显性知识)、知识综合化(显性知识转变为新的显性知识)、知识内化(显性知识转变为隐性知识)四种演化形式的知识转化螺旋模型(SECI)。组织变革是深度组织知识活动造成的(潘安成，2009；Heracleous 和 Barrett，2001；Schein，1996)，同时，由于隐性知识和显性知识在不同管理层次之间进行相互转化，所以，组织变革在一定程度上也是管理层知识结构再造的过程。首先，在对组织变革的战略转变过程中，管理层之间通过观察和模仿等方式，分享着彼此对待变革问题的态度、观点及解决管理问题的技巧等隐性知识。其次，在组织变革的过程中，管理者通过不断地总结和反思，把可以制度化的那部分隐性知识（如经验和技能等）加以整理，编制成操作规范、管理制度和业务指南等文件形式，转化为彼此的显性知识，以保证变革的顺利实施。再次，在管理层知识的综合化过程中，企业通过将分散在管理层的显性知识进行分类、重组并重新提炼成新的显性知识，同时与旧的规章制度等显性知识结合进行系统化整合，进而重新形成管理层显性知识。最后，在企业战略化行为的实施过程中，管理层通过社会化活动和外部化方式可获得大量的隐性知识，并把一部分隐性知识转变为显性知识，再经过综合化过程可将零散的知识组织化和系统化，并产生新的知识。例如，管理者在不断地学习、领悟和积累过程中将这些经过综合化后获得的各种显性知识转变为管理层的隐性知识（如经验、技能等）。

在企业战略变革过程中，组织学习能够进一步转变和提升管理层知识结构。Loasby（2002）认为，企业成长阶段演进及相应的组织变革，都与企业管理者对未来变革和成长机会的认知变化发生直接的关系。一方面，为应对外部环境和内部变革需求的压力，企业管理者不断地从外界获取新知识和创造新知识，他们往往通过积极主动的组织学习、构建学习型组织，塑造有利于应对企业内外环境变化的管理层知识结构。另一方面，在组织层面，组织变革往往是组织学习的过程（潘安成，2008）。通过组织学习，管理层的显性知识或隐性知识就会发生变化，从而使得价值观、态度、信念等管理层隐性知识发生改变；同时，企业在组织变革中，组织行动也改变企业制度和权力结构，导致部分管理层知识过时或流失。综上所述，我们可以获得以下命题：

命题 7. 2：在企业战略化行为过程中，组织变革行动（员工流动、知识转化及组织学习）推动管理层知识结构调整和动态演化。

组织变革行动影响管理层知识结构形成，同时管理层知识结构又为组织变革提供了平台和方向，这种相互影响、相互作用的关系揭示了企业战略化行为中管理层知识结构与组织变革行动之间的相互构建关系（如图 7-3 所示）。企业战略化行为的结构化过程是建立在管理层知识结构与组织变革行动的二重性关系的基础之上的，这种二重性关系表现为管理层知识结构与组织变革行动密不可分，而不能独立地考虑组织变革的演进。在企业战略化行为过程中，管理层知识结构与组织变革行动始终处于螺旋式反复相互构建的结构化过程中。随着企业战略化行为的推进，管理层知识结构与组织变革行动之间的连续性结构化过程促使企业形成特定的战略演进路径（如图 7-3 所示）。综上所述，可以获得以下命题：

命题 7.3：企业战略变革行为是管理层知识结构和组织变革连续性相互构建的过程，这一过程塑造了企业战略变革的特定演进路径。

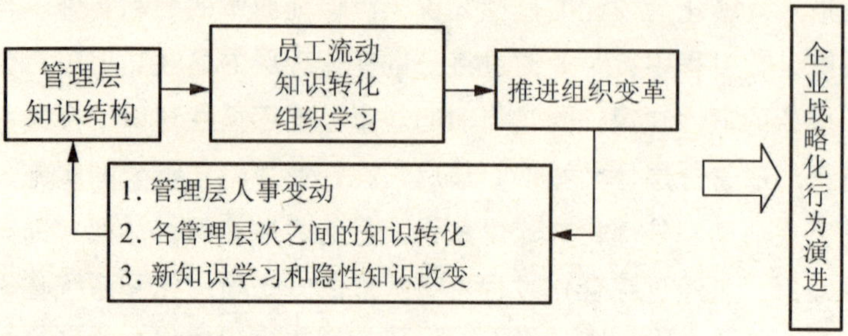

图 7-3　企业战略化行为路径的形成

7.3　案例对比分析

案例（一）

1984 年，万向还是浙江萧山的一家小厂，刚刚签订了第一笔出口合同；1994 年，万向刚刚注册了万向美国公司，负责人当时还只是一个留学生；而到了 2003 年，万向已经把产品销售到了世界各地，同时已经在美国、欧洲收购了约 20 家企业，成为名副其实的跨国公司。鲁冠球承认，国内企业和国外企业在管理和技术方面还有很大的差距，但是我们能依靠资源与他们联合。

1969 年，鲁冠球创办了“宁围公社农机修配厂”。说是农机修配厂，其实就是一个小作坊，拾遗补缺，生产犁刀、铁耙、万向节、失蜡铸钢等五花八门的产品。他的这种“多角经营”，在一无资金、二无技术、三无市场的情况下，为他完成了最初的原始积累。1979 年后，鲁冠球经过一番思考，放弃其他产品，集中力量专门生产汽车万向节。1980 年至 1989 年是鲁冠球“生产专业化、管理现代化”的成长阶段，建立起总厂式管理模式，为集团化管理积累了一定的管理经验和管理人才，同时促进了各分厂在成立初期迅速走上专业化、规模化生产。1992 年至 1999 年是鲁冠球称之为“企业集团化、经营国际化”的阶段。鲁冠球提出“大集团战略、小核算体系、资本式运作、国际化市场”的战略方针，具体内容是“调整产业结构、产品结构、市场结构、人员结构和资本结构，谋求跨行业、跨国界发展”。业务蒸蒸日上的同时，鲁冠球也从没有停止过在企业体制和管理系统上的探索。1992 年 12 月，集团公司改革行政机构，调整领导成员，新建公司管理委员会，鲁冠球担任董事长兼总经理。1994 年，万向集团成立董事局，作为最高决策机构负责集团重大决策。同时，集团对下属各企业进行了公司制改造，行使发展、控制、组织三大职能，使下属企业成为拥有独立法人地位、直接面向市场的竞争主体，使整个集团形成“外大内小”的经营特色。

1993 年是万向国际化道路上的一个转折点。当年 9 月份，万向美国公司在美国肯塔基州开始筹备，总经理是当时正在攻读博士学位的倪频。倪频就靠着仅有的两万美元资金开始创业了。1994 年，万向美国公司成立于美国芝加哥。3 年后，万向美国公司的销售收入突破 1 000 万美元；同年，万向欧洲公司和南美公司也先后成立，成为第一家进入美国一流主机配套市场的中国汽车零部件企业。万向美国公司和其他海外公司从一开始就采用了高标准的本土化管理体系，万向在海外的公司都是按照国际通用的标准进行管理。“经营者基金”的设立和运作完全建立在创造增量资产的基础之上，万向把它称之为激活智慧、分配未来。万向进入国际市场是从海外销售开始的，经过数年努力，万向产品基本在美国市场站稳了脚跟。这一阶段的标志性事件就是 1997 年进入通用汽车的配套体系和 1999 年进入福特的配套体系。从 1997 年开始，万向开始了国际化战略的第二次转型：从以海外销售为主向运用资本工具进行并购转变。数年中，万向美国公司已先后在美国、英国、德国、加拿大、澳大利亚等 8 个国家拥有了 30 多家公司，其中独资或控股 18 家，构建起涵盖全球 60 多个国家和地区的国际营销网络，万向跨国集团初具雏形。

“走出去”的战略不是别人要我们走出去，而是我们自己需要走出去。中国的机械企业以前只是在利用国家资源，而没有自己的企业资源。我们要走出去，在全球占领资源市场，使资源成为可交易的优势……80 年代，“走出去”完全靠的是企业家的个人意识，90 年代就是主动“走出去”，而下一阶段的问题是如何整合全球资源……未来万向要变为“为工业服务”的企业。

案例(二)

从 1938 年到 2009 年，惠普从未停止过创新和战略变革的步伐，特别是 2002 年后，通过操作康柏、Mercury、EDS 和 3Com 等大型收购案，以及三四十起小型收购案，完成了重点业务从 PC 到打印业务再到软件服务的战略转型。回顾惠普的战略进程，菲奥里纳时代的惠普通过收购康柏在 PC 业务上获得了一个较大的规模扩张，成为全球个人电脑领军者；到了赫德时代，惠普在确定和实现了“打印 2.0”战略后又加速了向 IT 服务、网络及软件的转型。在惠普对康柏公司实施并购后的整合过程中，管理人员的人事变动是其重要的部分。在战略变革过程中，原惠普与康柏在管理层知识结构上发生冲突，这使得原惠普公司必须通过组织变革才能调整所存在的分歧，所以惠普在高层管理人员的安排上进行了一些调整，如新惠普的亚太区总裁由原康柏经理担任，新惠普中国公司则由原惠普中国总经理担任，惠普总部的CIO由原康柏的CIO担任，原康柏CEO新惠普总裁卡佩利斯离职等。

原惠普很讲究计划，但是速度慢，而康柏拥有很快的速度和较高的灵敏性。合并后新惠普要求康柏管理层做计划，通过组织学习，新的管理层变得既有速度又有缜密的思考和计划。在新公司文化的构建过程中，CEO菲奥里纳采取了一系列的组织变革措施，把惠普从原来保守内向、技术导向的实验室文化转变成市场导向、对市场需求反应敏捷的文化，提出了“个人消费电子时代来临”的企业理念，并在管理层内部不断得到强化；同时，公司管理层不断强调要有强烈的取胜欲望，制定的增长目标都极富挑战性，管理层感受到巨大压力；另外，公司对管理层业绩测评标准和奖励办法进行调整，使其收益与公司市场业绩之间的联系更加紧密。

为了配合新的人事结构和公司文化要求，惠普对原业务和信息系统进行了变革，把两个公司的网站与电子邮件系统及专利等知识产权部门进行了整合，使得在线商店及联合网站很快在全球的很多市场上线。公司重新整合了ERP等IT系统，建立新的管理沟通渠道，这些都通过员工流动、知识转化及组织学习改变了惠普管理层的知识结构。在战略转型过程中，新的管理层知识结构建立起来，公司的经营战略和文化符合新市场要求。

然而，这些组织变革也使惠普经营业绩下滑。随着CEO菲奥里纳的离任，菲奥里纳时代留下的管理层知识结构仍然起到很大的作用，在赫德时代仍然延续了其影响。管理层在赫德的带领下进行的变革没有偏离原战略，而是做成本减法，采取精简研发部门等增强市场活力的措施。惠普从传统的企业市场真正将重心转向个人消费市场，深耕个性化市场，提供面向客户的个性化产品及应用，2006年超过IBM成为世界最大的IT公司。

赫德上任伊始，惠普从CEO到顾客之间竟有9个管理层。赫德对惠普进行了大刀阔斧的改革，并改变惠普过去慷慨的家长式作风，冻结退休福利；他还把惠普1.7万人的强大销售部队从隶属于全公司的组织分散至他们所销售产品的三大事业部门。惠普于2005年裁员1.5万余人，随后又招募近万余人；实验室的实验项目从原有的每年150个锐减到22个，研究员们需要写商业计划书，改变了以前只需灌输有趣创意的工作方式；另一方面，赫德倡导学习型组织文化，为高管层注入新鲜血液，从西门子、PalmOne和戴尔网罗了一批高级主管，这些从各大公司挖角过来的专家为惠普提出了整改方案，把HP计算机中枢系统的真正运作中心由85个整合为3个，还将个别业务经理所指挥的IT计划从1200件减为500件。通过缩减成本、加强内部协调、提倡创新等组织变革方法，惠普的利润结构也发生了根本性转变。例如，曾经支持惠普利润半壁江山的打印与成像业务(IPG)正在逐步让位于惠普服务，惠普服务业务的运营利润为12亿美元，而IPG为11亿美元。例如，与收购康柏后的状况不同，赫德对EDS的收购不仅补齐了惠普在服务上的短板，还为公司贡献了31%的公司收入和52%的运营利润。所以，管理层知识结构变化引导惠普向咨询服务公司转型。

惠普近几年来一直坚持连续性战略变革，通过人事变动、组织知识转化及组织学习等方式完成管理层知识结构的改变和融合，同时改变后的管理层知识结构对后续组织变革的管理过程起着积极的推进作用。正是在这种战略化行为过程中，惠普充分诠释了“变就是唯一不变的准则”，展现出了令人惊讶的成长活力。

通过上述两个案例的对比分析，不难看出，中外企业在管理层知识结构变化与组织变革之间的结构化过程中存在着明显差异。中国企业强调集权管理情境，即以企业成长压力所诱发的组织情感为驱动力，以此来推进战略化行为；而西方企业更多地注重市场机会识别，即利益驱动所引发的组织情感，以此作为驱动力，进而塑造企业战略化行为。总之，尽管两种不同类型的企业战略化行为不具有一般性，但是，可以略见一斑，战略管理层知识结构变化引导着企业战略化行为变化的路径和方向，进而开拓相应的企业成长空间。

7.4 结 论

在环境不确定性变化的背景下，企业只有不断进行管理层知识结构创新和组织社会化活动，才能保持企业战略化活力，实现持续发展。研究发现，在企业战略化过程中，管理层知识结构触发组织变革，并引导企业战略化行为的推进；员工流动、知识转化及组织学习等组织变革手段可以推动管理层知识结构调整；企业战略变革行为是管理层知识结构与组织变革之间的连续性相互构建过程，这一过程塑造了企业战略化行为的特定演进路径。研究表明，在企业持续的战略变革过程中，管理层知识结构既限制了战略变革的方向，又促进了组织变革行动以保证战略变革的顺利实施，而强调知识结构与组织行动相互构建的二重关系，可以促进这种管理层知识结构与组织变革之间的交替演进，这种演进过程构成了企业战略化行为。

管理层知识结构引导了企业战略化行为的方向，同时也促进了组织变革行动，在企业战略化行为过程中，这种组织变革行动进一步改变了管理层知识结构，强化和保证了战略变革实施和行为演进。因此，在快速转型过程中，企业既强调管理层知识结构界定战略变革方向，又要在管理层知识结构所产生的组织变革行动的基础上，实施战略变革和调整管理层的知识结构。这种结构化过程能够保证管理层知识结构与组织变革沿着战略变革过程保持一致性变化和连续性匹配。管理层知识结构处于企业战略化行为的核心地位。管理层知识结构的变动首先要与战略变革方向保持一致，再考虑由管理层变动可能带来的组织变革能否有利于战略变革的顺利实施。如果所产生的组织变革难以保证战略变革的实施，那么企业必须重新调整管理层结构；如果所产生的组织变革与战略变革方向一致，并能促进其顺利实施，那么企业就可以渐进地改变管理层知识结构，使这种改变模式得以常规化和制度化，进而形成企业战略化行为路径，即实现企业的持续成长。

第 八 章

企业战略化协同演进行为的实证研究

企业战略化行为在本质上是企业既能为眼前生存提供机会，又能为未来创造可能性的存续发展过程，因此在企业成长实践中表现出强劲的生命力。随着经济全球化发展，企业赖以生存的环境已经发生了根本性变化，传统范式下的战略理论受到了空前的挑战(Katila，2002)。例如，企业成长的机会比前 20 年增加了 2.5 倍，但是企业的平均寿命却缩短了 2.5 倍(Dunning，1992)；Peters 和 Varadajan 在 *In Search of Excellence* 一书中列举了 62 家卓越性企业，并且总结了卓越性企业应该具有的 8 个特征，2 年之后，《时代周刊》在 1984 年发现这 62 家企业中至少有 14 家企业的财务绩效出现明显滑坡。

在企业战略理论的发展过程中，由于研究角度不同，战略理论形成了注重组织能力和战略选择的两大阵营；组织能力学者认为企业战略化行为的动力之源为组织积极应对环境变化的能力(Gao 和 Li，2004；Penrose，1995；Nielsen，2005)，而战略选择学者则认为识别环境变化和主动进入新兴市场的能力是企业得以存续的原动力(Delmar 等，2003；McKee，1989；Wright 等，1991)。因此，双方围绕企业成长的“内向型”和“外向型”展开争论(Miller 等，2002)，强调“自主成长”(natural growth)的组织能力理论和强调“强迫成长”(forced growth)的战略选择理论(Baum，1999；Barnett，1995)在揭示企业战略化行为问题中都具有一定的说服力。本书前面章节已经在理论上论证了组织能力和战略选择之间可能存在协同演化关系，而这种协同演化力量塑造了企业战略化行为。那么，对于中国情境下的企业战略化行为是不是能够得到验证？也就是说，中国情境下的企业战略化行为表现出怎样的形式？

在我国经济转型期间，企业正经受着兼顾短期生存与长期发展所带来的挑战。在中国，还很少有人认识到可持续经济增长离不开企业战略化行为(Tsui 等，2004)，这就是“看得见的手”(Chandler，1990)。随着国有企业改革和经济全球化步伐加快，中国企业所面临的内部改制和转型等压力将越来越大，企业的平均寿命还不到10年。为此，本研究的目的就是在现有文献研究的基础上，通过分析组织能力与战略选择对企业绩效增长的影响，探索企业战略化行为的一般模型。另一方面，中国企业已迈入市场经济30年，特别在加入WTO以来，大多数企业也经历了战略实施的组织社会化过程和战略选择的交替更迭，这些成功的企业为其以后的发展积累了宝贵经验。[①] 因此，经历了3次经济快速增长(古志辉和蔡方，2005)而生存下来的中国企业所积累的经验，为系统地构建企业战略化行为管理理论框架提供了十分重要的实证依据。因此，本章将运用中国企业的成长经验数据，系统地检验有利于企业战略化行为的组织社会化活动和战略选择之间的内在机理。这种模型可以揭示现有企业寿命缩短的内在原因，还可以为我国企业增强国际竞争力、实现持续成长提供理论指导。

8.1 理论与假设

在企业战略实践活动中，企业战略化行为不仅要求组织能力增强，而且还需要战略选择的可靠性增强。随着经济全球化程度的加深，市场环境变化日趋加剧，企业存续能力问题逐渐成为企业战略化研究的中心主题。目前战略研究主要关注企业生存或环境变化稳定情况下的企业成长问题，这种传统战略管理理论存在着“自主成长”和“强迫成长”两股主流研究(Baum，1999；Barnett，1995)，前者认为企业可以从组织内部能力变化中不断获取超绩效，而后者强调从市场环境变化即战略选择中寻找推动企业成长的新驱动力。

组织能力是指企业通过技术创新和过程改进积极应对目标市场变化和组织内部变化的能力，企业在提高绩效增长能力的同时也不断降低运营成本。组织能力理论分别从资源观、组织行为和组织系统演化的角度探索提升组织能力的本质。在Penrose的“企业成长逻辑”(Penrose，1995)基础上产生的资源观围绕寻找能够推动企业持续发展的具有“稀缺性、独特性、难复制性和价值性”的资源(Barney，1991)，先后分别经历了物质资产、知识、互补性资产、核心能力、动态能力等理论阶段。根据Argris和Schon的学习理论(1978)而兴起的组织学习理论把组织行为作为推动企业成长的动力之源，先后出现了探索式和开发式学习、系统学习、深度学习、代理学习及组织忘记等思想，相应地也提出了陷入避免企

---

① 在高度竞争和高度零散的国内市场的竞争考验下，大多数的中国企业也开始具备了很强的竞争力，摘自October 16，2006 in Knowledge@ Wharton。

业成长陷阱和学习近视的策略。组织复杂性理论(Kauffman, 1995)把企业成长看做一个复杂自适应系统的演化过程，提出了运用涌现战略、局部和全局的适应性搜索及适应性景观等战略管理工具来增强组织适应力(McKelvey, 1999)。本质上，组织能力是企业通过创新来实现技术改造和流程改进，以最优的组织能力来适应企业内外环境的变化能力，因此，这种组织能力主要取决于知识创新水平(组织柔性)和成本控制状况。

Penrose认为，随着新知识的创造、利用和再发展，组织应对外部环境变化的能力得到不断增强(Penrose, 1995)，组织能力可以创造和扩大新的市场。又因为新的组织能力决定了企业资源分配，于是随着资源的重新配置进一步增强了企业成长的活力，而且，迅速适应新的市场环境又有利于企业市场份额的快速增加，特别是，企业全局搜索和开发性学习可以降低运行成本和由不确定性变化带来的风险。于是：

假设8.1　增强组织能力有利于企业市场份额的增加。

新知识的利用有利于企业发现新方法和改进旧技能，企业借助于这些技能和方法不断进行技术改造和流程再造，于是企业的技术与成本优势随着组织能力的增强而逐渐得到提升，企业在商务活动中不仅可以节省商务时间，而且能够降低资源消耗，所以，企业赢利水平会得到不断提升。通过对中国40家大、中和小型上市企业的1988—1990年面板数据分析，Keister研究发现(Keister, 1998)，组织社会化所形成的群体性技能可以提高企业竞争优势，企业的首要任务就是建立并持续改进组织能力。例如，中石油公司通过改进和提高组织能力实施质量管理系统，保证了企业利润的增长(Gao和Li, 2004)。因此：

假设8.2　增强组织能力有利于增强企业赢利能力。

战略选择理论认为识别市场变化和把握外部发展机会的能力是驱动组织演化与变革的原动力，从产业结构及其竞争状况等不同视角分析了战略选择可以保证企业绩效的稳定增长。借助于组织生态学理论“适者生存”的思想，Carroll把竞争引入战略选择之中，指出战略选择是用来被动地适应环境的变化(Carroll, 1984)，这种产业竞争是组织变革的基础。从权变理论发展而来的战略选择理论认为，为了应对环境偶然变化带来的不确定性，组织应该存在多种战略备选方案，针对不同的环境采用不同的战略选择(Donald, 1985)。注重战略机会“窗口”迅速开闭所产生的战略选择超竞争理论(D'Aveni, 1994)认为，高层管理的注意力应该关注外部环境的剧烈变化，捕捉战略时机可以为企业创造新的竞争优势源泉。因此，战略选择是企业决策者为了达到组织持续发展的目标，根据市场环境的变化，不断探索成长机会，决定企业现有战略环境下哪些商务被放弃、哪些商务需要保留甚至改进的把握发展机遇的过程。其包括两层含义：一是把握市场变化给企业带来新商务机会的能力，即市场创新能力；二是决定高层管理者战略选择态度的决策者风险偏好。如果具体的战略环境变化迫使企业难以生存或成长，那么，企业可以转移到其他战略环境，新的战略环境可能给企业带来较强的生命力。

战略选择可以改变企业的市场环境，这种环境的变化可以为企业带来新的发展机遇，而且随着新市场的进入，企业现有的销售额会明显增加。特别地，在面临现有核心商务的市场衰退或者新兴市场给企业带来发展机会的情形下，战略选择对企业市场份额的成长率起着积极作用(He 和 Wong，2004)。因为企业通过探索式学习和战略预见能力来寻找发展机遇，进而把握未来发展机会，会大大地增加企业的市场份额。因此：

假设 8.3　战略选择有利于企业市场份额的增加。

战略选择不仅为企业创造新的市场，而且还为企业带来新的利润增长点。企业通过改变赖以生存的市场环境，特别在市场竞争日益激烈的情景下，把握发展机遇以获取先发优势；这种先发优势不仅可以创造技术上的领先地位和抢占诸如客户资源等稀缺市场资源，同时也可以通过充分利用企业内部的“范围经济”为企业创造新的赢利(Chandler，1990)。例如，通过较强的管理能力，海尔集团通过并购式战略扩张进入新市场的同时，也为集团带来了可观的利润。另外，战略选择可以避免企业浪费和损失。于是：

假设 8.4　战略选择有利于企业赢利能力的增强。

增强具有市场潜力的商务能力不仅可以提高企业赢利水平，而且为战略选择提供了更广阔的视野，更大范围的战略选择有利于企业进入更加适合的新市场。市场环境的变化引起组织能力的增强与转变，进而增强企业成长能力。由于竞争优势的获取是一个历史依赖的过程(Ghemawat，1991)，在某一市场上的组织能力增强一定程度上为企业的失败埋下了伏笔，这种组织能力演化往往会限制企业发展的方向和潜力，这就是“卓越的困境”。对于企业长期发展来说，战略选择能够根据市场变化，引导组织能力沿着正确的方向变化，这样企业成长能力会得到不断增强。于是：

假设 8.5　战略选择与组织能力相互作用有利于提高企业成长能力。

知识共享可以使组织能力与战略选择相互支持，Nielsen 指出，这种支持关系创造战略性协同效应(Nielsen，2005)。适当的战略选择不仅能够促进组织能力增强，而且可以降低组织能力转变的机会成本。在一定范围内，企业避免在某一方面过分地投资，使组织能力和战略选择之间产生自增强的正反馈效应，从而有利于提高企业赢利能力。从资产组合角度来看，战略选择与组织能力相互作用能够实现风险“对冲”。例如，组织能力可以降低企业运营成本和运营风险，同时也提高了企业进一步成长风险，战略选择在降低未来成长风险的同时，也提高了企业运营成本和生存风险(McKee，1989)；但是，战略选择与组织能力相互作用不但可以降低运营风险，而且能够降低成长风险(McKee，1989)。于是：

假设 8.6　战略选择与组织能力相互作用有利于企业赢利能力的增强。

组织能力与战略选择对于企业绩效增长能力的影响极大。适当选择具有市场潜力的商务会使企业获得更多的商务机会，企业绩效就会随着这种互补性合作而不断递增(Singh 和 Mitchell，2005)。当商务能力在市场赢利空间中遇到增长瓶颈时，企业可以通过战略选择对未来具有成长潜力的商务进行有选择的战略性投资，这种商务投资从竞争优势获取的时间维度上应该与现有商务存在相关性(intertemporal complementarities)。在这种情况下，企业为了使新商务组合得以有效实施，就要进行互补性资产投资，组织能力因此得到转变，并且不断增强，企业成为既强调赢利能力又着力培育成长能力的组织(O'Reilly 和 Tushman，2004)。为了充分有效地利用和发挥商务组合的协同效应，企业会积极通过战略并购和技术开发等手段对当前商务进行进一步整合，逐渐形成以新的核心商务为主导的企业资产组合。为了获取更多竞争优势，企业不断加强与核心商务紧密相关的技术改进和管理创新，随之而来的是企业成长空间越来越窄，这就逐渐形成了组织惰性；此时，企业将运用“过渡期的杠杆”(transitional levers)(Bhardwaj 等，2006)实施酝酿新一轮的战略选择。

因此，企业成长的“路径依赖”与“路径突破”是交替演进的，战略选择或者组织能力为企业创造的竞争优势是阶段性的，两者的动态组合作用为企业创造的竞争优势在时间上是连续的。企业持续成长能够通过组织能力和战略选择协同演化实现(Wright 等，1991)，协同效应使得组织能力与战略选择之间具有一致性演化性质，对于企业发展的不同阶段，组织能力和战略选择所处的主导地位是不断变化的。于是，再由假设 8.5 和 8.6，我们进一步获得：

假设 8.7　较强的组织能力有利于战略选择增强企业成长能力，而较强的战略选择能力则有利于组织能力提高企业赢利能力；在企业战略化行为过程中，两者存在相互调节的互补性协同演化关系。

8.2 研究方法

8.2.1 样　本

参照现有文献的研究方法，本研究选用企业3年间的利润增长率和销售收入增长率来测量企业绩效增长(Delmar等，2003)，利润增长率用来测量企业赢利能力或生存能力，销售收入增长率用来度量市场份额增长率或企业成长潜力。因此，研究样本的选择首先要求被调查企业必须在近3年至少能够持续经营，其次要求每个企业只能选择1个企业高层管理者为调查对象；再次要求填表者根据企业2003—2005年的经营业绩，除了企业规模、年龄、经济性质、多元化水平外，其他变量通过与同行业主要竞争对手比较的方法(Davis and Pett，2002)来测量。

本次调查历时半年(2005年6月至11月)，抽样范围选择一是根据《中国统计年鉴》的企业名录(2003)发放问卷或者通过E-mail随机发出给相关企业；二是以东南大学EMBA和MBA班在读的学员为样本，现场发放问卷并当场填写和回收。共发放问卷1233份，回收215份，筛选后，符合本研究要求的有效问卷141份。所调查的对象均要求为中高层管理者，其中高层管理者占75.2%，中层管理者占24.8%；其年龄构成为35岁以下占31.9%，35—45岁占59.6%，45岁以上占8.5%；其学历构成为大专以下学历占14.9%，本科占55.3%，研究生学历占29.8%。从这些样本初步统计来看，行业主要集中于制造业62家(占44%)，地产、电力、邮电与交通等基础设施业42家(占29.8%)，而金融、批发与零售及信息等其他一些社会服务业37家(占26.2%)。企业经营所在地主要位于长三角74家(占52.5%)、珠三角39家(占27.7%)及内陆地区28家(占19.8%)；将取样对象来源地与样本比较，得到T检验的值为$t=-0.003$($sig.=0.998$)；再将未收回的样本与141家有效样本的来源地进行T检验，得到$t=-0.002$($sig.=0.996$)。因此，对于样本来源和收回状况来看，所分析的样本是可靠的。

8.2.2 变量与测量

依赖变量　战略研究文献中，一般运用企业销售额和利润水平来测量企业绩效(Delmar等，2003；Park和Luo，2001)。销售收入增长率比较适于测量企业成长能力，市场份额增长率更能够反映企业的市场占有率，从而决定了企业未来竞争优势的获取。而利润增长率不仅反映了企业当前的生存能力强弱，还可以说明企业比竞争对手是否能获取更多的比较竞争优势。根据现有文献在测量企业绩效增长中所使用的这种方法，我们运用所调查的中国企业近3年销售收入增长率（*SGR*）和利润增长率（*RGR*）来测量企业绩效成长。

独立变量 战略选择实际上是发现和把握发展机遇的活动，从研究内涵上看，战略选择包括企业对机会的识别能力（*OI*）和风险偏好（*RP*）。一方面，企业识别机会能力主要由企业分析市场环境能力所决定；另一方面，大多数成功的企业都通过对机会的适时捕捉，进行周期性战略计划及调整。在问卷设计过程中，用5个问题来表达企业机会识别能力即市场创新能力，而用另外5个问题来表达企业风险偏好。通过Cronbach信度分析，样本中的这两个子变量的α信度分别为0.89和0.82；把这些测量战略选择的10个问题进行信度分析，α信度为0.73。显然，这些变量测量是可信的。

组织能力是企业现有知识利用、转移以及再创造的组织过程，组织能力首先表现为企业知识的利用即技术改造的成本控制水平（*CC*），其次表现为现有知识的挖掘、转移与创造的组织创新能力（*KI*）。围绕组织能力的转变，企业成本控制能力和组织创新能力可以用来衡量组织能力。在问卷测量中，成本控制水平采用5个问题来间接反映（$\alpha=0.81$），而组织创新能力也使用了5个子问题来表达（$\alpha=0.77$）；再把这些测量组织能力的10项问题进行信度分析，得到α值为0.71，因此变量内部具有高度一致性。

控制变量 市场竞争度（*IC*）：由于中国市场分割比较严重，导致同一行业存在不同的区域竞争市场，而且不同的区域市场之间的竞争状况差异很大（Tsui等，2004），真正的战略要求竞争区域也是“局部的”（Greenwald和Kahn，2005）。所以，我们在问卷设计时考虑了所调查者对企业所在行业（区域）竞争激烈程度的感知，从而避免通过统一界定市场竞争状况带来的巨大误差（Delmar等，2003）。市场竞争地位（*MP*）：由于行业地位直接反映了企业发展的当前状况，这种变量影响着战略选择与组织能力及其交互作用机制，以及影响管理认知能力，所以，企业市场竞争位势是影响企业成长的外生变量之一。企业规模（*FS*）：在某种程度上，大企业更具有生存能力，而小企业更具有持续成长的潜力。由此可以看出，对于研究战略选择和组织能力互补性的协同演化过程，企业规模是影响企业战略化行为不可或缺的重要因素。企业年龄（*FA*）：企业在不同的发展阶段具有不同的演化特征，在由战略选择和组织能力协同演化推动的企业持续成长中，企业年龄是影响战略选择、组织能力及其相互作用的关键变量。因为在一定程度上，企业年龄导致组织偏见和组织惰性的形成。多元化水平（*DL*）：多元化战略有利于企业未来成长，而专业化则有利于企业获取比较竞争优势，于是，企业多元化水平也影响组织能力转变和战略选择提高，进而影响到两者的相互作用。企业性质(FO)：企业的所有权结构在一定程度上是影响企业战略化行为不可忽略的因素(Park 和 Luo，2001)；特别在中国，由于市场化水平有限，政府干预力度大，国有企业、民营企业与外资企业存在明显的政策差异；同时，它们之间的组织制度、人事关系甚至是企业目标也存在很大差异。

本研究采用现有理论成果，企业规模取值为其员工人数的自然对数值，企业年龄采用实际成立年数；企业多元化水平采取 7 分制 Liketer 量表测算企业主营业务收入平均占公司总收入的比例；对于依赖变量和其他独立变量，如企业性质、行业竞争度、市场竞争地位及企业性质等均采用 5 分制 Liketer 量表测算。由于本次测量是采用互补性相互作用的基本原理，对企业近 3 年成长的动态变化进行度量(Sidhu 等，2007；Argyres 等，2007；Lepak 等，2003)，于是，对于战略选择与组织能力之间相互调节的互补性协同演化机制，本研究采用两者的子变量进行交叉乘积的方式来计算两者相互作用的值(Sidhu 等，2007；Lepak 等，2003)。

8.2.3 模型构建

本研究应用多元层次回归法来检验战略选择、组织能力对企业绩效的影响。于是，建立回归模型：

$$Y_i = \beta_0 + \sum_{j=1}^{4} \beta_j X_j + \sum_{k=1}^{6} \gamma_k Z_k + \varepsilon_i \tag{8.1}$$

其中，Y_i 表示企业绩效增长能力，而 $i=1$，2 分别表示企业销售收入增长率和利润增长率，$X_j(j=1, 2, 3, 4)$为独立变量，$Z_k(k=1, \cdots, 6)$为控制变量，β_j $(j=1, 2, 3, 4)$及 $\gamma_k(k=1, \cdots, 6)$为相应变量的系数，β_0 为常数项，$\varepsilon_i(i=1, 2)$为随机误差项。

为了检验战略选择与组织能力之间相互作用对企业绩效增长的影响，根据互补性和演化的原理(Argyres 等，2007)，借助于 Lepak 等(2007)和 Sidhu 等(2003)的研究方法，本研究把上述模型扩张为：

$$Y_i = \beta_0 + \sum_{j=1}^{4} \beta_j X_j + \sum_{l=1}^{2} \sum_{m=3}^{4} \beta_{l,\ m} X_l X_m + \sum_{k=1}^{6} \gamma_k Z_k + \varepsilon_i \tag{8.2}$$

其中，X_l，X_m 分别表示战略选择与组织能力中相应的独立变量，而 $\beta_{l,m}$ 为相应的系数，其他符号与上述模型表述一致。

显然，通过对式(8.1)的多元层次回归，可以对假设 8.1—8.4 进行检验，而对式(8.2)的分层回归，可以检验假设 8.5—8.7。通过对 VIF 和相关模型检验，VIF 值在 1.28 和 1.49 之间，因此，这些模型是有效的(Park 和 Luo，2001)。

8.3 结果与讨论

表 8-1 为研究结果。

表 8-1 企业绩效的标准回归

变量	销售增长率(*SGR*)				利润增长率(*RGR*)			
	模型 1	模型 2	模型 3	模型 4	模型 5	模型 6	模型 7	模型 8
FA	-0.001	-0.006	0.001	-0.002	-0.004	-0.005	-0.003	-0.002
	(0.003)	(0.004)	(0.003)	(0.004)	(0.006)	(0.004)	(0.004)	(0.005)
FS	0.189	0.049	-0.003	0.0010	-0.016	-0.027	-0.04	-0.051
	(0.004)	(0.056)	(0.048)	(0.048)	(0.055)	(0.053)	(0.053)	(0.055)
IC	-0.123	0.025	-0.149	-0.111	-0.188	-0.210 *	-0.243 *	-0.254 *
	(0.106)	(0.104)	(0.098)	(0.102)	(0.119)	(0.100)	(0.101)	(0.104)
DL	0.020	0.029	0.025	0.030	-0.091+	-0.074	-0.074	-0.082+
	(0.048)	(-0.052)	(0.049)	(0.049)	(0.054)	(0.047)	(0.048)	(0.049)
MP	0.125	0.133	0.126	0.071	0.302 **	0.153+	0.154	0.169+
	(0.100)	(0.112)	(0.104)	(0.106)	(0.099)	(0.092)	(0.095)	(0.092)
FO	0.025	0.005	0.004	-0.019	0.043	-0.036	-0.035	-0.023
	(0.052)	(0.058)	(0.050)	(0.054)	(0.061)	(0.060)	(0.062)	(0.062)
OI	0.486 ***		0.499 ***	0.348 *	0.301 **		0.096	0.024 *
	(0.064)		(0.078)	(0.048)	(0.112)		(0.104)	(0.080)
RP	0.092 **		0.267 **	0.124+	0.162		0.099	0.034
	(0.090)		(0.887)	(0.082)	(0.103)		(0.090)	(0.071)
KI		0.172	-0.097	0.041		0.349 ***	0.297 **	0.113 *
		(0.104)	(0.101)	(0.090)		(0.096)	(0.097)	(0.067)
CC		0.234 *	0.197	0.150 *		0.443 ***	0.428 ***	0.338 **
		(0.125)	(0.100)	(0.056)		(0.120)	(0.125)	(0.121)
OI×*KI*				0.061 **				0.068 **
				(0.013)				(0.018)
RP×*CC*				0.076 ***				0.086 *
				(0.021)				(0.022)

续 表

变量	销售增长率(SGR)				利润增长率(RGR)			
	模型 1	模型 2	模型 3	模型 4	模型 5	模型 6	模型 7	模型 8
VOI ×CC				0.082 ** (0.019)				0.087 *** (0.022)
RP×KI				0.044+ (0.022)				0.059 ** (0.022)
常数	0.836 (0.508)	1.459 (0.546)	0.809 (0.538)	1.276 *** (0.515)	1.573 * (0.641)	1.280 * (0.540)	1.050+ (0.615)	1.869 *** (0.537)
F 检验	12.70 ***	3.62 ***	10.49 ***	8.81 ***	6.73 ***	16.45 ***	13.99 ***	16.08 ***
R^2	0.381 **	0.180	0.390 ***	0.432 ***	0.240 **	0.40 ***	0.413 **	0.590 ***
ΔR^2		0.071 ***	0.093 ***			0.082 ***	0.106 ***	

注：(1)$N=141$；(2)+$p<0.10$，* $p<0.05$，** $p<0.01$，*** $p<0.001$；(3)括号里为强健性标准差。

表 8-2 给出了变量的描述性统计和 Pearson 相关系数，这个相关矩阵表明了企业赢利能力与成长能力存在着显著一致性变化的正相关关系($r=0.511$，$p<0.01$)，企业当前赢利能力的增强和企业成长潜力的增强并不是冲突的。从表 8-1可以看出，模型 1 和模型 3 在 $p<0.01$ 条件下，把握机会能力($\beta=0.499$，$p<0.001$)与风险偏好($\beta=0.267$，$p<0.01$)都显著地影响企业销售增长率，所以，战略选择对企业成长起着积极作用，战略选择越强，企业越能够利用发展机遇，也就更易于获取未来竞争优势。于是，假设 8.3 获得支持。然而，由模型 2 和模型 3 可以看出，创新能力($\beta=-0.097$)和成本控制能力($\beta=0.197$)对企业市场份额增长率并没有产生显著影响，因此，组织能力对企业成长能力的增强并没有起到显著作用。假设 8.4 并没有获得支持。由模型 5 和模型 7 可以看出，把握机会能力($\beta=0.096$)和风险偏好($\beta=0.099$)对企业利润增长率并没有产生显著影响，战略选择对企业赢利能力的增强并没有起到显著作用。因此，假设 8.1 也没有获得支持。所以，一味强调中国企业的扩张冲动战略并不是企业成功的充分条件。模型 6 和 7 在 $p<0.01$ 条件下，创新能力($\beta=0.297$，$p<0.05$)与成本控制能力($\beta=0.428$，$p<0.001$)都显著地影响企业利润增长率，于是，组织能力对企业赢利能力增强起着积极作用，组织能力越强，那么企业越能够降低成本和节约消耗，就更易于生存和赢得比较竞争优势。因此，假设 8.2 获得支持。

表 8-2 变量的描述性统计和 Pearson 相关系数

变量	Mean	S. D	*SGR*	*RGR*	*OI*	*RP*	*KI*	*CC*	*FA*	*FS*	*IC*	*DL*	*MP*
SGR	3. 482	0. 915	1. 000										
RGR	3. 199	1. 002	0. 511 **										
OI	3. 355	0. 911	0. 539 **	0. 353 **									
RP	2. 816	0. 771	0. 340 **	0. 187 *	0. 185 *								
KI	3. 355	0. 863	0. 334 **	0. 529 **	0. 575 **	0. 110							
CC	3. 348	0. 793	0. 348 **	0. 515 **	0. 362 **	0. 211 *	0. 560 **						
FA	17. 156	17. 268	-0. 076	-0. 094	-0. 127	-0. 121	-0. 081	-0. 033					
FS	6. 203	1. 676	0. 148	-0. 055	0. 129	0. 090	0. 064	0. 241 **	0. 434 **				
IC	3. 986	0. 811	0. 096	0. 039	0. 345 **	0. 053	0. 211 *	0252 **	-0. 036	0. 081			
DL	1. 965	1. 406	-0. 020	-0. 188 *	-0. 090	-0. 019	-0. 143	-0. 136	-0. 003	0. 106	-0. 214 *		
MP	3. 808	0. 894	0. 262 **	0. 330 **	0. 321 **	0. 031	. 422 **	0. 326 **	0. 163	0. 365 **	0. 243 **	-0. 216 **	
FO	2. 390	1. 372	0. 099	0. 130	0. 106	0. 055	0. 160	0. 263 *	-0. 344 **	-0. 158	-0. 046	-0. 078	0. 026

注：（1）$N=141$；（2）* * $p<0.01$；* $p<0.05$（双尾）。

从模型 4 可以看出，在 $p<0.10$ 条件下，战略选择与组织能力的交互作用对企业市场份额增长率也产生显著的积极影响($\beta>0$)，这与 Singh 和 Mitchell 的不同要素之间相关互补性对企业绩效产生显著影响的结论相一致(Singh 和 Mitchell，2005)，于是假设 8.5 得到支持。从模型 8 可以看出，在 $p<0.05$ 条件下，战略选择与组织能力的交互作用对企业利润增长率产生显著的积极影响($\beta>0$)，即假设 8.6 获得支持。

由模型 4 进一步可以看出，组织能力与战略选择的相互作用对企业销售收入增长率更具有解释力($\Delta R^2=0.093$，$F=8.81$，$p<0.001$)，根据非标准系统的简单回归方程，运用组织能力的强弱整理出如图 8-1(a)所示的两者相互作用效应(Sidhu 等，2007；Lepak 等，2003)。于是，由图 8-1(a)可以看出，较强的组织能力有利于战略选择提高销售增长率即增强企业成长能力。由模型 8 也可以看出，战略选择与组织能力的相互作用对企业利润增长率更具有解释力($\Delta R^2=0.106$，$F=16.08$，$p<0.001$)，同样根据非标准系统的简单回归方程(Sidhu 等，2007；Lepak 等，2003)，运用战略选择能力的差和强得出如图 8-1(b)所示的两者相互作用简单关系。由图 8-1(b)可以看出，较高的战略选择能力有利于组织能力提高利润增长率即增强企业生存能力。因此，较强的组织能力不仅有利于企业赢利能力的增强(假设 8.2)，而且也可以促进战略选择与企业市场份额变化之间的关系($\beta>0$，$p<0.10$)；同时，较高的战略选择能力不仅有利于企业市场份额增加(假设 8.3)，而且还可以通过影响组织能力来促进企业赢利能力($\beta>0$，$p<0.05$)的增强。从企业战略化行为来看，企业既要为了生存而不断获取利润，又要为了发展而不断增强成长能力，所以，对于企业绩效增长来说，在企业利润增长过程中，较高的战略选择能力与组织能力之间存在相互调节的互补性关系(正反馈效应)，在企业市场份额增长过程中，较强的组织能力与战略选择之间存在互补性关系(正反馈效应)。另外，样本调查数据反映了近 3 年企业业绩和运营状况的变化，根据 Argyres 等(2007)的研究，战略选择与组织能力对于企业持续成长来说是互补性协同演化关系(1999)，即假设 8.7 获得支持。

另外，本研究结果发现，行业竞争激烈程度显著地对企业赢利能力产生负面作用($\gamma=-0.254$，$p<0.05$)，而对企业成长能力并无显著影响。行业竞争激烈程度虽然对企业当前赢利水平产生直接作用，但是对于企业成长能力来说，其不仅削弱了企业的竞争优势，而且也削弱了竞争对手的竞争能力，更为重要的是，这种激烈竞争也为企业赢得未来发展提供了大量机会。在 $p<0.10$ 情形下，企业在

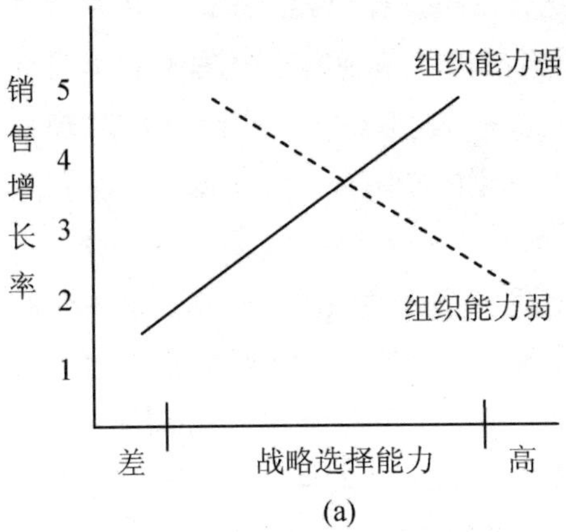

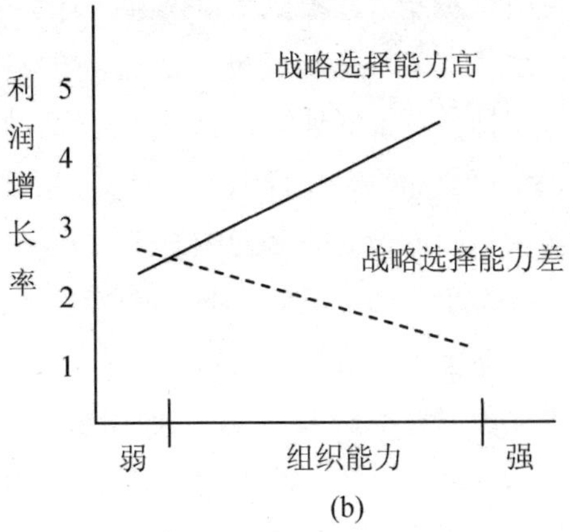

图 8-1　战略选择、组织能力和企业绩效之间相互作用

市场中的竞争地位显著地影响着企业赢利能力($\gamma=0.169$)，因此，这种地位越高，企业就越容易提高自己的赢利水平；但是，这种竞争地位对企业未来竞争优势的获取并没有显著关系。因为，企业的市场地位是一把双刃剑，市场地位反映了企业当前的竞争能力，但是，这也培育了“组织惰性”和“营销近视”，从而大大地限制了企业在未来市场上对竞争优势的获取，这就是所谓的“大企业病”的症结所在。

现有的大多数战略理论从企业内外环境变化的视角研究和给出了有利于企业绩效增长的战略管理方式，然而，随着经济全球化步伐的加快，这些理论越来越难以系统地揭示企业战略化行为的本质。同时，为了解决当前的企业绩效持续增长问题，传统的协调理论强调两种战略管理活动在形式上的协调，而忽视了两种变化之间在内容和时间上的协调(Faraj 和 Xiao，2006)。通过研究发现，战略选择和组织能力相互作用不仅有利于企业短期收益的增长，而且也有利于企业收益的持久性，在企业战略化行为过程中，两种变化对企业绩效增长所发挥的作用是一种互补性协同演化关系。在这种互补性相互作用基础上，以组织能力为主导力量的两种协同演化机制所产生的协同效应能够大大地增强企业赢利能力，而以战略选择为主导力量的协同演化机制所产生的“期间范围经济”(intertemporal scope of economies)能够提高企业战略柔性能力，从而增强企业未来成长能力。对于组织变革来说，组织能力与战略选择之间的变化在内容上是相互调节的，而对于战略变革来说，组织能力和战略选择之间的变化在时间上是交错的。所以，企业应该通过引入和整合与核心商务互补的资产来增强组织能力，当外部环境变化使得组织能力逐渐成为组织刚性时，企业将通过战略选择引导组织能力转变和引入新资产来培育新商务。因此，本研究结果不仅揭示了现有战略理论的实践意义，即尽管很好地解释企业某一阶段的竞争优势获取(假设8.2和假设8.3)却难以解释企业战略化行为，而且弥补了传统协调理论的缺陷，进一步给出了有利于企业持续成长的战略管理模式。

由于外部环境变化的不断加剧，企业要想保持快速健康成长，就必须不断调整战略选择和组织能力之间的主导地位，同等强调探索性和渐进性创新能力的培养，所以，本研究也从企业战略层面上验证了“二面性组织”(ambidextrous organization)(He和Wong，2004；O'Reilly和Tushman，2004)是企业持续成长的必要条件。对于企业绩效增长来说，战略选择和组织能力之间存在互补性关系，例如，从方正公司多元化成功案例和巨人集团多元化失败案例的对比也可以看出，基于优势互补的多元化战略选择以及以技术开发带动核心能力的扩张更能够降低企业成长的风险。战略选择注重未来发展机会的发现与适时选择，有利于为企业赢得未来市场份额和创造未来的发展机会，战略选择理论注重企业在竞争激烈的市场环境下通过适时战略决策提高未来核心竞争力。但是，战略选择并不能替代组织能力来为企业创造竞争优势，成功的创业能力必须要求组织能力作出相应的改进。如果缺乏后者条件，实施相关多元化战略往往会导致企业绩效急剧下降。目前，中国企业更多地采用“包容战略”，即强调探索性学习以提高组织能力，这样会更有利于研发与合作创新、企业并购与整合以及管理创新。

企业战略化行为绩效是在战略选择与组织能力协同演化过程中产生的，这种协同演化关系以互补性相互作用为基础。在这种基础上，战略选择的“外向型”力量与组织能力的“内向型”力量之间的不平衡对企业持续成长往往起着积极的作用，因为，某一力量在企业新的商务领域所获得的巨大成功，往往可以弥补另一力量在现有商务领域发挥作用递减所带来的损失。例如，通过对海尔和春兰的多元化成长战略的比较研究可知，专业化经营基础、主导产业的核心竞争力是多元化战略的成功基础，而格兰仕也已经走上战略选择和组织能力协同演化所推动的持续成长之路。所以，运用互补性协同演化思想可以揭示企业战略化行为方式的转变。由于所处的内外环境的动态性演化，中国企业所处的市场环境存在着多样性，而且企业的自身能力存在差异性，所以企业战略化行为中制定战略与实施战略之间不存在一个固定和统一的模型；在经济全球化环境下，中国企业应该根据自身组织能力和目标市场环境之间存在的互补性相互作用关系为指导原则，不断调整企业战略化行为方式，以塑造可持续的战略化路径。

8.4 小 结

通过对中国企业成长的实证研究，我们可以得出以下几个结论：第一，战略选择与组织能力的确存在着互补性关系，这种互补性相互作用是企业战略化行为的基础性动力。第二，战略选择有利于企业未来成长能力的增强，而组织能力则有利于企业目前赢利能力的增强，这两者相互之间具有不可替代的作用。第三，战略选择与组织能力之间的协同演化作用不仅有利于企业比较竞争优势的获取，而且还有利于企业不断获取竞争优势。因此，在互补性相互作用基础上，战略选择与组织能力的协同演化机制是企业战略化行为的内在机理。所以，中国情境下的企业战略化行为表现为组织能力变化与战略选择之间的协同演化关系。

附录 8.1 中国企业持续成长情况调查表

注：本调查采用匿名方式进行，请公司的一位高层管理者根据企业近三年（2002 年、2003 年和 2004 年）业绩表现如实填写（每个公司仅限一份）。

1. 贵公司所在地：____________省（直辖市）____________ 市（区/县）

2. 请问贵公司最早成立于____________年

3. 贵公司的经济性质：□国有控股企业；□民营控股企业；□外商控股企业

4. 三年内，主营业务收入平均占公司总收入的比例

□ 30%以内 □ 31%~60% □ 61%~90% □ 91%以上

5. 请问贵公司近三年内的员工平均人数为__________：

6. 与主要竞争对手相比，贵公司在市场中的总体处于：

□ 领导地位 □ 中上地位 □ 中等地位 □ 中下地位 □ 没有地位

7. 从产业竞争状况来看，贵公司主业所处行业竞争度：

□ 很强 □ 较强 □ 一般 □ 较弱 □ 无竞争

8. 贵公司目前主业所属的行业为：

□ 采掘业 □ 制造业 □ 建筑业

□ 电力、煤气及水的生产和供应业 □ 金融、保险业

□ 房地产业 □ 社会服务业 □ 批发和零售贸易餐饮业

□ 交通运输业 □ 仓储业 □ 邮电通信业 □ 其他

（一）依赖变量

9. 贵公司近三年来(2002 年、2003 年、2004 年)的销售收入分别为 __________、__________、__________(单位：万元)

10. 贵公司近三年来(2002 年、2003 年、2004 年)的利润收入分别为__________、__________、__________(单位：万元)

请根据自己的多年从业经验判断企业绩效：

	相对于业内的主要竞争对手的表现				
	明显偏低	稍低	差不多	稍高	明显较高
（1）销售收入增长率	1	2	3	4	5
（2）税前利润增长率	1	2	3	4	5

（二）独立变量

战略选择能力：

11. 您认为贵公司在投资新项目中倾向于：

□ 过于保守　□ 保守　□ 渐进式　□ 冒进　□ 激进

12. 与主要竞争对手相比，贵公司在识别有利于公司市场机遇的组织能力方面：

□ 很强　□ 较强　□ 一般　□ 较弱　□ 很差

组织适应力：

13. 与同行平均水平相比，贵公司在控制成本能力方面：

□ 很强　□ 较强　□ 一般　□ 较弱　□ 很差

14. 与主要竞争对手相比，贵公司在管理和技术创新方面具有：

□ 明显优势　□ 较明显优势　□ 差不多　□ 较明显劣势　□ 明显劣势

第 三 部 分

企业战略化行为的中国实践

第 九 章

扩张冲动下中国企业战略化行为的案例分析

企者不立，跨者不行 《老子》

随着知识经济与全球化市场竞争的到来，企业成长从依靠通过资本增减来实现扩张的传统模式向并购式战略扩张迅速转变。随着企业成长范式的变革，通过资源和过程视角分析所获得的战略管理理论由于忽视了战略实施的时间渐进性和操作层次性而落入了“冲动背后的陷阱”（Martin 和 Park，2005），现有西方的战略理论所表现的极端性和零碎性越来越限制其在战略管理实践活动中的应用（Sanscez 和 Heeze，1997），Levinthal 和 Siggelkow（2006）进一步警告说，这样会导致企业冒着运用凌乱性思考的风险，使企业采用不适当的管理实践而导致竞争劣势。这种快速发展的企业会遭遇到种种问题与挫折，这种“速度超越能力”的扩张式增长可能导致一系列不良的经营后果，这种与组织社会化行为的演化规律不一致的强迫式战略决策必然会产生企业扭曲的扩张动力，这样可能导致潜在的致命危害长期存在。例如，神速扩张不但没有为春都带来收益，反而使企业背上了沉重的包袱，盲目多元化经营使春都走上了不归之路（黄建东，2005）。此类案例还有首钢投资 110 亿的造芯计划流产、海尔的海外扩张失败等。战略扩张案例的高失败率与企业家们狂热的扩张冲动之间的悖论，也引发了人们对扩张决策中传统判断的反思。企业家更渴望寻找一种兼顾战略与技术考虑的投资决策理论，以制定更科学而又更具柔性的企业战略化行为。企业扩张冲动行为作为一种潜在的力量，具有放大效应，可能为企业带来竞争优势，也可能带来竞争劣势（Kinsella 和 Benson，2005）。只有从根本上把握扩张冲动的行为本质才可能克服扩张冲动背后的战略缺失（Bromiley，2004）。企业扩张冲动是战略冲动的重要表现形式之一，与战略选择和组织社会化行为是一脉相承的（Jansen，2004；Lamberg 和 Parvinen，2003），如当前投资或组织常规约束了企业未来行为。组织社会化活动往往在不断地塑造企业生存景观，而战略选择必须是借势而上，这两种动态过程是在高速变化环境下的逐渐融合，而不是静态的和线性的缝合

(Lamberg 和 Parvinen，2003)。企业在进行战略扩张过程中不仅仅要考虑自身的组织社会化条件和战略扩张对象(企业或行业)，而且还要考虑企业扩张后的新组织融合问题。所以，如何通过行为冲动理论动态地、系统地、认知地和整体地揭示企业扩张原理，将成为研究组织变革中战略管理问题的重点，组织变革中的组织冲动和战略冲动开始成为国际战略管理研究的新兴领域(Lamberg 和 Parvinen，2003；Walsh 等，2006)。

任何企业都有一种与生俱来的扩张冲动，这种持续不断的冲动，是企业发展壮大的原动力。目前，企业成长正从依靠资源增减来实现扩张的传统模式，向倾向组织能力增强的战略并购模式迅速转变。在这一转变过程中，企业依赖扩张冲动进行快速成长，如果忽视了保证战略并购实施的组织能力跟进，那么会导致战略选择与组织能力跟进的脱节，从而落入"冲动背后的陷阱"(Levintha 和 Siggelkow，2006)。战略并购理论指出(Lengnick-Hall 和 Wolff，1999)，企业家如果不能系统地考虑战略扩张冲动产生的原理，往往会产生盲目的战略并购，从而会导致企业竞争劣势，"速度超越能力"的扩张式增长必然会导致并购失败(汤谷良和杜菲，2005)。因此，盲目扩张冲动很容易引起企业战略化行为的中断，这种战略盲目性使企业不可避免地落入"扩张冲动陷阱"。

近年来，中国企业普遍存在扩张冲动的现象，特别是民营企业，在经历了十几年的积累和发展后，更是有一种多元化的冲动(黄建东，2005)。普华永道2008 年分析报告指出，2007 年国内并购交易数量较 2006 年增长近二成，较 2005 年翻了一番；China Venture 统计表明，2009 年第一季度共有企业国内并购案例 38 起，并购金额 26.81 亿美元；Dealogic 最新数据显示，2009 年上半年中国地区并购交易金额占全球的 9%左右，占亚太区的 30%以上。扩张冲动是推动中国企业迅速进行战略性并购的强劲动力，并加快了企业发展节奏(田志龙和王东，2006)，由此，企业家们不断在国内外进行着战略并购。但是，这种涌动在激情之下的不可遏止的扩张冲动，也使得中国企业付出了昂贵的代价，导致了不可挽回的损失。据麦肯锡调查，全球并购的成功率只占 23%，失败率却高达 61%，我国企业的并购成功率也仅为 20%。

本书第五章的研究指出，并购是企业战略化的一种行为，现有大多数文献从扩张冲动的视角分析了企业进行战略并购的动因机理(Kim 等，2011)。但是企业扩张冲动作为一种潜在力量，可能为企业带来竞争优势，也可能带来竞争劣势(Lengnick-Hall 和 Wolff，1999)。一方面，战略选择及其实施中的组织能力是两种完全不同的行为模式，现有并购理论简单地把两者看成前后必然的线性联系，所以，这些理论难以揭示战略性并购原理，不能从根本上指导并购实践(Sull，2007)；另一方面，注重组织能力与战略选择之间间断性均衡的战略变革理论(Gersick，1991、1994)，忽视了战略选择必须是沿着组织能力所形成的冲力而顺势决定的，而不是单向地与现有常规粘贴在一起或简单地替代原有的组织活动，所以，这些均衡模型并不能理解并购行为的本质(Thomk，2006；Kim 等，2011)。因此，如果不能理解企业扩张冲动产生的行为机理，企业在战略性并购过程中往往会产生盲目性的扩张冲动，从而导致战略性并购的失败。

企业扩张冲动行为能够触发战略选择和组织能力之间共同作用所引起的企业战略化行为(Bromiley，2004)，成功的战略性并购在于组织能力和战略选择交替演进的动态过程，在这种协同演化过程中，战略选择与组织能力贯穿于企业整个冲动战略的过程，而组织与战略的行为模式选择直接决定了企业战略化的最终结果。为此，本章将运用中国企业的案例研究，分析组织能力与战略选择之间的互动关系，揭示企业扩张冲动的产生机理，这对于理解中国企业多元化战略过程，避免盲目扩张具有重要的现实意义。

9.1　文献回顾

早在 1980 年，借助于经典的牛顿力学理论，Miller 和 Friesen(1980)提出了“战略动力”(strategic momentum)这个概念，起初的研究者只是将其看做高层管理团队的一种内在属性，并认为创业型企业比传统型企业具有更强的战略动力。Amburgey 和 Miner(1993)提出，战略动力能够维持或增强组织能力。近年来，随着企业外部环境发生巨大变化，原来的“战略动力”概念内涵发生了根本性变化，即把决策层的情感和认知等主观性因素上升为战略选择的核心内容。所以，Jansen(2004)指出，传统的战略动力是企业决策层追求与变革目标一致的战略决策力量，这种动态力量更多地依赖于企业决策层对外部环境变化进行的判断直觉和远见，形成企业决策层发现与利用市场机遇的一种战略扩张力。例如，Branzei 等(2004)认为，这种决策层的战略冲动存在于企业决策层的决策活动中，更多地依赖于他们的认知能力和动机，企业决策层通过感知外部环境变化而作的决策来间接地影响积蓄在组织各个层次的组织能力，企业扩张力是通过选择不同层次的绩效标杆来直接地引导或增强组织能力的。从认知能力的角度看，Boyd 和 Bresser(2004)指出，企业决策层对竞争环境的理解力和对公司能力的认识程度影响着决策层战略性扩张力的维持和创造。从注意力的视角来看，Ocasio(1997)指出，企业决策层关注焦点的变化影响着组织变革中的战略性扩张力。正是基于上述研究，本文倾向于把战略性扩张力理解为决策层的战略冲动，认为决策层的战略冲动是企业扩张冲动的一种主要来源。高层管理者的职能是识别发展机遇、选择匹配型机遇和对组织进行战略性调整(Strebel，1995)，他们在进行战略扩张过程中，根据以往的成功经验或者借助于相关成功模型进行战略性构想(McGrath和MacMillan，2005)。Amburgey和Miller(1992)根据战略决策层的成功经验，将战略冲动划分为三种类型：一是由重复先前战略活动而形成的重复性冲动，二是由企业所处的行业结构变化而形成的语境性冲动，三是由企业当前竞争位势所造成的位势性扩张冲动。所以，战略冲动描述企业决策层对于外部机会的创造和识别能力，这种冲动反映了他们对企业快速成长的渴望，往往是根据以往的成功经验而形成的对具有诱惑力行业的直觉的洞察力。但是，战略冲动理论强调把战略选择与战略执行的两个过程看成前后必然的线性联系，难以揭示战略性并购原理(Sull，2005)。

Nitin Pangarkar(2000)指出企业战略性并购的成功不仅取决于企业决策层对外部环境的战略洞察力，即战略选择，而且还取决于企业经营活动的组织社会化力量，而组织社会化的组织能力是企业在组织演化过程中所拥有的固有力量，是利用和开发知识的组织能力。组织能力理论认为，任何企业都有一种与生俱来的扩张冲动，这种持续不断的力量来源于这种组织社会化力量(Amburgey等，1993；Henk等，2005；Lamberg和Parvinen，2003；Martin和Park，2005)。在组织现有规章制度、文化、资金、技术、人力等资源的约束下，企业管理层对制度安排、组织结构与常规、企业文化等构架下发展模式的认同和归属感，形成组织能力(组织社会化力量)，并履行相应职责或采取共同行动来加强组织能力。从组织层面来看，这种组织社会化力量在实施过程中就形成了组织能力，因此，组织能力是企业组织社会化过程的兑现。Morris(1980)指出，组织能力是管理层之间相互作用过程中所形成的组织能量，而且随着企业快速成长会变得更加明显。Miller和Friesen(1980)进一步指出，组织能力是企业在发展过程中所形成和积蓄的组织演化力，具有沿着先前战略活动或结构惯性力的演化方向向外推的力量，这种外推力量和趋势具有较大冲击力，并且这种趋势往往植入企业战略决策活动和基础结构体系之中。Amburgey等(1993)进一步指出，组织能力内隐于企业扩张活动过程中，对企业扩张行为的发生和随后的结果都将产生重要影响。组织能力是企业积极地迎接战略变革所具有的潜在本能力量(Miller 和 Friesen，1980)，而且这种力量随着语境的变化而转变，随时都有可能沿着某一方向迅速转变。Lengnick-Hall 和 Wolff (1999)认为，这种隐藏于组织行为模式之中的组织能力会造成战略层面上的不健康冲动(unhealthy momentum)和健康冲动。因此，组织能力是管理层对于企业以往战略实施的一种集体性承诺，反映了管理层对于制定规章制度和遵循常规的一种执行力。组织能力理论注重组织能力与战略选择之间间断性均衡的战略变革(Gersick，1991；1994)，忽视了战略选择必须是沿着组织能力所形成的冲力而顺势决定的，而不是单向地与现有常规粘贴在一起或简单地替代原有的组织活动，所以，这些均衡模型并不能理解战略性并购的行为本质(Thomk，2006)。

Branze 等(2004)指出，决策层的战略冲动停留在企业决策活动中，主导着企业战略化行为中的战略制定过程，更多依赖于他们的组织认知和战略性思维，而组织能力往往是对企业群体期望实现的战略绩效所作出的承诺，是战略实施过程中组织社会化的结果。通过对 5 个中国企业创业过程的研究，曹圣国(2004)认为，企业扩张冲动是企业发展壮大的法宝。郭庆旺和贾俊雪(2006)指出，中国企业在各种优惠政策的吸引下产生投资冲动。同时，刘岩(2006)对 1999—2001 年辽宁前 90 家企业集团的调查发现，国有企业集团更具有规模扩张冲动。王亚娟(2002)认为，融资渠道、决策风险、管理层与组织结构调整等方面的压力造成了家族企业的规模扩张冲动。赵明越和薛威(2005)指出，获取战略机会、发挥协同效应、提高管理效率、获得规模效应等都是促使企业开展并购的一般动因，而并购的财务动机往往是企业形成并购冲动最直接和最具体的原因所在。战略性并购是企业扩张的一种行为，企业战略选择(战略制定过程)与组织能力(组织社会化动力)之间的匹配推进了企业扩张冲动过程，并直接影响并购战略绩效。现有大多数文献尽管分析了企业进行战略并购的动因机理，但并没有深入到企业扩张冲动行为产生的行为机理层次，所以，如果不能结合企业的战略选择与组织能力进行分析，很难系统地解释企业战略化行为机理。

9.2　案例选取与描述

9.2.1　案例选取

组织理论的研究学者们已经制定出案例研究的一整套原则、步骤、方法和对象选择依据(Eisenhardt，1989)。案例研究方法尤其适用于对现象的理解，寻找新概念和思路，乃至理论创建(Eisenhardt，1989)。Thomas 等(2005)采用单案例研究方法，运用一个有着 12 年历史的大型跨国化妆品公司的案例验证自己的理论框架。王凤彬(2009)也是运用单案例研究方法，对宝钢集团的公司管理体制进行了研究。Buckley 等(2005)指出，单一案例的优越性在于能更加深入地进行案例调研和分析。本研究关注的是存在于战略变革过程中的一种力量，要求我们关注的是一种追踪研究，基于这种考虑，本文采用单一案例研究方法(Gersick，1994)。

本文选取的案例企业是有着 25 年发展历史的辽宁曙光汽车集团股份有限公司(以下简称"曙光")。选择曙光集团为案例研究对象基于以下两点原因：曙光在 25 年的发展历程中，进行了几次成功的扩张，这几次扩张涉及企业的专业化和多元化扩张，与本文所要展开研究的几种冲动战略类型相符；曙光几次并购扩张的成功有利于我们分析中国企业在扩张过程中如何规避冲动陷阱，为中国企业战略化行为提供了很好的管理范式。曙光在 25 年间的企业战略化发展历程中，不断通过资本运作扩大自身规模，由一个只生产车桥的个体联营机动车配件厂发展为现在以整车、车桥及零部件为主营业务的跨地区现代企业集团，期间促使企业产生这种扩张行为的扩张冲动力量起到了重要作用。本研究主要以二手数据并辅以案例观察方法进行研究，案例主要信息来源包括：报纸期刊、媒体报道、公司官方网站数据、公司档案年报以及对公司高层及员工进行走访，并对所获数据进行必要的校验，以尽量保证数据的客观性(Eisenhardt，1989)。

9.2.2 案例描述

辽宁曙光汽车集团股份有限公司是以整车、车桥及零部件为主营业务的跨地区现代企业集团，是"国家汽车整车出口基地企业"，在国家统计局颁布的 2007 年度全国 500 家大型企业集团综合竞争力排名中位列第 74 位。曙光集团在国内有 12 个全资及控股子公司，目前已拥有"黄海汽车"和"曙光车桥及零部件"两大品牌。其中，黄海大中型城市客车销量已连续 3 年位居行业第一，"曙光车桥"连续 11 年在全国轻型车桥市场销量第一，大量出口国际 OEM 市场，并于 2005、2006 年连续 2 年获得美国伊顿公司的"全球最佳供应商奖"。曙光目前已发展为跨国界、跨地区的现代化企业集团，形成了整车、车桥、汽车零部件、汽车贸易及维修四大运营体系(详见附录 9.1)。根据企业的生产经营范围将其发展历程划分为专业化生产、后向一体化生产和前向一体化生产 3 个阶段，企业生产经营范围依次扩大，企业扩张冲动在每个阶段的转换过程中都起到了重要作用。

（1）专业化生产阶段

曙光创立时，创始人李进巅带领的曙光在资本、人才、设备及技术方面均没有优势。随着产量增加，李进巅带领公司在保证产品质量的前提下研制新产品提前占领市场，提高了自身竞争优势，这才使得曙光车桥得到市场的认可。曙光成长期中，资本、人才逐步增加，设备更新及新技术的引进逐步深化，此时曙光决策层的注意力只集中在车桥行业的市场变化上。该阶段，曙光集中所有资源和能力专注于车桥，其生产带动了曙光成长。该阶段的扩张冲动带动曙光进行车桥产品的专业化扩张，依靠产品专业化迅速奠定车桥领域的龙头地位(见表 9-1)。

曙光车桥作为“曙光”的一个主打品牌，不断地推陈出新。1993 年，“曙光 1020”独立悬架车桥开发成功；1996 年，曙光开发了具有国际先进水平的 SG 2020 前驱动独立悬架车桥；1997 年年底，曙光车桥公司车桥产量近 10 万只，跃居全国同行业之首；2002 年，产销量连续列居同行业第一；2003 年开发车桥新产品 83 项。

表 9-1　曙光集团专业化发展阶段(1984—1995 年)

战略选择	组织能力	企业绩效
• 1984 年，李进巅意识到汽车产业将成为中国未来经济发展的支柱产业。 • 1989 年，公司车桥市场不断扩大。 • 产品开发上的两个重大选择：美国叉管式车桥和日本 1020 型悬挂式车桥。市场调查发现 1020 市场潜力很大，了解掌握主机厂动向。 • 捕捉到 1991 年国家下发《股份制企业试点办法》带来的发展机遇。 • 在 1995 年汽车市场处于低谷及销售减少情况下决定进行产品转型。	• 李进巅带领 9 名工友，集资 7 万元，租用 22 ㎡ 车间，借用旧式车床创业。 • 员工人数增加，参加汽车展销会，开始技术水平和产品品质提升之路。 • 研究 90 年代国际先进水平的技术，上马 1020 型产品的开发。招聘工程技术人员，采取封闭式开发过程，设计、工艺、采购同步。 • 向政府申请改制，1993 年 2 月股份制改革完成。 • 曙光转产农用车桥，引用农用车桥生产技术。	• 借用一台旧式手摇车床，成立丹东市曙光机动车配件厂，同年成功生产出第一支 212 型吉普车车桥。 • 在市场疲软情况下曙光完成 6450 车桥的研制任务，拿下江苏一公司汽车换代的配套订单。 • 1020 车桥成功的开发给曙光公司带来巨大经济效益，占领市场，实现我国在轻型轿卡车上采用独立悬架车桥。 • 创建了丹东曙光车桥股份有限公司。 • 迅速占据农用车桥的主要阵地。

（2）后向一体化生产阶段

在第二个发展阶段，为进一步提高企业竞争力，曙光迅速调整企业发展战略，充分利用"曙光"在行业内的名气，通过并购重组实现快速扩张。在不到3年时间里，成功控股组建6个子公司，初步完成面向全国汽车零部件市场的布局。1997年11月，曙光公司以租赁方式接收已停产3年的凤城农机二厂，组建凤城市曙光汽车半轴有限责任公司，经过技术改造，年生产半轴40余万根，技术工艺达到国际先进水平。1999年6月，投入250万元资金，控股组建山东荣成曙光齿轮有限责任公司；同年10月，以控股方式重组河南制动器有限责任公司。曙光总资产由2亿元攀升至5亿元，产品销售与3年前相比增长了92%，利税增长了3.5倍，并以年产汽车车桥突破10万只的规模，成为全国最大轻型车桥生产企业，巩固了曙光在全国轻型车桥生产企业中老大的地位。随着企业规模的扩大，曙光成立了高效的领导班子，不同的社会背景使他们能够从多种视角去观察企业内外部环境变化，捕捉市场机会，同时企业资源得到了更好配置，组织能力增强。该阶段扩张冲动带动曙光采取后向一体化扩张战略，将企业生产范围扩大到车桥配件(见表9-2)。于是，扩张冲动促进了曙光不断成长及与市场环境的动态融合，加快了曙光多元化扩张的步伐。

表9-2 曙光集团后向一体化发展阶段(1996—2000年)

战略选择	组织能力	企业绩效
• 1997年，曙光公司为之配套的金客市场出现质量事故，意识到车桥配件受制于人，质量难以保证 • 河南制动器厂是全国制动器厂家的佼佼者，其重组可极大增强曙光在市场上的形象和竞争力 • 力图挤进国际主流汽车厂商供应链，成为配套企业	• 1997年11月，以租赁方式接收已停产3年的凤城农机二厂，组建了凤城市曙光汽车半轴有限责任公司 • 1999年6月，组建山东荣成曙光齿轮有限责任公司，引进世界最先进的齿轮生产和检测设备 • 1999年10月，曙光公司以控股方式重组河南制动器有限责任公司 • 进行文化整合和技术改造，开发出美国5003-004花键轴技术，研究锁式差速器技术 • 投入6000万元资金改造山东诸城曙光车桥有限公司，投入4000余万元对凤城市曙光汽车半轴有限责任公司进行全面技术改造，引进世界最先进的齿轮生产和检测设备	• 曙光汽车半轴有限责任公司年生产半轴40余万根，其研究的半轴中频淬火工艺已达国际先进水平 • 曙光齿轮有限责任公司生产出具有国际水平的高档汽车齿轮，替代进口 • 进行技术改进，提高车桥配件和车桥质量，奠定曙光在轻型车桥领域的龙头地位，保持行业第一 • 与美国伊顿结盟，成为伊顿在中国唯一的代理商；通过伊顿PPAP(等级三)生产件批准程序，获得进入国际市场的"通行证"

(3) 前向一体化生产阶段

2000年后，曙光决策层察觉到汽车整车行业的高速发展及竞争对手欲抢占市场的动机后，决定涉足整车行业。从SUV车的装配到研制，曙光步步为营，根据市场需求稳扎稳打，正式进军整车行业。2002年11月22日，丹东曙光车桥股份有限公司和辽宁黄海汽车集团公司共同出资成立“丹东黄海汽车有限责任公司”，民企成功并购重组国企，在这宗著名的“蛇吞象”重组案例中，扩张冲动起着重要作用。2003年，在曙光集团整体销售收入和利润中，黄海公司分别占38.73%和11%的比重。新黄海已经拥有13条客车生产线，具有年生产5000辆整车和6000台底盘的生产能力，黄海客车型号形成84个，国内市场覆盖率达到95%以上，并远销20多个国家和地区。曙光集团对黄海汽车集团的收购重组，不但为新黄海的再生创造了有利条件，也为曙光集团的后续发展奠定了良好基础，曙光凭借收购黄海这样的标志性企业，高姿态进入中国客车行业，大举进入整车领域，并向行业前三名发起冲击(见表9-3)。

表9-3　曙光集团前向一体化发展阶段(2000—2003年)

战略选择	组织能力	企业绩效
•2000年后，汽车整车生产高速发展，各民营企业纷纷斥巨资投入汽车大潮 •曙光生产车桥和底盘已有较好基础，市场中车身和内饰件有关的社会资源丰富 •调查发现，东南沿海市场需要一种既能作为生产资料，又可作为代步工具的新产品。2001年年末南海富迪正开发五十铃SUV车型，市场急需SUV车，应提高质量 •想锁定同一个产业链上的整车行业。黄海具有很多技术、品牌上的优势，但当时资不抵债，生产经营举步维艰，急需资金支持来焕发活力；同时，曙光车桥想突破车桥局限，寻找新的利润增长点	•提倡“人无我有，人有我新，车同价低”的经营理念 •借用车身和内饰件的社会资源，开始SUV车装配 •召回第一台车进行全面检修，对已生产出的47台车全部拆解，查找质量隐患，重新组装 •2003年，对SUV车进行“万台工程”改造 •迅速组建并购重组实施小组，与黄海的双方谈判，保证重组后的黄海进军整车市场战略的顺利实施 •聘任管理干部，精简富余人员，实施技术改造，转变营销机制，调整分配制度	•经过3个多月研制，生产出47台SUV车型，从外观到内饰取得第一次市场认可 •SUV车推向市场后取得良好社会效果。专用车公司取得了“3C”认证资格 •整车产量为集团贡献了一半以上的利润 •2002年11月，成立新的“丹东黄海汽车有限责任公司”，形成了“黄海”、“曙光”两大知名品牌

曙光车桥连续几年在行业中的领先地位驱使它有扩张自身规模的冲动。曙光决策层对他们的产品定位、市场选择及其自身的竞争优势进行仔细审查，结合外部市场环境变化，发现大中型客车产业发展前景良好。曙光决策层看中黄海的知识资金和人才积累、品牌影响力及领先产品技术等，诸多利益驱使决策层产生进军整车市场的战略冲动。进入企业稳定发展期的曙光，管理层迫切希望改变原有资源内部配置，组织柔性增强，在战略选择影响下较易使当前战略作出较大调整，组织规模扩大到整车行业。管理层在并购战略制定后迅速组建并购重组实施小组，拟定重组方案，组织与黄海的双方谈判，使得重组后的黄海进军整车市场战略顺利实施。曙光在获取企业自身急需进军新行业的相关信息后，认识到在当前形势下可以通过重组黄海，成功抓住进军整车市场的前向一体化扩张的战略机会，该阶段企业扩张冲动驱使组织将当前生产规模扩大到产业链下游，实现规模扩张及产业上下游的整合。

9.3 案例分析

通过展现曙光集团在过去 25 年间进行的 3 个阶段并购的战略化过程，本研究将通过对不同并购阶段的跨层次分析，揭示战略选择和组织能力对企业扩张战略绩效的影响机理。

战略选择是决策层战略性冲动的一种来源，是决策层对战略机会的发现与把握，表现为组织的战略远见和公司愿景。组织能力以组织管理层为主体，以组织能力的形式体现出来，企业在发展过程中制度、人员安排的不断完善、投资的增加以及企业文化的形成等都是组织能力兑现的结果。Miller 和 Friesen(1980)指出，组织能力能够把先前的战略活动或结构惯性力的演化方向向外推，即意味着组织能力越强，组织管理层越依赖于当前的发展战略。在企业相关多元化扩张过程中，决策层通过对相关产业市场机会的把握制定相应战略决策，间接地影响组织各层面的组织活动(Branzei 等，2004)，组织内部资源得到更好配置，制度逐渐完善。

曙光自 1996 年起开始相关多元化的扩张过程，公司在专业化生产阶段已经积累了一定的资金和技术实力；1997 年的金客事故使曙光决策层意识到车桥质量受限于车桥零部件，因此调整公司战略，生产范围上溯到产业链上端。企业当前战略运作带来资金增加、技术改进等良好企业绩效，组织管理层对组织当前内部资源配置的认同感增强，企业继续沿用企业当前的发展战略：1997

年曙光接收组建凤城市曙光汽车半轴有限责任公司和投资改造山东诸城曙光车桥有限公司；1999 年组建山东荣成曙光齿轮有限责任公司以及重组河南制动器有限责任公司；2002 年与美国曼哈顿资本集团签署合作协议，成立曙光美国技术中心，曙光完成面向全国汽车零部件市场的布局。在曙光后向一体化扩张过程中，曙光不断开发新产品，进行文化整合和技术改造，优化配置内部资源。“新产品开发给企业发展带来的动力非常明显”，创始人李进巅如是说。1997 年 11 月，曙光组建凤城市曙光汽车半轴有限责任公司，经过投资改造后年产半轴 40 余万根，工艺达到国际先进水平。后向一体化战略的尝试为曙光带来了巨大利益，内部资金流、技术等得到极大提高，战略实施带来的良好企业绩效驱使曙光决策层继续沿用后向一体化扩张战略，在接下来两年中又先后并购重组了山东荣成曙光齿轮有限责任公司和河南制动器有限责任公司，在组织能力增强过程中战略选择有所减弱。

由此我们可以看出，如果在战略化并购过程中，企业决策层对相关产业市场机会的洞察力和把握能力越强，决策者就越能制定出正确的战略决策，企业就会不断完善制度和人员安排，增加投资并提升企业文化，以优化组织内部资源配置、完善制度并增强组织能力。同时，如果在该过程中企业原有战略模式下的组织能力越强，组织管理层就会越依赖于当前的发展战略，从而使得决策层对相关产业市场机会的洞察力和把握能力变弱，即企业战略决策能力变弱。

战略选择越强，表明企业决策层有着长远的战略远见；对战略机会的把握能力越强，意味着决策层越能够制定出符合组织现状、有利于组织发展的扩张战略；扩张战略与组织自身状况越贴切，实施效果越好，组织扩张战略绩效就会越好。1984 年，创始人李进巅意识到汽车产业的大好发展前景，创建曙光前身——丹东市曙光机动车配件厂。创建期曙光资本少、人才少、设备差、技术也比较落后，“与同行竞争没有任何优势”，李进巅回忆道。在这种情况下，李进巅意识到，在保证产品质量的前提下要靠研制新产品提前占领市场，以提高自身的竞争优势，并由此制定了专业化扩张战略。新型车桥的研发给曙光带来巨大经济效益，逐步占领市场，专业化扩张战略绩效良好。1993 年曙光股份制改制，多渠道融资为扩张战略的实施提供了资金保证。1997 年的金客事件让曙光决策层察觉到专业化扩张的局限，进一步制定后向一体化的发展战略，并跻身国际主流汽车厂商的供应链，与美国伊顿结盟，成为伊顿在中国唯一的代理商。2000 年后，整车行业高速发展，市场急需 SUV 车，曙光决策层由此决定进军整车行业，开始借用车身和内饰件社会资源进行 SUV 车装配。在曙光的整个扩张过程中，决策层凭借对战略机会的把握制定出与企业现状相符的扩张战略，促进了扩张战略的实施，成功实现了产业链上下游的整合。

组织管理层越认同组织当前发展模式，组织能力越强，组织柔性越差，越不容易进行战略变革。组织扩张作为组织变革的一种类型，在组织能力较强的前提下不易实施，扩张战略绩效较差。正如曙光的扩张之路并非一帆风顺，李进巅曾说过，“这些苦难有的来自体制和环境，有的来自我们自己内部，其中我遇到的最大的困难就是重组黄海。”在并购黄海的过程中，重组后的黄海公司第一届领导班子基本启用原黄海集团人员。由于经营理念不同，曙光和黄海两公司都对自身模式有着较强的认同感，这阻碍了两家公司在文化和结构上的融合，黄海的生产、经营均无起色。老国企的体制问题、银行债务的剥离问题、产品结构的调整问题等使得并购后的黄海公司停产两个月，短时间内组织扩张战略绩效较差。因此，在战略化并购过程中，如果企业的战略选择能力越强，决策层越能够制定出符合组织现状的、有利于组织发展的扩张战略，越有利于企业战略绩效的提高。相反，如果企业在原有战略上的组织能力越强，就越不容易进行战略变革，企业战略绩效就会越差。

Mintzberg(1990)指出，组织战略可以是企业与环境动态融合的一种形式，根据环境变化改变自身组织结构以增强企业生存能力和机会识别能力。组织总是生存在于大的社会环境中，外部环境的变化对组织的生存发展起着至关重要的作用。在动荡环境下，组织要想求得发展，往往要根据环境的变化进行组织变革，企业决策层会综合考虑各方面，对组织当前发展战略进行调整，改变组织现有制度、投资或人员结构，产生新的组织文化等，管理层会产生新的组织能力，表现为组织能力在决策层的战略冲动的指导下向着适应市场变化的方向转变。1995年，曙光决策层察觉到汽车市场步入低谷，销量较少，决定转产农用车桥，组织管理层引进农用车桥生产技术，迅速占据农用车桥的主要阵地；1997 年金客事件使曙光决策层意识到车桥配件受制于人，决策层迅速制定了进军车桥零配件行业的决策，组织内部资源随之发生变化，产生新的组织能力，扩张冲动驱使曙光3 年内初步完成面向全国汽车零部件市场的布局；2000 年以来，汽车整车生产高速发展，曙光决策层意识到外部环境变化，利用其公司生产车桥和底盘的基础，借用车身和内饰件的社会资源，开始了 SUV 车的装配，在曙光管理层共同的努力下，曙光专用车公司生产的 SUV 和皮卡系列车型从 2001 年年产百辆、2002 年年产千辆到2003年上半年生产3000辆，供不应求。所以，在连续性并购活动中，如果企业决策层能够有效地把握市场环境变化中蕴含的发展机遇，适时地调整组织能力，并随着组织能力的增强，加强对现有机会的把握，不断提高利用机会的执行力，即提高战略选择和组织能力之间的动态匹配度，这时产生的扩张冲动就越可以使企业战略性并购得以顺利实施，就越有利于改善企业战略绩效。

9.4　讨论和结论

企业并购是战略化行为的一种主要形式，企业扩张冲动是决策层的战略选择与管理层的组织能力相互作用产生的一种巨大的不可阻挡的发展势力(Kim等，2011)，它是决策层在识别和把握市场环境变化后，通过战略选择维持或增强组织能力的一种力量。企业成功地进行战略扩张，需要通过企业与环境在相互选择和相互改变过程中的动态融合过程来实现。研究发现，扩张冲动同企业与环境的动态融合是一个互动的过程，只有企业与环境在状态与演化关系上保持连续性适配，企业才能与所选择的环境融为一体，不断增强生存能力和获取发展机遇，塑造企业战略化行为。一方面，企业决策层利用其对市场环境变化的洞察力识别发展机遇，组织管理层根据战略绩效标杆变化进行承诺跟进，适时地调整组织能力；另一方面，随着组织能力的增强，决策层强调对现有机会的把握，组织管理层不断增强机会利用的执行力；正是这种决策层的战略选择与组织能力的动态匹配所形成的企业扩张冲动机制，使企业战略性并购得以顺利实施，并维持企业长期健康的发展。但是，如果企业战略选择超越企业组织能力所承受的范围，或者企业组织能力所产生的组织刚性难以适应战略转型的需要，那么，这种战略选择与组织能力之间的不匹配必然会使企业扩张落入陷阱，这是大多数企业产生盲目扩张冲动的根本原因之一。

有效的扩张冲动所触发的战略选择不仅能够发现市场变化给企业带来的发展机遇，同时也能洞察企业在一定时期内能通过努力来改变组织现有制度、改变投资或人员结构、产生新的组织文化等，引导组织能力作出相应的转变。盲目的扩张冲动所引发的战略制定会造成战略选择与组织能力之间脱节，一般表现为决策层的战略冲动与组织社会化行为之间的内外失衡，分散了企业内部资源，进而陷入“冲动背后的陷阱”。本研究从曙光案例出发，对曙光成功的扩张经验进行分析，发现企业可以通过实现决策层的战略冲动(战略选择)与管理层的组织承诺(组织能力)之间的动态匹配，来避免企业扩张冲动的失败风险，以揭示企业战略化行为的形成机理。

因此，企业经营环境的变化是企业战略变革的一个非常重要的外部力量，成功实施企业战略化行为的一个重要方面就是要通过企业与环境相互选择、相互改变的动态融合过程来实现。在战略扩张冲动背景下的企业战略化是一个动态的匹配过程。研究进一步发现，在战略性并购过程中，企业战略选择较强有利于组织能力的增强；而战略不变的情况下，组织社会化能力越强越不利于战略选择增强；战略选择越强，越有利于组织扩张战略绩效的提高；而在战略不变的情况下，组织能力越强，组织扩张战略绩效越差；战略选择和组织能力之间匹配度越高，则扩张冲动越有利于组织扩张战略绩效的改善。研究进一步表明，通过调整组织能力，维持战略选择和组织能力之间动态匹配的战略性并购，可以成就企业战略化行为，进而避免盲目性扩张冲动。

研究还发现，企业战略化行为的初期，战略选择和组织能力都较弱，决策层缺乏深层次有效信息的获取能力，企业与环境的动态融合通常比较差，企业不能及时把握市场机遇。决策层往往不太关注外界市场环境变化，继续实施组织现有的发展战略。组织制度还不够完善，管理层对组织内部资源的认同感不强，这种情况下，企业不易产生扩张冲动，采用谨慎的产品多元化发展战略。随着企业的发展，内部资源逐渐丰富，制度不断完善，良好的企业绩效使管理层对当前组织模式产生认同，促使管理层集中所有的资源和能力于自身所擅长的核心业务，通过专注于某一点来带动企业的成长（喻燕刚、邬家瑛，2005）。在外部环境稳定的情况下，组织往往产生横向一体化扩张冲动，采取在原有行业内扩张的发展战略。例如，曙光在创业期采取了专业化扩张战略，专注于车桥生产，企业绩效显著，奠定了车桥生产的龙头地位。

研究也表明，在企业外部环境不确定情况下，企业战略化要求增强战略选择能力，能够结合外部市场环境和国家政策，甄别当前行业发展方向，调整组织当前战略决策，从而促进组织与市场的动态融合，调整后的战略往往能够更好地配置组织内部资源。这种情况下，组织往往会为了增强核心产品竞争优势，保证产品质量并扩大规模，产生纵向一体化扩张冲动，从而采取后向一体化扩张的发展战略，实现快速的规模扩张。例如，成长期的曙光为保证核心产品车桥的质量上溯到产业链上端，加快了企业多元化扩张的步伐。随着企业战略选择增强，决策层从各个层面及多种角度观察和分析组织所处行业的发展前景及拟涉足行业发展状况，这一能力越强，在较强战略选择作用下就越会对当前战略产生较大调整，从而采取前向一体化扩张的发展战略，将生产规模扩大到产业链下游，实现产业上下游整合。例如，曙光认识到车桥行业发展前景的局限性，发现整车行业发展前景良好，采取前向一体化发展战略，通过并购黄海成功进军整车行业。

本案例研究的贡献在于，在中国情理社会背景下，把扩张冲动行为作为并购的前提，解构战略选择与组织能力之间的相互调节关系，解析盲目性扩张冲动下的企业战略化行为产生机理，弥补了现有企业战略化并购文献的理论缺失；其次，既然企业战略性并购是在战略选择与组织能力之间相互作用中进行的，那么战略选择与组织能力之间动态均衡关系，为分析决策层的战略选择和管理层的组织能力提供了一个企业战略化理论的应用框架；此外，研究摆脱了传统上从资源增减的角度探索战略性并购、从战略行为层面揭示了企业扩张冲动产生的原理，这为中国企业“走出去”战略性并购提供了理论指导，围绕着组织能力进行战略选择，向着战略选择方向不断地提高组织能力。

本文从行为的视角初步探索了企业战略化行为中避免盲目性扩张冲动的原理，研究局限性在于：第一，尽管本文从曙光集团的战略性并购三个阶段进行跨层次分析，尽量保证结论的可靠性(Eisenhardt，1989)，但是单案例研究只能作为探索新理论的一种研究方法，未来研究将在采用新的研究方法上对企业扩张冲动机理进行深入研究，如跨案例对比方法、定量统计方法等；第二，利用行为科学的方法把企业扩张冲动定性地划分为战略选择(战略冲动)和组织能力(管理层管理承诺)两个维度，选择了一个战略性并购的成功案例，但缺乏并购失败案例对所获得的结论进行验证，未来研究将采用跨案例进一步细化研究；第三，只讨论了战略选择与组织能力之间动态均衡机制，但是并没有深入分析战略性并购模式对企业战略化行为的影响，未来研究将以并购模式为主，在并购内容上探索战略选择和组织能力之间的调节机制。

附录 9.1　曙光集团相关资料

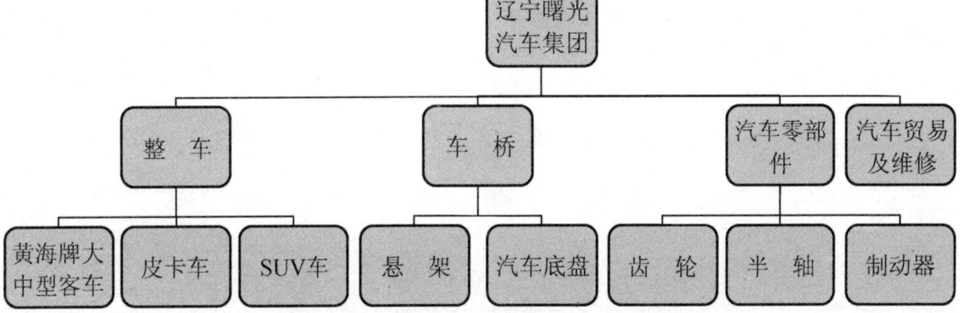

图 9a-1　曙光集团当前主要产品结构

表 9a-1 曙光的主要战略扩张大事记

时 间	战略扩张事件	子公司名称	备 注
1984 年 12 月	创立丹东曙光机动车配件厂		生产出第一只 212 型吉普车车桥
1988 年	改制丹东曙光车桥总厂		荣获“省小巨人企业”称号，年净利润 132 万元
1993 年 1 月	组建丹东曙光车桥股份有限公司		企业规模扩大，产量增加
1995 年	建立丹东汽车改装厂		
1996 年 3 月	投资建立丹东曙光汽车贸易有限责任公司	丹东曙光汽车贸易有限责任公司	丹东地区最大的集汽车销售、维修服务、配件供应等多功能为一体的综合性汽车销售服务中心
1997 年 3 月	合资控股诸城某纺织机械厂	山东诸城曙光车桥有限责任公司	目前成为国内一流的车桥厂
1997 年 11 月	租赁接收已停产 3 年的凤城农机二厂	凤城市曙光汽车半轴有限责任公司	该年年末曙光车桥产量达 7.3 万只，奠定了国内轻型车桥领域龙头地位
1999 年 6 月	控股山东荣成曙光齿轮有限责任公司	山东荣成曙光齿轮有限责任公司	
1999 年 10 月	控股河南制动器有限责任公司		河南制动器厂是全国制动器厂家的佼佼者，极大增强了曙光竞争力
2000 年 12 月	“曙光股份”在上海证券交易所上市		成为辽宁省民企中第一家上市公司，公司驶入高速发展快车道
2001 年 6 月	收购丹东汽车改装厂	丹东曙光专用车有限责任公司	开始试制皮卡和 SUV 车
2002 年 3 月	与美国伊顿公司签署差速器协议		曙光车桥装配锁式差速器，提高汽车拖力和运动性，填补国内空白

续　表

时　　间	战略扩张事件	子公司名称	备　　注
2002年7月	与美国曼哈顿资本集团签署合作协议	曙光（美国）技术中心	为产品设计提供技术支持，对出口到北美产品进行技术跟踪和售后服务
2002年7月	合资成立安凯福田曙光车桥有限公司		2008年实现净利润2454.93万元
2002年8月	与美国曼哈顿资本集团展开深度合作	上海曙光曼哈顿投资有限公司	经营范围扩大到投资管理、资产管理、投资咨询，集团总利润额增加
2002年11月	控股重组国企辽宁黄海汽车公司	丹东黄海汽车有限责任公司	新黄海产量创最好水平，新产品开发效率提高，曙光成功进军整车市场
2003年9月	改制辽宁曙光汽车集团股份有限公司		实现了由车桥及零部件向汽车整车生产的跨越
2005年3月	与丹东曙光专用车有限责任公司合资	辽宁曙光汽车制动系统有限公司	经营范围扩大到汽车制动系统及相关汽车零部件的制造和销售
2005年	与丹东黄海汽车有限责任公司共同投资	丹东曙光重型车桥有限责任公司	生产出可达到国内领先水平的重型车桥，满足黄海客车的需求
2006年	注册丹东傲龙汽车销售有限责任公司	丹东傲龙汽车销售有限责任公司	经营范围为批发、零售汽车、汽车底盘及汽车零部件，2008年实现净利润1442.87万元
2006年9月	注册丹东黄海汽车销售有限责任公司	丹东黄海汽车销售有限责任公司	经营范围为销售汽车、汽车底盘及零部件、货物及技术进出口，2008年实现净利润351.66万元

第十章

非正式组织与中国企业战略实践

撄宁者也，撄而后成者也

《庄子》

企业战略实践活动是在组织情感和认知共同主导下理性与非理性并存的行为逻辑范式，不仅强调制度层面的理性认知分析，而且更注重社会化层面上的情感或非理性逻辑。实际上，企业战略化是在企业制度化和组织社会化之间相互促进的过程中进行的，在组织情感反应与组织认知活动之间的相互制约和激发中增强企业存续能力、激活企业生命力。近年来，研究者开始关注情感在战略选择层面上的积极作用（Delgado-Garcia 和 Fuente-Sabate，2010；Daniels，1999），本书第九章也通过案例研究方法对中国企业的战略性冲动进行了分析。然而，现有组织情感研究更多地关注员工的个体情感在企业行为中的影响作用（Barsade，2002），也有学者从文化构成的层面来探究情感性因素在企业战略层面对企业行为的指导作用（Weber 和 Dacin，2011）。非正式组织是以组织情感为基础形成的，同时，由于社会关系的建立以人际情感建立为标志（Barsade，2002），所以，企业文化的内涵实际上是通过非正式组织来呈现的。

企业战略化过程是向不确定的、未知的未来市场谋求生存空间，那么，强调理性逻辑的正式组织结构往往会成为企业战略化的障碍（Gilbert，2005）；相反，以社会性情感诉求为主要目的的非正式组织在企业战略化行为中发挥着极其重要的作用。一方面，无论是强调个体主义的西方人，还是注重集体主义的中国人，在同熟人处理事务时，情感往往比认知更具有影响力（杨国枢，1997；Earley，1989）。例如，Ariely（2006）的一系列实验研究表明，基于社会性情感逻辑的非理性行为是主导人们决策的隐性力量；杨国枢等（2008）研究指出，华人更强调社会角色的一致性，不论处于什么身份，私人情感都发挥着较大的作用。另一方面，Tuk 等（2011）最新研究发现，在成长压力之下，基于情感逻辑的非理性决策行为往往比理性决策更有效；新加坡国立大学的 Don J. Q. Chen 和 Vivien K. G. Lim 通过研究发现，基于社会性情感逻辑的非正式组织行为有利于提高企业生产率。特别是在中国情理社会背景下，强调“合情合理”和“通情达理”的情感主导逻辑的行为模式也使得中国企业更多一份人情味，也就是说，中国企业中的非正式组织影响往往是十分明显的(翟学伟，2008；潘安成，2011)。因此，在企业战略化行为研究中排除非正式组织因素，对于研究中国企业来说可能是本末倒置的。

非正式组织是正式组织的伴生物，二者同时存在于企业中，是不可分开的。相对于正式组织强调实现企业经济利益目的的合法性，非正式组织则注重个体或群体的社会性情感需求，在组织情感的作用下，组织更容易产生包容性和顺从性的社会选择，促进和主导组织变革和战略化行为的进程(Hareli 等，2008；Tanghe 等，2010)。然而，现有文献很少探究非正式组织与企业战略化行为之间的关系。为此，本章在对现有研究进行梳理的基础上，通过案例研究方法来探索非正式组织对企业战略化行为的影响。文中选取某省旭日集团有限公司(以下简称“旭日公司”)为研究对象。旭日公司历经 15 年的发展，从成立时资产几十万元的小型企业逐渐成长为资产数亿元的大型民营企业。然而，旭日公司从成立之初到现在尚没有建立现代企业制度，频繁的非正式组织活动推动着企业的建立和一系列连续性战略活动，实现了公司多年的快速发展和成长。

10.1 理论基础

霍桑实验让人们发现企业中不仅存在正式组织，而且存在非正式组织。正式组织是为了有效实现组织目标，经过人为的筹划和设计，包含工作关系、权利结构、工作流程、沟通渠道等预先设定的路径，而存在于这些预先设定的正式路径之外的空间、关系和行为则属于非正式组织范畴。孟超和蒲晓晔认为正式组织是一种技术—经济系统，而非正式组织是一种社会系统；Krackhardt 和 Hanson (1933)认为如果把正式组织比做公司的骨架，那么非正式组织便是驱动各个部门及个体进行集体性思维、反应、行动过程的中枢神经系统。

随着经济全球化程度不断加深，动态变化的市场环境和基于信息网络的社会关系模式使得越来越多的企业认识到，完全依赖于正式组织自上而下的契约制度安排已无法实现企业持久价值的创造，企业的持续性发展更多是由各种非正式、非阶层的自发性行为推动的。Krackhardt 和 Hanson(1933)认为，针对商业化、规模化、标准化生产模式而设计的正式组织是为了处理简单的可预期问题，而当意料之外的问题出现时，非正式组织便开始发挥作用。在瞬息万变的市场环境中，组织仅依赖于过去解决问题的模式很难再取得成功，组织行为不再受制于科层结构中集体记忆或过去建立的组织流程(Heracleous 和 Barrett，2001)，而是通过即兴而作(Mintzberg，1979)、自组织(Minter 等，2001)等更加灵活的非正式组织行为来应对新的变化和挑战。

10.1.1 组织模式与企业战略化行为

Kiefer(2002)以及 Heath 和 Heath(2010)指出，企业战略化的组织模式变革是一种情感活动过程，感情智能和认知能力所构成的潜意识和意识的社会性合力驱动了组织的演进行为(Barsade，2002；Fiske 等，2006；Casciaro 和 Lobo，2008)。所以，企业战略化行为既是认知活动，也是情感行为。企业成长理论奠基人 Penrose(1959)认为，企业成长是由业务增长引起的组织自主扩展演化过程，组织扩展及其阶段演替与识别企业投资和成长机会的认知形成密切相关。Nelson 和 Winter(1982)用组织惯例和选择力来分析组织的形成和演变，认为组织的发展取决于在一段难以预期的时期内发生的大量偶然因素或随机变量，他们高度重视组织内认知协调一致性作用和行为动机激发方面的主动性作用。

组织模式是一种认识状态，表现为一种集体身份和归属感(Firey，1948)。非正式组织反应迅速，往往表现为企业自愿性行动、自发性行动及组织自动性活动。社会性情感所支配的组织反应行为反映了企业的创业能力(变革潜力)，企业通过自愿性活动带动自发性行动，创造机会和改变组织认知，产生新组织模式；以上两种构成了以行动为先导的非正式组织，强调行为的集体性活动和一致性社会行动(Casciaro 和 Lobo，2008)。Firey(1948)认为，正式组织存在于企业高层所持的倾向性情感状态和非正式组织行为之间的状态。在一般情况下，正式组织与非正式组织往往处于分立状态，但在迎合企业决策层的倾向性情感过程中，两者的更迭过程直接展现了企业战略化行为(见图 10-1)。

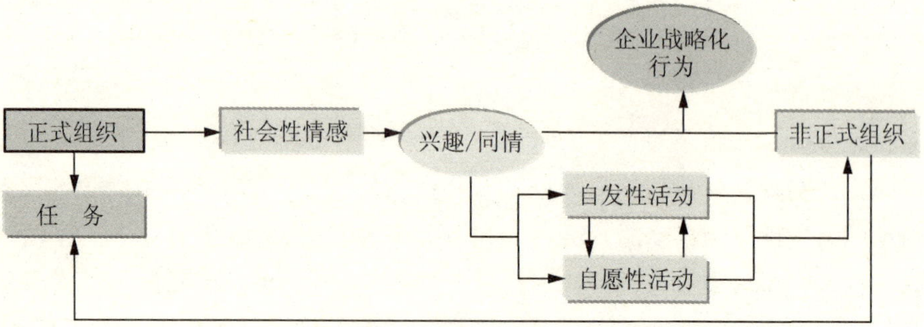

图 10-1　正式组织、非正式组织与企业战略化行为

在企业战略化行为过程中，非正式组织和正式组织是不可分割的一个现实整体，前者是在社会语境下个体情感所达成的共识性认知状态或自愿接受并相互吸引的共同身份，强调在主观上的相互依附关系；而后者是机构性动机驱使下任务导向的集体性身份，是以成本和效益为逻辑，强调工作上的协作关系（Casciaro 和 Lobo，2008）。在外部刺激情况下，组织会有两种不同的反应，即同时产生认知上和情感上的感受（McAllister，1995；Mayer 等，1995；Eagly 和 Chaiken，1998），并导致两种连续性行动和组织关系（coworkers）形式（胜任力导向的正式组织和社会性情感导向的非正式组织）（Bales，1950；Slater，1955）。也就是说，社会性考虑和制度性考虑是一个不可分割的整体现实，它们之间的动态转换是贯穿于企业成长中的主线之一（Casciaro 和 Lobo，2008）。社会关系形成不仅取决于所渴望的资源，同时也取决于这些资源潜在所带来的可察觉的主观感觉。正是基于此，非正式工作关系成为组织生活的必然部分。正式组织以机构性任务为主导逻辑，而非正式组织以情感性反应为主导逻辑（Casciaro 和 Lobo，2008）。以两方为基础及其人际情感所构成的最小组织，整合了三方和群体的相关功能，通过这种机制塑造了组织层面的企业战略化行为。

企业战略化过程必然会遇到两种不同的行为路径（参见本书第四章和第五章），从图 10-2 可以看出企业战略化可以分为不同的阶段，A 和 B 在正式组织基础上建立起来的非正式组织关系：在第一阶段，A 代表合法性正式组织的核心成员，以 A 知识域为基础的知识整合有利于增强企业战略化现有知识结构的细致性修剪，产生

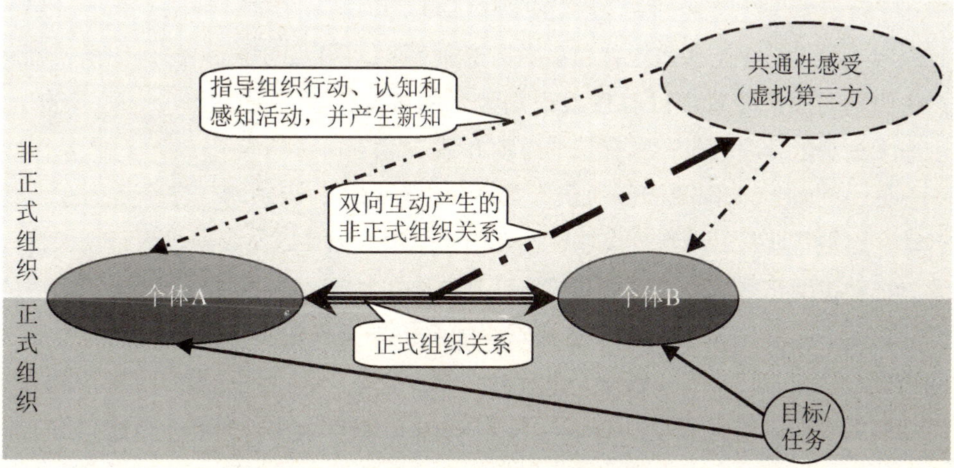

图 10-2　非正式组织形成与战略化组织结构

渐进性的战略化行为路径；在第二阶段，B 为外设成员，代表非正式组织的核心成员，以 B 知识域为基础的知识整合有利于产生突破性创新的企业战略化模式。在第二阶段，B 完成了从旁观者向当局者的身份转变，A 也逐渐退出主导地位。在这一过程中，企业战略化行为是由非正式组织来引领和驱动的。

10.1.2 正式组织制约企业战略化行为

正式组织是实现企业战略化行为的合法平台，经人为筹划和设计产生，是由一系列相关部门和职位组成的清晰结构，具有明确的制度流程等行为规范，强调命令与服从，基于效率逻辑通过“计划—组织—领导—控制”的组织模式进行组织活动。正式组织本质上是一种科层制结构的技术—经济系统，以强调效率与理性的“经济—技术”手段追求某种“经济”结果。在正式组织中，组织基层单位和成员如同人体的神经末梢，将获得的信息，经由科层制组织结构形成的组织系统神经网络传导到组织的中枢，而领导阶层则作为信息加工的组织智慧中枢，控制着组织智能，将各个末梢传导来的知识进行加工处理并形成行动指令，再返回基层组织和成员去执行，并在此过程中通过制度规范的制定对执行过程加以控制，保证上级指令的严格服从与执行。一方面，由于系统神经末梢(组织基层)所获得的知识信息以分立的、体验性的、零碎的形态存在，以及信息传递过程中的失真等现象，都导致组织基层的信息不能充分有效地传递到组织中枢被处理加工。同时，在科层制的正式组织结构中，组织依赖于领导层形成的组织智能中枢在其少数人有限感知和学习的认知范围内，通过认知推理来预测环境变化与未知不确定性进行决策。由于人类处理信息的能力是有限的，局限于领导阶层少数人构成的组织智能认知能力和水平将更加有限，所以正式组织的认知模式容易产生组织无知，导致难以有效地识别和预测未知环境的变化(Barsade，2002)，进而无法制定合理的目标和有效的行动方案。

另一方面，Starbuck(1991)认为在不确定环境下，组织承诺完全不同于组织行动，组织所面对的动态环境往往会使组织承诺更加难以与预期组织行动保持一致。在动态变化的环境中，正式组织已有的认知模式难以识别和预测未知环境的变化(Barsade，2002)；同时，正式组织的组织行为模式决定其难以实现个体之间情感、认知、行为的一致性，以及组织层面情感、认知、行为的同步，影响组织功能的有效运作；另外，Hannan 和 Freeman(1989)认为，战略选择往往与企业运营的可靠性和财务能力相冲突，组织惰性选择即历史依赖性选择会阻碍企业战略化行为。从组织演化理论的角度看，在不断积累各种技能的过程中，企业就开始形成了具有各种独特性且很难转让技能的知识系统(Barney，1991)，同时形成了各种组织常规，这些知识和常规虽然在一定时期内是企业核心竞争力的源泉，但超过一定时期就成为企业核心刚性(Gilbert，2005)。因此，基于对未来的预测制订目标计划，在过去经验总结的基础上形成的行动方案，加上执行过程中与预期的偏差，都将导致正式组织难以有效应对组织在动态语境中面临的未曾遇到过或未曾预料的新问题，使得组织无法针对组织内外部环境的变化作出快速反应，从而制约企业成长，阻碍组织演化发展。

10.1.3　非正式组织促进企业战略化行为

George's(1990)认为，组织中的个体成员会在相似情感联系和情感诉求形成的人际情感的吸引力作用下，经过吸引、筛选、剔除过程，形成一个群体/组织，该组织中的个体将表现出某些类似的情感状态，呈现出强烈的情感一致性。个体情感所支撑的潜意识和自动的组织活动往往会孕育出集体情感(Hatfield 等，1994；Barsade，2002)。非正式组织是人们在日常生活和工作交往互动中基于共同的情感纽带自发自愿形成的，由于成员间共同的兴趣爱好等情感倾向或禀赋关系，表现为相互之间寄托情感或情投意合，在频繁的接触和交往过程中构成了非正式组织成员间所共享的集体性情感状态，这种超个人情感的集体性情感往往表现出强烈一致性。

不同于正式组织的理性逻辑，非正式组织遵循情感逻辑。情感逻辑具有非理性、发散性和跳跃性(Brief 和 Weiss，2002)；相对于有限理性的认知推理逻辑，基于情感逻辑的决策和行动发生在潜意识层面，往往能带来新感觉和新信息，有利于产生新知识(Hatfield 等，1994；Ashforth 和 Humphrey，1995；Barsade，2002)；Simonton(1999)和 Amabile 等(2005)也指出情感活动能扩大新知识获取(认知活动)的深度与广度。Ori Brafman 和 Rod Beckstrom 在《海星模式》一书中也指出：

> 只有在组织中情感联系的作用下才走到集体讨论策略的阶段，而大多数分权组织中都存在着这种情感纽带，使人们愿意分享自己所具有的知识、为所在群体所共享，进而能够让分权化的组织形成集体智能。

在基于成员间共同的兴趣爱好或情感需求自发凝聚而成的非正式组织中，成员在一致性情感作用下将表现出知识分享、资源共享行为倾向，能够实现集体讨论、共享智慧，充分发挥组织的集体智能，进而有利于形成集体性认知一致性。基于情感逻辑的非正式组织活动有利于不断开拓组织认知域，促使组织捕捉发展机会和成长空间。

情感理论认为(Barsade，2002；Amabile 等，2005)，情感逻辑是以主观感受状态为依据，自发性或自愿性地迅速作出判断，并立即付之行动。Jon R. Katzenbach 和 Zia Khan 的大量经验研究表明，非理性层面的情感和理性层面的推理活动同时影响着人们的态度和行为的形成，而且情感逻辑往往比理性的效率逻辑对员工态度及行为的影响更加有效。Barnard(1938)认为在组织系统中，组织中每一个个体的合作意愿不可缺少，有效完成组织目标不仅需要正式组织安排的角色内行为，还需依赖于员工良好的合作意愿，以及由此产生的自发性行为。这种合作意愿的存在不仅有利于组织目标的实现，而且具有维持组织的功能，因为正式组织安排不足以获得所需的所有贡献。合作意愿对正式组织是必不可少的条件，缺少合作意愿，正式组织将是一个松散的空壳。同样 Katz 和 Kahn(1966)认为，任何员工没有表现出自发的协作行为、完全受制于正式规定的组织都将失败，因为正式组织结构通过纵向的官僚科层制强加作用实现组织协调(Wenpin Tsai，2002)，而 Galbraith(1973)指出，组织中绝大部分行为都并不受制于纵向的科层制结构的作用。非正式组织则包含了个体自发自愿的协作模式(Wenpin Tsai，2002)，所以，Roethlisberger 和 Dichson(1939)认为非正式组织的存在是实现有效协作的必备的先决条件，更多的协作体现在非正式组织层面。因此，基于情感逻辑的非正式组织更能发挥组织行为的集体协同性。

综上所述，我们发现为促进商业化、规模化、标准化生产模式而设计的正式组织能够高效地处理简单、可预期的常规程序性的问题，而在组织内外部环境不断变化、新问题不断产生、需要企业作出迅速反应的组织环境中，非正式组织便开始发挥作用(David Krackhardt 和 Jeffrey R. Hanson，1933)。非正式组织克服了正式组织静态的程序化安排不能适应动态变化的不足，相对于正式组织机械式的计划—组织—领导—控制组织行为模式，基于情感逻辑的非正式组织能促进个体间情感、认知、行为的一致性以及三者之间的协同作用，有利于调动一致性集体情感，充分发挥集体性认知，形成集体协作的有机行为机制，进而激发组织创造力有效应对环境变化，促进组织演化发展。

10.2 研究设计

现有的对非正式组织的研究更多停留在单纯的理论和表象分析层面，没有从机理本质层面探索非正式组织的组织机制，因此不能有效指导实践。本研究试图从已发生的企业非正式组织实践活动过程中探索非正式组织的心智模式和行为机制，为此，本研究采用案例研究方法。非正式组织依靠情感逻辑进行非正式活动，由于非正式组织成员不可数、边界模糊、不易识别，要对现有正式组织中的非正式组织进行观察和调研具有一定的难度，为此，本研究采用单案例追踪研究，试图从事件链中分析事件情感和事件认知的逻辑线索（Weiss 和 Cropanzano，1996；Heisen，1991）。

企业战略化以非正式组织形式联系在一起：首先，企业战略化行为所面临的环境是高度不可以预测的、不稳定的；其次，战略化初期的参与者对彼此都非常了解；最后，企业战略化行为会不断地调整，以不同的方式应对突发的挑战；同时，在早期企业战略化行为参与者的价值观得到强烈的共享，也就是说，企业战略化的创业团队成员之间形成一致的价值，同时个人价值与企业战略化价值也是高度一致的。“非正式组织是正式组织产生的前奏，也是正式组织发展成熟后，推动正式组织走向瓦解的助推器”，也就是说，新商务代替旧商务，以及新商务形成阶段的非正式组织将会表现出相对更明显的非正式组织形式，将更有利于我们对非正式组织及非正式组织活动的观察调研。

本研究所选取的案例标准须满足以下条件（Eisenhardt 和 Graebner，2007）：一是所选取案例企业的非正式组织形式比较突出，非正式组织活动较为丰富，而处于创业初期的企业具有这些特征，同时具有多次连续创业经历的组织便于我们连续地了解其在每个创业过程中所涉及的非正式组织活动，更有利于探究非正式组织的组织模式与其内在机理，因此应该选取经历了多次连续创业的企业；二是所选取的企业战略实践活动年限满足 10 年（潘安成，2011）；三是所选取的企业近 10 年应该取得了显著业绩，这使本研究所获得的结果更具有说服力。

本研究旨在初步挖掘非正式组织的组织模式与其内在机理，及其对组织演化发展的影响，应用单一案例的优越性在于能更加深入地进行案例跟踪调研和演化分析（Buckley 等，2005），在某种程度上，单案例研究是一种提取和探索基于非正式组织的组织演进较为可靠的方法（Yin，1994）。基于上述标准，本研究选取某省旭日集团有限公司（以下简称“旭日公司”）为研究对象。旭日公司经历了 15 年的发展历程，起源于民营创业企业——旭日技术有限公司，先后经历了自主创业、收购并购等不断创业过程，现已成为一个跨大型自动化工程、工业在线检测分析仪表、数字化医疗设备、LED 照明产品、智能交通设计、建筑设计、矿产资源采选等领域的多元化高科技集团公司。公司发展非常迅速，无论是在其多次创业过程中还是现有的管理模式中都表现出明显的非正式组织色彩，可以说频繁的非正式组织活动推动了企业的快速发展。

本研究主要采用深度访谈的方式获取一手资料，我们于 2011 年 7 月和 9 月先后两次到公司进行实地观察和访谈，主要采用对员工言行观察访谈，以及与公司高层和其他相关人员深度访谈相结合的方法，提高数据完整性，有利于提高案例分析深度，并对所获数据进行必要的校验，以尽量保证数据客观性，对于一些相互矛盾的数据和资料进行了进一步核实，并且未经考证内容并不作为本案例分析的原始论据。

10.3 案例分析

（一）非正式组织构成要素

梅奥通过霍桑试验首先提出，所谓非正式组织就是指人们在日常工作和生活的互动中，以共同的兴趣爱好和利益为基础，以相互之间的情感寄托、情投意合为感情链接而建立起来的群体网络。学者们从行为科学、人际关系学、系统动力学及社会系统动力学等多个角度对非正式组织进行研究，但是至今对于非正式组织没有一个统一的定义，本研究希望在已有研究的理论指导下，以实际存在的一个非正式组织形成过程为切入点，通过案例分析，挖掘提取非正式组织的构成要素（见表 10-1）。

张总在访谈过程中提到企业发展过程中他所在的一个叫做“城市精英”的非正式组织。我们先从基本构成要素分析张总所在的城市精英组织。城市精英是一个典型的非正式组织，可以明确地识别出 5 个非正式组织要素。

表 10-1　旭日公司的非正式组织要素

前驱的交互平台	某大学校友会
情感纽带	基于校友情感和所在地区临近的地缘关系而形成共同的情感基础
人际网络关系	企业界人际网络关系
关键人物	张某（某设计院院长）和李某（某事业单位管理人员）（两人均是校友会成员）
情感依附活动	每月都要聚聚

（二）基于情感逻辑的非正式组织模式

在不确定性环境下，行为往往是由感情智能和认知能力的合力所驱动的，即行为的判断既存在以热情和喜好为中心的情感逻辑，同时也是以胜任力和效益为中心的认知推理逻辑(Casciaro 和 Lobo，2008)。由于非正式组织成员存在相互情感依附关系，在频繁的非正式交互活动过程中，个体认知互补性及其情感依附关系能够提升非正式组织集体性社会认知能力，将会产生更广泛和更可靠的非正式组织社会认知，充分开发组织内的潜在知识、能力、资源。旭日公司创始人主要是张总和李总，李总从事技术研发，张总负责市场开发，他们在文景辐射技术有限公司一起工作时相识，建立了跨功能部门的非正式联系。“当时企业管理是一塌糊涂”，正式组织中管理混乱，往往会给员工带来困扰，引起情感上的不满，于是转向非正式组织寻求帮助。在这种情况下，张总和李总在私下频繁的非正式交往过程中，因正式组织混乱的管理给他们情感、情绪上带来的共同困扰，逐渐孕育形成了两人对于发展事业的共同兴趣这种集体情感。在发展事业方面共同的兴趣与激情作用下，张总和李总“考虑出来创业”，即产生了情感依附性行为。

在发展事业这一共同情感基础的驱动下，张总和李总对自身所具备的技术、知识条件等，即“我们是谁”进行了分析。李总一直从事技术方面的工作，而张总则擅长市场方面的工作，从知识背景上形成互补优势。而从“我们知道什么”的角度，两人各自拥有多年的工作经历，积累了大量的经验和一定的资金基础。在“我们认识谁”的角度，李总和张总的社交圈互补，为公司的创立奠定了良好基础。在这个意义上，他们形成了“我们能做什么”的创业初始想法(见图 10-3)。张总回忆创业历程时说道：

“我俩(李总和张总)为核心，出来成立了第一个公司，就叫旭日技术有限公司。公司给我了一个目标(还是我们自己人提出的)，完了说给这个部门事业部管理。但是事业部管理给了我什么约束、给我什么权力我都感受不到。给我的感觉就是，我要争取完成，压力很大。我要争取完成 5000 万的签约额度，但是光签约不行，还要做啊(内化目标)。”

1996 年，张总和李总开始组织团队，包括现任财务部长汪某和银洋副总经理刘某在内的第一批成员进入公司，之后又从社会招聘补充了一些成员。知识背景和专业领域互补的情况使得即使没有正式的公司规定，每个人都根据自身对工作的理解开展着自己的工作。旭日公司在早期非正式组织形式下，形成了如下粗略的分工：张总主抓市场；李总负责公司技术运营，包括软件、电子所有的技术类、工程类、供应、采购、研发等工作；汪某管理财务。整个公司不到 10 个人，在租用的房间中开始了以冶金矿山自动化为主要业务的技术开发。

公司从创立开始，业绩便非常好，公司 10 多年间发展迅速：1996 年年利润 80 余万；1997 年组织规模扩大到"包括仓库保管员之类一共 20 人左右，盈利大概在 300 多万"；1998 年又招募毕业生 30 余人。从 1995 年到 2005 年这 10 年间，旭日公司基本上是稳步增长，办公区从一层楼发展为整栋楼。2000 年，旭日公司建起了自己的办公楼；2005 年，公司产值达到了 8000 万，盈利 1300 多万。

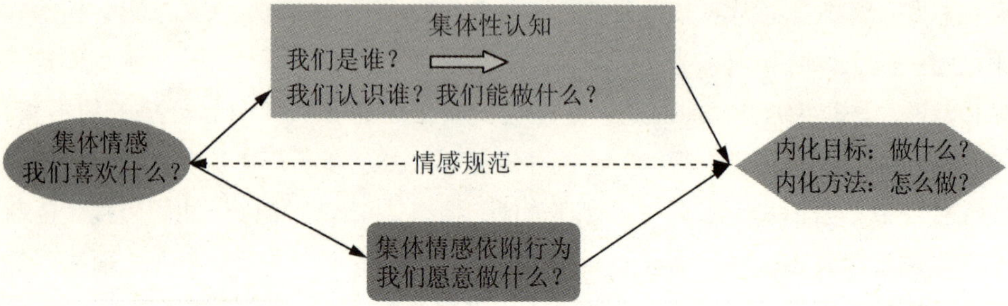

图 10-3　组织情感与非正式组织

非正式组织的行为模式主要遵循情感逻辑，在共同兴趣和激情的集体情感驱动下，非正式组织成员之间产生情感依附行为，并在非正式交互过程中，在不同成员间的认知互补性的基础上，充分开发组织内潜在的知识、能力和资源，产生集体性认知。集体性认知和集体情感依附行为进一步促使非正式组织成员明确自己在这个非正式组织中应该做什么和怎么做。因此，非正式组织基于情感逻辑的组织模式有利于内化目标的形成和内化行为方法的产生。

（三）非正式组织模式

情感分为个体和组织两个层次，前者强调人际共通的主观感受状态，强调在组织语境中不同个体之间所共享的集体性主观感受状态（Callahan 和 McCollum，2002）。人际间情感包含了迅速的情感反应，不需要亲密的、强烈的和深度的相互作用，个体情感所支撑的潜意识和自动的组织活动往往会孕育出组织集体情感（Hatfield 等，1994；Barsade，2002）。原本强调个体兴趣和主观感受状态的个人情感，构成了非正式组织成员间所共享的集体性情感状态，这种超越个人情感的集体性情感往往表现为强烈一致性。公司成立之初，组建了矿山事业部，由于缺乏人手，常常是李总自己处理事务。李总在讲述公司演化过程时说道：

"原来我们只产矿，这些矿，如果光产下来卖掉就只挣一个低级的利润，一个初级利润，为了把这个利润扩大，我们就把后续的加工做起来了，同时建了选矿厂（旭日公司主要做冶金矿山自动化）。……开始组建就是 20 多个人，就是这么一个矿山事业部。这个队伍本来是从公司各个部门抽出来的，在各个部门都不是起主导作用的人，咱不说是最差的，但起码这些人是可有可无的。把这些人给划到矿山事业部，经过整合以后，当时部门士气也是全公司最强的，我认为是最有战斗力的，不管咱们是工作，是喝酒，是玩，包括打篮球，这个团队把团队意识建立得非常好。”

可见，在非正式组织中，由于成员关系是建立在个人情感连接基础上的，因此会自发地、无意识地进行一些组织活动，从而有意无意地孕育出不同成员之间所共享的集体性主观感受，自发地表现出一致性。因此，具有共同情感联系的个体更容易形成一致的组织情感。

情感是一种连接感觉和认知之间的主观渠道，在创造性解决问题过程中，情感强烈地调节和影响认知能力，不仅可以扩大认知活动的范围，而且可以大幅度地改变知识的来源地。在非正式组织层面的交往互动过程中，个体形成了相似的情感状态。从个体层面来说，这种共同情感联系下的人际情感能够提升个体的认知能力，充分调动开发个体认知；而在组织层面，共同的情感联系促进了组织成员个体间收敛的共享性集体认知的产生。回忆创业之初的企业工作模式时，李总说道：

“晚上吃完晚饭之后我们就开会，开会就是讨论今天出现的问题，出现问题就做调解，第二天的计划也都是头天晚上做的，然后第二天一早这个计划一式两份，因为我当时同时建两个厂，那两个厂都是当时在当地民营选厂里规模最大的，这俩厂同步干。刘厂长在外面大厂请了老工程师，我们三个人把这个厂子给设计出来了，就是从流程、设备选型、工艺，整个在老黄的小卖店里，只用了三天时间，两个厂子的蓝图就弄出来了。然后就按照这个思路，速度非常惊人。”

可见，在非正式组织的交互活动过程中，共同的情感联系不仅可以激发个体思维发散性，深度发掘个体认知，而且有利于成员之间在认知上达成一致。因此，联系个体间的情感纽带可以促进集体认知一致性的形成。

在非正式组织内部，没有制度和规范来强行约束组织成员的行为，非正式组织成员可以根据自己的喜好、意愿来决定自己的行为，这种完全自发的行为模式看似将导致非正式组织的混乱无序，但是非正式组织成员间具有的共同情感诉求会对个体行为产生约束作用，使其自发的行为都将以丰富或提高组织成员共同的情感体验为导向，使非正式组织成员表现出一致的情感依附性行为。情感强调实现特定目标的动机，使个体更专注于与目标相关的信息筛选，促进目标导向的自发行为。而集体情感能促进成员形成一致的行为倾向和共同的行为驱动力，有利于在实现集体目标过程中形成协调一致的行为模式。正如李总叙述：

“在矿山发展形势非常好的背景下，因为要把它变成利润，那当时矿山这些人都拼了命了，当年这种干劲儿是非常足的。”（非正式组织中的情感纽带所起的核心作用）

“我领这些人干的时候，咱不说是玩命干，但没有一天是我停过工的，白天整个施工，不管天上是否下大暴雨。大暴雨的时候，我那有不少人不是我矿山部的，从公司抽的小孩儿，抽一些年轻的到那去干，那些小孩儿都是顶着大雨在那干，都是装卸、安设备，最惨的惨到什么程度，现场一下雨，地特别泥泞，我们那儿的好多工人都是一丝不挂在那儿干，场面非常感人。”

可见，建立在共同情感联系基础上的个体之间更容易形成一致的组织情感和认知，共同的情感诉求促使个体自发地以基于共同情感状态的集体目标为行动导向，促使组织成员在实现集体目标的过程中，自主、自发地形成一致的行为倾向和行为模式。因此，情感纽带形成的组织情感有利于组织产生一致性的企业战略化行为。

矿山发展迅速，2005 年 7 月一选厂转车，10 月二选厂转车，2006 年基本上达到满负荷运作状态，每个选厂都达到 20 万吨铁精粉的生产规模。同时，公司又在邻近地区收购、并购一些企业，矿山企业逐渐发展到 10 家左右的规模，公司达到每年近 50 万吨铁金粉的生产量。回忆公司的发展历程时，张总总结道：

“2005 年春天，我们这山区化冻较晚，化冻时候都快五一了，快五一的时候施工，7 月份转车，速度是非常快的，速度比民营企业还要快。国有企业必须得一步一个脚印，走一步办完一个手续，做一部分工作，我们就是两条线同时做。对于民营企业正式组织来说，具有相对稳定的工作流程等程序化的规范，而处于探索阶段的矿山私企的非正式组织形式，跨越了制度上和程序上的限制，灵活地作出反应，发展特别快。”

企业战略化过程是面向不确定的、未知的市场谋求生存空间，而针对商业化、规模化、标准化生产模式而设计的正式组织，则完全采用机械式的“计划—组织—领导—控制”组织行为模式。在处理简单、可预期的问题时可能是有效的，但却无法有效应对瞬息万变的市场环境和由此产生的突发问题。在企业面临的市场环境不断变化和由此带来的很多意料之外的问题时，建立在个体情感连接基础上的非正式组织通过自发、自愿性的组织活动，更容易形成一致的组织情感，并表现出知识分享、资源共享行为倾向，充分发挥组织的集体智能，进而促进一致性集体认知的达成。共同的情感诉求促使个体自发地以基于组织成员共同的情感状态的集体目标为行动导向，不断开拓组织认知域，促使组织捕捉发展机会和成长空间，进而促进企业的持续成长。因此，非正式组织中情感、认知、行为一致性促进企业战略化发展。综上所述，我们可以得出如图 10-4 所示的企业战略化的非正式组织的行为机制。

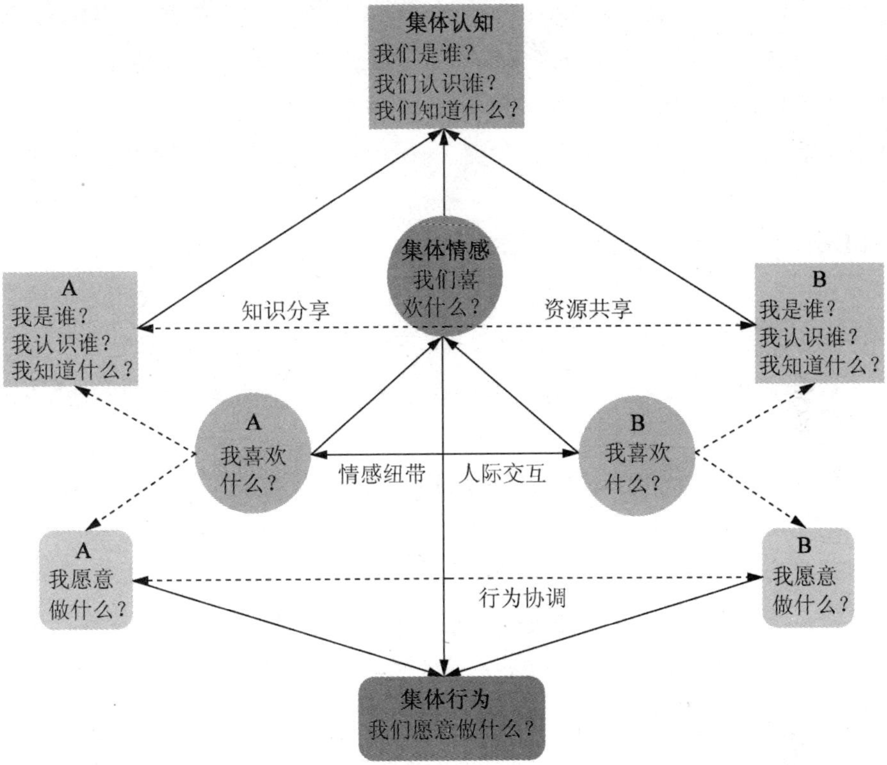

图 10-4 非正式组织的情感、认知、行为一致性关系

（四）非正式组织与企业战略化

旭日公司的社会性活动始终与情感紧密联系在一起。Hareli 等(2008)认为，组织情感更容易产生包容性和顺从性的社会选择，促进和主导组织变革和战略化行为的进程，并直接影响着组织化行为和判断(Forgas 和 George，2001)。这种情感关系可以是战略化行为过程中不可或缺的和潜在的资源拼凑的组织化线索。

银海控股过程(校友情感依附)

“‘城市精英’组织这些人就经常在一起聚，经常聚就谈到这个企业在一起合作的事情。因为张院长那地方最大的问题就是留不住人，而大家都认为旭日公司能留住人，后来就勾起这个话题了，勾起这个话题就是能不能一起做，所以我们对收购银海就有想法了，所以我回来和张经理说，张经理也特别感兴趣，我们就准备控股银海。”

银洋创业过程(前工作单位的情感依恋)

“我原来所在的单位……我认为这个单位非常好、非常优秀(情感反应)。它的业务主要是交通，高速公路这个方向，我认为它的前景是非常好的(认知反应)，所以我就想把这个企业收购了。因为我对这个企业特别了解，我在里面工作过5年，是我毕业后工作的第一个单位。(情感反应)那么当时就定下来。”

LED(曾经工作经历中建立的情感联系)

“LED最早是在文景辐射技术有限公司这家韩资企业工作的过程中，通过开发区的一个韩国企业接触了解到的。LED这块是非常有前途、非常有发展空间的。然后通过与这家企业一起到韩国考察。鉴于李社长的企业能解决LED成本和散热这两个核心问题，就选择这家企业成立了LED业务的合资企业。”

医疗创业过程(个人兴趣的情感依附)

“张总经理对数字化医疗这个方向一直很感兴趣(通过情感依附性，探索未知组织知识)，从2002年开始，就提出来要做PAT。2009年，省里倡议在我市做仪表园，要大力扶持仪器仪表这个项目，我们觉得这个时机比较合适，就成立了一个分公司，就叫旭日医疗电子(非正式组织中的非正式关系提供物质、关系资源支持)。”

所以，由于非正式组织成员之间的关系是建立在个人情感基础上的，个体情感支撑的潜意识和自发地组织活动有利于成员之间形成稳定一致的集体情感，情感影响个体的隐性决策行为，从而可能影响未来组织活动中的决策和行为，并提供关系资源支持。因此，非正式组织活动促进成员之间稳定、可靠的组织情感一致性产生，为企业战略化提供情感依附线索。

组织情感是指组织成员所共享的集体性感情状态，根据成员之间关系所界定的组织身份形成了这种收敛的集体性情感，建立在情感基础上的集体性认知是创业者在社会关系背景下发现和利用机会的技能。组织情感强烈地调节和影响认知能力，不仅可以扩大认知活动的范围，而且可以大幅度地改变组织知识的来源地。企业战略化路径的选择和新创企业组织模式的改进和转变往往是由集体性认知能力所决定的。集体性认知主要体现在创业者在创业过程中的学习能力以及对社会关系的利用。只有在存在情感纽带的条件下，相互之间才会走到集体讨论策略阶段。因此，在共同的非正式组织情感纽带作用下，非正式组织活动集体讨论过程所产生的集体认知有利于发现组织无意识的无知领域，也就是说，创业者所在的非正式组织基于共同的组织情感进行的集体认知活动能帮助其发现潜在创业机会。

在旭日集团持续创业的历程中，有多次战略化机会认知都是由其非正式组织成员集体讨论中发现形成的，正如李总回忆中所讲：

“2003 年非典期间就研究了一个事儿，就是国家的能源、资源会越来越紧张。那时候喝酒的时候，大家讨论做什么买卖，就认为‘国家未来就是资源和能源，肯定会热’。于是就买了 3 个矿，当时矿山成本很低，几百万就可以买一个很大规模的矿山。但是从 2003 年我们介入矿山大概不到半年，这矿山就‘唰’地一下红火起来了，人家开价就是 2 个亿。”

“房地产介入是在 2008 年，我晚上和朋友们喝茶，了解到好多人开始在我们市新区圈地、买地。这个事儿我知道后，我就和张经理说，我说咱们赶快买地……买完之后从 18 万/亩涨到 28 万/亩，现在都涨了几倍了。”

Penrose(1959)认为，企业成长是由业务增长引起的企业组织自主扩展演化过程，组织扩展及其阶段演替与识别发现企业投资和成长机会密切相关。组织中集体知识、资源的累积性增长，能够基于这些更新增长的知识存量和生产性资源，增强对组织内外部环境的集体性认知能力和水平，进而引起组织集体性认知的变化，实现对组织发展前景的重新判断，有利于识别和发现新的创业和发展机会。也就是说，组织集体性认知水平和能力的改善会导致组织中可利用资源的增多和组织资源利用能力的增强，而组织中可用资源的增多有利于组织进入新的技术、市场领域，同时资源利用能力的增强必然会带来新技术、市场领域的发展与增长，不断地“干中学”促进了企业成长。

通过后期矿山以及房地产市场的变化来看，矿山方面，当初几百万就可以买一个很大规模的矿山，而在之后半年其市场价值就上涨到 2 亿；房地产方面，买完土地之后土地价格从 18 万/亩涨到 28 万/亩，到现在都涨了几倍。这都充分说明非正式组织活动由非正式集体性认知而形成的创业认知表现出应对环境的预见性和对环境变化的适应性。

拥有不同经历背景、不同专业领域知识的个体，基于共同的兴趣爱好、情感纽带而成为非正式组织成员。建立在情感纽带基础上的非正式组织成员之间更容易表现出知识共享、信息传递和资源支持等行为，从而使成员能够获得通过正式组织渠道所无法接触到的信息、知识、资源等支持，进而在通过非正式组织活动、利用社会关系发现组织无意识的未知领域，识别和利用创业或发展机会。因此，非正式组织活动能够提升集体性认知水平，增强对未知环境的认知能力，进而有利于发现和利用战略化机会。

创业者在草根创业阶段，通过“我(们)认识谁”的身份逻辑分析(详见第十二章)，掌握自身人际资源，将对创业活动有利的人作为合作者吸收到组织中，从而提高了组织创业能力。不同的合作者为创业组织提供不同的资源、信息和技能的同时，也影响着企业的发展方向，塑造了战略化组织模式。创业者的集体性认知主要体现在创业者在创业过程中的学习能力以及对社会关系的利用。旭日公司的战略化组织发展始终基于不断学习与建立新的合作伙伴关系基础之上。在旭日公司集团各创业阶段都体现着非正式组织的影响作用(如表 10-2 所示)。

表 10-2　情感纽带对组织内潜在知识的开发

组织演化	情感纽带	情感依附行为
旭日技术	所在企业管理混乱，考虑出来共同创业的情感倾向	技术方面学习自动化 读 EMBA、看书学管理 充分利用以前工作积累的经验、人脉和资金形成创业认知和创业基础
矿山	创业激情和兴趣	通过学习钢铁厂的工人操作手册，读冶金教科书、选矿学，由初级到高级学习地质、采矿
银海	基于校友情感	分享企业管理知识经验
银洋	对工作过的企业的情感依恋	根据在银洋的工作经历，形成对该企业的了解以发现创业机会，形成创业认知 利用在银洋工作过程中建立的非正式人际网络关系收购银洋
LED	创业激情和兴趣	利用在韩资企业工作过程中建立的非正式人际关系发现和利用创业机会
房地产	创业激情和兴趣	利用政府关系买地 通过看书和网上资料学习房地产施工相关知识
医疗	对数字医疗这个方向感兴趣	利用政府对仪器仪表项目支持

10.4　讨论和结论

与西方管理学注重理性经济人的理论假设完全不同，中国社会更多地强调情理相容和通情达理的人情关系准则(杨国枢，2004)。在中国情理社会背景下，强调“合情合理”和“通情达理”的情感主导逻辑的行为模式也使得中国企业更多一份人情味。也就是说，中国企业中的非正式组织影响往往是十分明显的(翟学伟，2008；潘安成，2011)。本章通过对旭日集团15年间战略化行为的探究，发现，非正式组织是企业战略化行为的基础，组织情感不仅形成非正式组织的纽带，也是引导企业战略化行为的风向标。

非正式组织和正式组织作为组织的不同形式同时存在。正式组织中，组织成员的需求存在多样性，个人需求与组织需求之间并不完全一致，于是成员将会寻求另一种形式来满足正式组织未能满足的需求。所以，非正式组织的根源在于正式组织永远无法完全满足、包容个人的目标、需要和个性追求，个人未被满足的需要正是非正式组织形成的初始诱因。更重要的是，正式组织为人们提供了一个共同工作交往的空间和平台。由于正式关系提供的机会具有偶然性，而非正式关系富有效率、灵活性，所以人们倾向于将正式关系向非正式关系转化(宝贡敏、余红剑，2005)。正式的工作流程和业务关系为人们发现或者建立非正式联系，结识情投意合、志同道合的朋友创造了机会。所以，非正式组织依赖于正式组织而存在，正式组织是非正式组织形成的前驱平台。

正式组织为了有效实现组织目标，需要经过人为的筹划和设计，因此它带有明确的管理者意图和价值取向，遵循效率逻辑；而非正式组织是因成员情感和心理需要的感性而产生的，遵循情感逻辑。非正式组织满足了正式组织未能充分满足成员心理和情感方面的需求，通过成员间共同的兴趣爱好或禀赋关系将这部分人紧密联系到一起。非正式组织生成的原因是组织成员的某些禀赋关系或某种情感倾向(李颂，2005)，基于成员间共同的兴趣爱好或情感需求形成的情感是非正式组织存在的基础。在日常生活工作过程中，个体之间共同的兴趣爱好等情感倾向，或相同的血缘、地缘等禀赋关系，表现为相互之间情感寄托或情投意合的情感联系。这些基于兴趣爱好或禀赋关系形成共同情感的人将会自然地团结在一起。因此，非正式组织是人们在日常生活和工作交往互动中基于共同的情感纽带自发自愿形成的。

非正式人际关系包括在工作过程中与同事、客户等利益相关者建立的私交关系，以及与工作相关的亲缘、地缘、同学、战友等禀赋关系。这些不同经历背景、不同专业领域、隶属于不同组织的个体，基于情感纽带紧密联系在一起，成为非正式组织成员。同时，这些建立于正式工作契约关系之外的跨专业、跨部门、跨组织边界的非正式人际网络，构成了非正式组织关系的基础。人与人之间非正式人际网络关系可能基于知识共享、信任、信息沟通、资源传递而形成。在非正式活动层面，人们往往会跳过正式的沟通渠道向这些私人的非正式人际网络寻求意见和帮助，这些非正式的人际网络也就成为非正式组织中传递信息、资源、知识的神经网络，不断从技术知识支持、信息沟通、资源传递等方面提供其所需的能量支持。

虽然非正式组织是在个体之间共同的情感纽带作用下自发形成的，但是在日常的工作生活过程中，特别是在正式组织体系中，人与人之间共同的情感联系并不能直接体现出来，而需要一些具有广泛社会联系、善于在熟人之间建立新联系的关键人物发现这种共同的情感纽带，并建立他们之间的联系，形成基于他们共有的兴趣爱好或情感基础的非正式组织。在非正式组织运行过程中，同样需要一些对共同喜好的事物具有强烈的热情的人，能积极投身于共同情感依托的集体性行为活动当中，并以其强烈的情感感染力带动其他成员或者吸引新的情投意合的人加入，这样所形成的非正式组织才不会因过度松散而解散，使非正式组织能够持续存在并发展。但这些对非正式组织的形成和维持具有重要作用的关键人物不同于正式组织中的 CEO，CEO 居于公司权力结构的顶端，通过理性的指令掌控一切，而非正式组织中的关键人物以同事、朋友的身份和成员平等互动，依靠情商将情感纽带纳入组织中，通过示范来影响其他成员，形成启发人们思想的协作方式，充分信任其他成员，放手让他们从事自己所热爱的事物。

情感是一种连接感觉和认知的主观渠道，在创造性解决问题的过程中，情感强烈地调节和影响认知能力，不仅可以扩大认知活动的范围，而且可以大幅度地改变知识的来源地。联系个体的情感纽带有利于激活非正式组织成员的潜在资源和完全开发组织内的潜在知识，为开拓组织无知领域提供能力基础；基于非正式组织共同情感形成的集体认知表现出对市场的预见性和对环境变化的适应性，集体认知能不断探索组织无知领域，为企业改变认知模式、进行持续创业提供原动力；同时，在共同的情感和集体认知作用下，个体依附于情感的自主学习、拼凑等自发行为具有集体协调一致性，能够实现对组织未知领域的有效开拓。

通过案例研究我们发现，非正式组织中具有共同情感联系的个体更容易形成一致的组织情感；而注重基于这种一致性情感的非正式关系维系的非正式组织成员将会表现出极强的共享性社会认知能力。一方面，个体在共同的组织情感作用下有利于激活其潜在资源或完全开发组织内的潜在知识；另一方面，非正式组织所形成的共同的组织情感，能提高集体认知能力，有利于形成收敛的共享性集体认知；进一步，在共同的组织情感和集体性认知的调节作用下，个体自发行为表现出强烈的协同一致性。工作团队协同行动在成员的情感、认知、行为都能够协调一致时才能实现，因此非正式组织基于情感逻辑的情感—认知—行为组织模式，保持其组织成员情感、认知、行为的协调一致性，有利于提高企业战略化绩效(见图 10-5)。

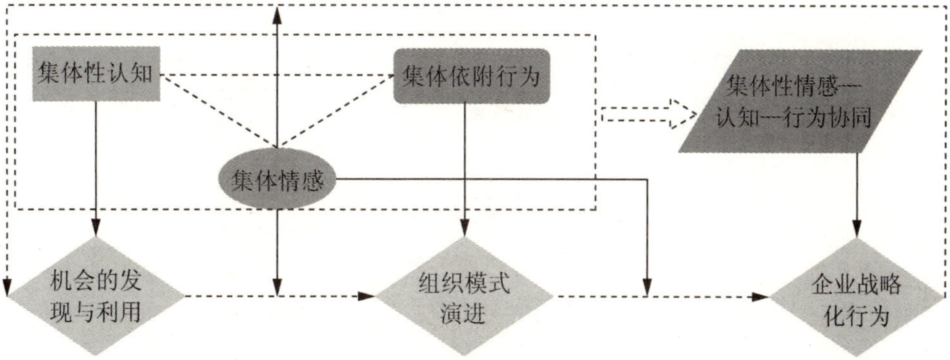

图 10-5　非正式组织与企业战略化行为

正式组织强调理性与效率，非正式组织遵循情感逻辑，这两种逻辑的共同存在所主导的战略选择与组织能力之间的协同演化是企业战略化行为的重要形式，也形成了企业战略化的组织形态。本文通过对旭日公司多年连续创业历程中所涉及的非正式组织及其组织活动分析，在已有研究的基础上，从微观层面挖掘非正式组织的构成要素，探讨非正式组织基于情感逻辑的组织模式的形成过程及其机理；同时，从组织发展与演化的角度，在宏观层面分析非正式组织活动对组织发展演化的影响。研究表明，非正式组织中联系个体间的情感纽带，基于情感逻辑能促进个体间情感、认知、行为一致性以及情感—认知—行为三者之间的协同作用，有利于调动一致性集体情感，充分发挥集体性认知，形成集体协作的有机行为机制，进而促进企业战略化行为发展。

第十一章

中国企业战略化行为：动态能力视角

知忘是非，心之适也；不内变，不外从，事会之适也。

《庄子》

英特尔公司的微处理器并不总是性能最好、速度最快的，但是英特尔公司通过使用比竞争对手抢先一步生产出速度更快、体积更小微处理器的战略，把许多竞争对手远远抛在了后面。曾任职于英特尔公司的高级行销主管和副总裁 Davidow(1992)认为，只有不断创造新产品，及时淘汰老产品，做到第一个开发出新一代产品，第一个淘汰自己现有产品，企业才能在市场中总是占据主导地位。如果被动地以第二或者第三家企业的身份将新产品推进市场，那么获得的利益远不如作为冒险者的第一家企业获得的利益，因为市场的第一代产品能够自动获得 50%的市场份额。Cusumano 和 Selby 在 *Microsoft Secrets* 一书中指出，不断改进新产品、定期淘汰旧产品是微软成功的主要秘密之一。沿着英特尔和微软成功的逻辑，可以看出，企业要想持续健康地成长，保持长久不衰，就必须在不断地进行知识创新的同时，勇于摒弃旧知识和过时的能力。既然企业创业活动与组织知识的新陈代谢密切相关，那么，这就引发我们进一步思考：摒弃这些误导性和过时的知识能力(组织忘记)会如何影响新知识的消化与吸收？又怎样诱导和促进企业创业活动，或者增强企业战略化行为能力？

在知识经济时代，企业是一个依赖于组织记忆变化的知识演进系统，企业战略化行为活动是通过不断改变组织记忆系统中的知识构成所产生的动态能力来实现的(Bahardwaj 等，2006)。近年来，探索公司战略化活动中企业动态能力的形成机理越来越成为战略研究的热点。组织学习理论着重从新知识的引入和有效利用角度，指出，新知识的探索和现有知识的利用可以增强企业动态能力(March，1991；Teece 等，1997)。然而，对于成熟企业的二次创业来说，组织学习并不总是增强适应力的(Levitt 和 March，1988)，组织可能正确地学习了过时或无用的知识(Huber，

1991)，从而使组织学习曲线加速地进入“高原效应”（plateau effect)阶段(Argote，1999)，导致“学习近视”和“组织惰性”（Levinthal 和 March，1993)。因而，组织学习只是形成和促进企业创业活动的必要而非充分条件。另一方面，组织再学习是公司创业中组织知识的搜寻与积累过程，而作为非理性的情感反应(Bless 和 Fiedler，1995)，忘记是组织知识的忘却和丢失，并产生新知识激活或组合的潜意识过程，所以，组织忘记和再学习是改变组织知识活动的行为共同体。Herdberg(1981)指出，组织学习必然伴随着组织忘记，并且也离不开组织忘记；在有效的知识演化过程中，组织忘记与再学习对于改变组织记忆系统是一个互补的过程(Markovitch 和 Scott，1988；De Holan 和 Phillips，2004)。同时，组织忘记与再学习构成了企业战略化行为的新陈代谢动力机制，两者是相互独立的活动(Bailey，1989)；特别地，对于企业二次创业活动来说，组织忘记起着基础性支撑作用(Ghemawat，2003)。因此，从理论分析来看(Covin 和 Slevin，1991)，企业战略化活动必然是组织忘记和组织再学习共同作用的产物。

然而，在许多情况下，企业战略化失败是由于没有进行组织忘记，一些没有彻底成功是因为没有充分地忘记，导致回到过去(Mariotti，1999)；大多数学者忽视了或者低估了组织忘记对企业战略化活动中组织再学习的显著作用(Shafer 等，2001)。所以，从组织忘记视角探索企业动态能力的形成机理不仅可以进一步推进组织学习理论的发展，而且可以深入和系统地发现组织变革中知识演化的有效机制，这对正处于转型期的中国企业战略化活动更具有指导意义。为此，本章接下来首先梳理相关文献，其次剖析组织记忆与动态能力，然后通过模型构建分析企业战略化活动中动态能力的内在机理，再然后运用格兰仕案例进一步论证，最后给出结论并讨论本研究的创新之处、局限性及未来研究方向。

11.1　文献回顾

在企业战略化行为的过程中，动态能力是实现企业战略化活动的基础，不断引导和推进企业朝着适合于组织演化和发展的适应性景观迈进。Teece 等(1997)通过分析技术快速变革的私营企业的价值创造，提出了动态能力的概念；他们认为，动态能力是指创造获取竞争优势新模式的能力，企业动态能力产生于特定的知识资源和独特的协调与组合过程，其演化路径具有内在一致性。Eisenhardt 和 Martin(2000)认为，动态能力是一簇具体的和可以识别的过程，如产品开发技术、生产管理能力和市场营销策略等；在稳定市场环境下，动态能力往往表现为组织常规，而在急剧变化环境下，动态能力只是表现出简单高度的试验性和脆弱过程，往往带来不可预测的结果。Zollo 和 Winter(2002)指出，动态能力是一种熟悉和稳定的集体性行动，可以系统性地产生和改进运作性常规；Winter(2003)指出，动态能力是用来拓展、改进或创造企业短期谋生的能力；在组织认知层面上(Mitchell 等，2002)，公司创业中动态能力是改变能力的能力，是一种创业模式的生成能力。因此，动态能力是企业系统地改变组织记忆，如创造、吸收、消化、遗失和忘却等组织活动，重构与整合组织知识，以达到内外环境的适配。例如，O'Reilly 和 Tushman(2007)认为，不断地在探索性与开发性知识活动之间寻求平衡和转换可以产生动态能力。

公司战略化实际上是企业将组织记忆系统先从启动战略方案制订的知识开发(exploitation)向战略方案选择的知识“探索”(exploration)进行转化，再从战略实施的组织社会化的知识“探索”向社会化组织行为的知识开发进行系统转变。从组织认知理论发展而来的组织记忆理论认为，企业实际上是一个有利于信息获取、存储和利用的知识系统。例如，Day(1994)、Moorman 和 Miner(1997)把组织记忆定义为组织所拥有的集体性信念、行为常规、规则和程序及物质资源等方面。Walsh 和 Ungson(1991)进一步指出，组织记忆是指包括所拥有的设施及其相关的信息和影响的结构，以及信息获取的再利用的过程，是从组织历史中所沉淀下来的知识域。他们认为，组织记忆往往成为组织学习的障碍，组织忘记和再学习是提升组织参照系①(organizational frame of reference)的最有效途径。从企业创业活动来看，组织记忆是不断演变的过程，组织记忆系统是一个知识演化系统。Moorman 和 Miner(1998)把组织记忆划分为程序性记忆(procedural memory)和陈述性记忆(declarative memory)，两者互补性的相互作用可以调整组织知识创新节律，并且，生成性试验和开发高层次的学习能力可以塑造新的组织记忆系统。Anand 等(1998)指出，随着组织记忆系统演变，组织忘记和再学习在不断地改变企业所依存的情境，并再造组织记忆系统。因此，组织记忆系统的改变是使动态能力保持前后连贯性变化的组织认知模式(Moorman 和 Miner，1998)；组织忘记和再学习改变企业战略化过程中的组织记忆系统，完成组织知识的新陈代谢，激发企业活动和增强动态能力。

---

① 指用组织认知模式。

组织记忆系统的使用、误用、甚至滥用都与组织忘记和再学习行为紧密相关（Walsh 和 Ungson，1991）。组织记忆系统是企业以往已经理解的组织知识的积累与沉淀，为企业在二次创业过程中提供知识内容和方法。对于成熟企业来说，组织记忆系统是一个有限的记忆结构和认知状态，改变组织记忆系统必须首先释放现有组织记忆空间或提升组织认知模式，然后引入新的知识内容和方法，这样才能在动态环境下增强组织适应力。在组织变革和战略转型过程中，组织记忆系统一部分知识的内容和方法在组织情感状态发生变化时会迅速地过时或贬值，与此同时，企业也十分渴望引入新知识来应变和面对新的挑战。所以，组织忘记遵从组织情感逻辑，是一种无意识地偏离原认知空间的过程（Bless 和 Fiedler，1995）。

首先，Hedberg（1981）把扔弃过时性和误导性知识的过程界定为组织忘记，组织忘记就是“忘记所理解的”知识。Newstrom（1983）认为，组织忘记可降低和消除为组织再学习带来巨大障碍的知识内容和方法。Prahalad 和 Bettis（1986）进一步指出，组织忘记可以消除旧的逻辑和行为，忘却组织原有信念和方法（Starbuck，1996），从而为新的逻辑和行为让道。例如，Navarro 和 Moya（2005）通过对 139 家中小企业研究发现，忘却过程可以除去和改变组织知识域，拓宽知识域，使得新知识被接受成为可能；Akgun 等（2007）研究发现，企业为了进入新的知识域进行探索活动，首要是忘却创造规则和胜任力陷阱的信念和方法，组织忘却可以改变信念与常规相互作用的逻辑。Lei 等（1999）指出，组织忘却可以促进知识共享，而知识共享进一步促进了组织忘却，没有组织忘记的企业成长是不可持续的，没有组织忘记的公司创业是不可持续的。

其次，组织再学习和组织忘记可以更好地揭示企业战略化过程中组织知识演化的动力机制。组织再学习是目标结果与实际结果之间知识差距造成的，忘却则是认知模式（cognitive schema）与实际情境之间感知上的差距所造成的，这种情感逻辑不仅可以改变对原认知的主观依恋关系，而且会唤醒和激活处于非正式组织的知识结构。因而，忘记是唤起组织再学习和知识创新的主要因素之一，忘记是组织再学习的触发器（De Holan 和 Phillips，2004），忘记必须经常先于或至少同步于组织再学习（Pourdehnad 等，2006）。例如，Lewis（2000）指出，组织再学习要求使用、评论及破坏过去的理解和实践，以构建新的和更复杂的观点或知识体系。所以，在改变组织记忆系统过程中，组织再学习必然伴随着组织忘记，并且也离不开组织忘记（Herdberg，1981）。而且，与组织再学习一样，组织忘记对于改变知识演化方式同等重要（Choo 等，2007），作为情感反应的忘记战略是组织再学习的催化剂(Ghemawat，2003)；Garcia 等(2003)研究发现，组织知识在企业成功转型过程中存在双重推动机制，这就意味着改变组织记忆系统可以通过不同途径提高组织的知识创新能力。

本书的第四章和第六章研究表明，企业战略化行为是一个组织知识的演化和创新过程。改变组织知识演化方式，不仅包括吸收新知识的组织学习行为，而且也包括扔弃旧知识和冗余知识的组织忘记过程。对于企业战略化过程中组织变革行为来说，在一定程度上，组织忘记诱导组织更高层次的再学习行为的产生，改变组织知识演进系统需要组织再学习和忘记的双重努力，而企业战略化能力是在组织记忆系统转变过程中形成的。

11.2 企业战略化与组织知识活动

企业战略转型是以组织变革为基础，组织变革从根本上是组织记忆系统的更新过程，这种更新过程是一种组织范式转变的代际推进过程。在动态能力形成过程中，组织记忆系统转变就是破除旧的知识分布结构和知识演进路径，构建一套新的知识结构与演进体系(Zollo 和 Winter，2002)。对于成熟的企业来说，组织变革前的组织记忆系统充斥了原先的知识结构和演进方式，那么，动态能力产生首先就必须改变原先的组织认知模式，打碎原有的知识结构，扔弃一部分已过时或误导性的知识，从而为新知识引入预留存储空间(Prahalad 和 Bettis，1986)；其次，由于在组织变革期间，企业处于新旧记忆系统交替过程中，组织新旧范式处于共存状态，企业为了实现新旧范式的顺利交接，就必须改变组织行为方式，提升组织知识认知模式(Walsh 和 Ungson，1991)，从而为新的知识活动提供认知空间。因此，沿着寻找战略化组织演化和变革的路径，组织认知模式改变和提升产生了动态能力。

企业战略化理论认为(Stevenson 和 Jarillo，1990)，组织记忆是由陈述性记忆和程序性记忆构成的，前者是指分布于组织中的原理性知识(know-why)和信息性知识(know-what)，即存储在组织结构中的显性知识，而后者是指分布于组织常规中的技能性知识(know-how)，即存储在组织行为中的隐性知识。在企业战略化期间，企业所面对的外部环境发生了很大变化，这就使得原有的组织记忆系统难以适应环境变化的要求，也就是说，适应外部环境变化的知识内容和演进方式发生了根本性变革，原先组织记忆系统中的知识内容一夜之间变得过时和无用，而现有知识演进方式与外部环境变化路径也变得完全不一致。企业不得不剔除原有过时的知识以及不适当的演进方式，于是，企业扔弃这些知识过程中的组织忘记活动改变了组织记忆的深度和范围。然而，组织忘记活动本身却不能产生企业创业能力，那么，在企业创业过程中，组织忘记又是如何驱使动态能力形成的呢？在组织记忆系统转变期间，组织不会一下子扔弃一个想法的全部内容，也不会完全吸收新知识的所有内容（Campbell，1994；Cohen 和 Levinthal，1990），组织忘记和再学习对知识结构及其演化路径产生重要的影响（如图 11-1 所示）。一方面，企业首先转移组织注意力（Ocasio，1997），对现有记忆系统进行重新评估，扔弃一些原有已经过时的甚至有害的陈述性记忆，改变组织认知模式和现有知识结构，这时对剩下的知识进行重新组合和优化配置，产生新的商务模式和新的核心竞争力，如企业资产削减、剥离和清算行为正是利用了这种策略，是诱使动态能力产生和引导动态能力增强的战略性过程。另一方面，由于组织记忆系统是一个十分有限的资源，因此，改变组织记忆系统首先要释放组织记忆空间。企业通过对现有记忆系统进行再评估，发现一些组织知识活动已难以适应甚至阻碍了企业在新环境下的战略发展，迫切需要忘却这些误导性的程序性记忆（组织常规）（Hedberg，1981；Walsh 和 Ungson，1991），为新知识的消化和吸收提供更大的学习行为空间，以便迅速地引入新的组织学习行为（relearning），克服变革障碍，避免组织刚性，从而迅速提升组织认知模式。同时，由于组织忘记明显地受制于时间因素，所以，在动态能力形成过程中，组织再学习是以组织忘记为条件的（Hedberg，1981），组织忘记与组织学习之间的互补性协同演化促进创业能力生成。例如，企业扩张中的战略柔性形成、二面性（ambidextrous）的正式组织构建以及战略整合过程都是通过这些策略顺利实现企业战略化成长的（Tushman 等，2010）。

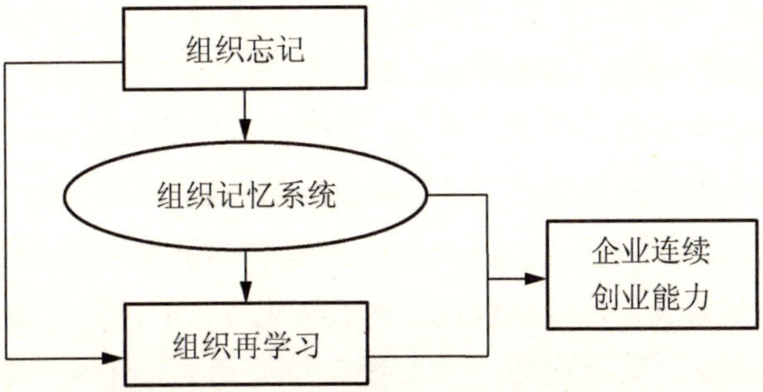

图 11-1　企业战略化能力的形成机理

因此，由于组织记忆存在不同的深度(显性和隐性知识)，组织忘记也就存在两种方式：一是对陈述性记忆的忘却，二是对程序性记忆的忘却。前者是通过改变组织记忆系统中知识结构，直接驱动着企业动态能力的形成；而后者则是通过改变组织记忆系统中知识演进行为，让道于组织再学习生成，在组织忘记和随后的组织学习之间不断相互作用基础上，提高新知识搜索速度和组织学习速率，进而连续性地推动企业战略化能力的开发。组织记忆系统转变是一个知识系统的演化过程，既然组织忘记是企业战略化能力形成的基础和充分条件，而组织再学习只是企业动态能力产生的必要条件，那么，组织忘记如何作用于组织知识系统？即促进动态能力产生的微观机理又是什么？

11.3 组织忘记对企业战略化行为的作用机理

企业战略化行为通常是一个复杂系统的问题(Heifet 等，2002)，其中，组织能力转变实际上是一种适应性智能活动(March，2006)，不仅涉及具有演化特征的可得性资源(Ahuja 和 Katila，2004)和改进核心能力的组织行为即企业搜索活动过程，而且也包括因战略选择带来的新机会能力的引入和旧资源能力的剥离；正是这些因素的互补性协同演化作用产生了具有复杂自适应性质的企业知识系统(Scott，2003；Argote，1999)。对于企业战略化行为而言，复杂性理论认为企业微观层面应该考虑运用自催化来有效解除组织现有的约束条件(例如，成本控制和技术改进)，而在宏观层面则要更多地考虑企业进一步成长所需要的机会和新资源(Axelrod 和 Cohen，2000；Stacey，2000)。企业战略化组织记忆系统是由不同的知识域及其演化行为构成的(Walsh 和 Ungson，1991)。组织行为是由特定的知识域中知识结构所形成的(March，1991)。

首先，改变组织陈述性记忆和增强企业动态能力之间存在正相关关系：提高组织对陈述性记忆的忘却能够降低企业动态能力，而增强组织的陈述性记忆的学习能力则可以提高企业动态能力。但是，改变组织陈述性记忆和企业动态能力形成之间存在负相关关系：提高组织对陈述性记忆的忘却能够提高企业动态能力形成的概率，而增强组织的程序性记忆的学习能力则可不利于企业动态能力的形成。例如，太阳微系统公司认识到只有不断淘汰自己的产品才能获得长远发展。为了加快自己淘汰旧产品的速度，太阳微系统公司采用了另一条与众不同的法则：一开发出新技术就马上转让给别人，以激励自己不断创新。考虑到竞争对手将很快掌握自己的最新技术，太阳微系统将以更大的动力、更快的速度创新以确保自己的优势地位。

因此，对于陈述性记忆变化来说，组织忘记尽管不利于企业动态能力增强，却有利于企业动态能力的形成；反之，组织学习尽管有利于企业动态能力增强，却不利于企业动态能力的形成。

其次，在企业动态能力形成和开发过程中，不同知识域之间的差异性程度对企业动态能力的影响表现为，组织记忆系统中不同知识域之间的差异性程度与企业动态能力增强之间存在正相关关系：这些知识域之间差异性程度越高，企业动态能力就会得到不断增强；反之，企业动态能力也就逐渐减弱。此外，组织记忆系统中不同知识域之间的差异性程度与企业动态能力形成之间存在负相关关系：这些知识活动之间差异性程度越高，就越不利于企业动态能力形成，而这种差异性程度越大则企业动态能力形成概率也就逐渐增大。正如 Hampden-Tumer 和 Trompenaars（1997）指出，为了抢占主导地位，创造财富，第一个增值过程就是制定规则和发现例外。

因此，在组织记忆系统改变过程中，在程序性记忆不变的情况下，不同知识域之间差异性程度越大，就越有利于企业动态能力增强，反而越不利于企业动态能力形成；但是，不同知识域之间差异性程度越小，就越有利于企业动态能力形成，反而越不利于企业动态能力增强。

最后，组织知识活动变化，即忘却组织程序性记忆变化对企业动态能力的影响表现为，组织知识活动方式对于动态能力的增强或减弱并不存在直接关系，由此可以得出，改变组织程序性记忆结构并不能对增强企业动态能力产生明显影响，这是因为忘却知识活动未必能够引入新的有利于动态能力增强的组织行为方式；同样的，组织通过技能性知识学习也不一定能增强企业动态能力。此外，知识活动对企业动态能力的形成产生明显的直接关系：随着时间变化，当组织程序性记忆越弱和忘记程度提高，即组织扔弃的技能性知识越多，则企业越难以形成动态能力；反之，在其他条件不变情况下，组织学习知识能力越强，则企业越容易形成动态能力。又因为组织忘记往往导致组织记忆系统中知识域之间的差异性减小，所以有利于企业动态能力形成。例如，Davidow 定律表明，企业如果要在市场上占据主导地位，必须第一个淘汰自己的产品，同时也须第一个开发出新一代产品，因为第一代产品能够自动获得 50%的市场份额。

因此，对于程序性记忆变化来说，组织忘记并不带来企业动态能力的增强。所以，在不影响企业动态能力增强前提下，组织忘记不利于企业动态能力的形成；在组织忘记的前提下，组织学习有利于企业动态能力的形成。

根据以上分析可以得到：组织忘记影响企业战略化行为的主要程序为：首先，通过对组织知识构成成分的忘记，促进企业动态能力的形成；由于组织记忆系统是一个有机体，所以组织忘记也为组织学习（再学习）（知识活动）行为腾出了空间（Prahalad 和 Bettis，1986）；其次，在组织再学习过程中，通过调整不同知识域之间的差异性程度，组织忘记进一步触发了企业动态能力的形成。组织忘记对企业战略化能力形成起着基础性作用，但对企业动态能力增强却没有直接联系，而组织学习对企业战略化能力增强起着至关重要的影响。

11.4 案例研究

11.4.1 组织记忆

组织记忆理论（Day，1994；Moorman 和 Miner，1997；1998；Walsh 和 Ungson，1991）指出，组织记忆系统是指分别存储在组织结构上的分布性知识，包括人力资源和物质资源等，以及存储在组织行为上的技能性知识，包括标准性运作程序、规章制度和组织常规等。因此，当这些载体或存储器发生变革时，必然导致组织忘记的发生；同时，由于组织记忆更多是一种组织认知状态（Moorman 和 Miner，1997；1998），所以，组织忘记和再学习不仅随着这些知识载体被替代或转移而产生，而且也随着企业战略化行为的重心转移（组织注意力转移）（Ocasio，1997）而产生（参见本书第十章的相关内容）。

11.4.2 资料来源和分析方法

格兰仕 30 年间战略化发展分别经历了产品代际推进和行业更迭的两种创业活动，期间包括从羽绒制品向毛纺品、从轻纺业向小家电业、从微波炉向光波炉再向空调业转型的战略化阶段，这些战略化活动造就了一个民营企业迅速跻身世界级企业的辉煌。通过本案例可以进一步清晰地揭示企业战略化能力形成与开发机理，从而论证和初步构建公司创业理论。

本案例所用到的资料主要来源于三个途径：一是格兰仕公司网站，二是一些专业期刊的报道和分析，三是一些报纸和电视媒体的相关报道和专业采访等。对于一些相互矛盾的数据和资料进行了进一步核实，并且未经考证内容并不作为本案例分析的原始论据。本部分综合运用扎根理论（grounded theory-building）（Eisenhardt，1989）、事件结构分析方法（event structure analysis）（Heisen，1991）和次序分析方法（sequence analysis）（Abbott，1995）对格兰仕公司进行案例分析。

11.4.3　格兰仕公司

格兰仕辉煌的背后，也经历着外界无法体会的阵痛，譬如组织结构的大幅变革、管理团队的震荡、经营思路的调整，此间格兰仕经营方略和商业模式也在悄悄地发生改变。格兰仕集团在过去的 30 年间所走的发展道路，是中国民营企业发展壮大的一个成功范例，从 1978 年梁庆德创办羽绒制品厂到 2007 年格兰仕集团销售收入达到 180 多亿，这是一条弃旧图新的不断创业之路。例如，“在涉足 13 年的微波炉行业中，连续 11 年保持中国市场销售量和市场份额占有的冠军，连续 8 年保持全球市场销售量和市场份额占有的冠军”（2006 年数据）。在这 30 年发展期间，格兰仕在从行业范围、组织、企业类型、市场发展等方面都经历了几个阶段(如表 11-1 所示)，同时，格兰仕在每个发展阶段都在围绕特定的知识域中的锚定效应，不断消减旧知识和积累新知识，为下一步战略转型形成和开发动态能力，从而完成组织顺利变革(如表 11-2 所示)。

表 11-1　格兰仕 1978—2007 年间成长历程

发展阶段	1978—1991	1992—1999	1999—2005	2006—2007
组织特征	权利导向	市场导向	多元化导向	品牌导向
企业类型	加工生产	生产	生产和研发	生产和研发
知识锚(anchors)	加工技术	生产管理技术	研发技术	全球化品牌运作能力
主要业务范围	羽绒制品	微波炉	微波炉、光波炉、空调、电饭煲、电风扇、空调等产品	光波空调、光波炉等高端家电产品
市场变化	供外贸单位出口	国内市场	从国内到国外市场	全球化市场

第一次战略转型：从以羽绒制品向家电业的产业转移(1991—1994 年)

格兰仕通过先前与中国香港地区的商人、美国公司合资建厂，引进日本最新型号的粗梳毛纺生产线，生产羽绒服装和羽绒直接出口，形成年总产值 1 亿多元的羽绒生产规模，处于国内羽绒加工业首屈一指的地位，这些为格兰仕进行规模化和专业化生产积累了良好的经验和能力基础。1990 年，公司全面实行现代企业制度改革并且确定战略转移方向，在战略转型期间，公司通过一系列组织忘记(如表 11-2 所示)，逐渐开发和显现以专业化和规模化生产管理为内涵的企业动态能力，通过随后的一系列组织学习和忘记(如表 11-2 所示)，不断增强动态能力。

俞尧昌强调，只做自己优势部分，专心做生产，绝不涉足流通领域，创造专业化和规模化效应。

因此，正是在先前羽绒加工和管理技术基础上，不断扔弃和补充相关知识，使得企业动态能力得以不断明晰和增强，从而为日后在家电业的腾飞奠定了良好的基础。

表 11-2 格兰仕公司的战略化行为过程

项目 \ 阶段	从羽绒业向家电业转型（1991—1994）	从单一产品向多元化发展（1999—2002）	从产品向品牌战略转移（2005—2007）
动态能力内涵	专业化和规模化生产管理能力	人才整合能力	全球性战略营销能力
组织忘记	•确定放弃羽绒业为主的战略选择（1990） •公司全面实行现代企业制度改革（1990） •卖掉年总产值1亿多元羽绒生产线（1992） •全面升级原先的加工和管理体系（1993） •股份制改革、确定公司治理结构（1994） •放弃几百万美元的羽绒制品订单（1995）	•确定放弃单一产品向多产品发展（1998） •逐步地撤出轻纺业、直至1999年年初结束最后一个毛纺厂 •更换CTO、格兰仕中国销售公司CEO和副总（2001） •更换空调部门的管理模式（2001） •组织变革，进一步放权（2001）	•组织结构大重构（2004） •宣布停止生产白色空调（2005.9） •抛弃“格力模式”销售渠道、实施格兰仕新政（2005） •空调总经理郎青离职（2005） •物流外包（2006） •变更中国市场电器销售有限公司总经理，放弃原有组织模式（2006.11） •改革产供销模式，成立一体化子公司（2007.9） •放弃先前价格原则，恢复薄利多销原则（2007.11）
组织再学习	•聘请5名微波炉高级工程师（1991） •引进国外先进水平的自动化生产线（1991） •在美国成立研究开发机构（1991.3） •聘请日本人从事生产管理（1993）	•聘请韩国人担任国际营销主管，聘请美国人从事技术研发活动（1998） •聘请Anderson公司为财务顾问（1999） •统一文化、统一制度（2001） •健全三大产业的相对独立的专职部门和队伍（2003）	•任命微波炉销售总经理龚志安为空调总经理（2006.1） •建立格兰仕中国市场销售总公司（2006.11）

第二次战略转型：从单一产品向多元化发展(1999—2002年)

早在20世纪90年代初，格兰仕分别从上海无线电18厂聘请了5名微波炉高级工程师，聘请日本人从事生产管理，在美国建立技术研发院；特别是在1998年为实施国际化战略，格兰仕集团聘请韩国人担任国际营销主管，聘请美国人从事技术研发活动等，这些以全球化视野网络人才的经验和能力为格兰仕第二阶段的战略转变准备了条件。同时，这些人才的引进也为格兰仕的人员管理带来新挑战，于是格兰仕的管理范式开始从网络装备向网络人才和整合人才迅速转移。

“格兰仕对组织建设过程中的调整不遗余力，哪怕由此带来暂时的局部市场波动，也在所不惜。我们希望打造一支能不断健康发展的团队，打造可持续发展的组织行为，使基业常青。”俞尧昌说，“组织波动的确会伤害企业某一阶段的发展，格兰仕采用缓解而不是用‘休克’的疗法来推进这种调整，在这个过程中，格兰仕的外销部分没有受到明显影响，但其空调产品在国内市场的确出现了一些局部波动。单个产品某个时段做得多一点少一点只是表象，要打造百年品牌，根本性、基础性的问题一定要解决好。”

这种情况下，格兰仕靠什么制胜?

“整合人才!”俞尧昌说，“欧、美、日、韩企业在战略转移过程中，给中国企业创造了极好的发展机会，中国企业的接盘能力关键不在资本，而在人力资源。老梁总当年整合了跨国公司的优秀装备，小梁总现在在整合跨国公司的优秀人才。”俞尧昌强调，“这种人才的整合比收购生产线更有价值，因为这些优秀的人才知道生产制造过程中哪些是缺陷，哪些是必须要回避的问题，这就使格兰仕得到发展。”

为了实现从单一产品向多元化产品的转型，在确定放弃单一产品的战略选择之后，从1999年到2002年间，格兰仕以人才整合为突破口，通过不断的组织忘记和相应的组织学习行为(如表11-2所示)，进一步提升了人才整合能力，形成了以人才整合构架为主体的企业动态能力，系统地建立了格兰仕价值理论体系，从而使得格兰仕集团的范围经济主要表现在利用经营微波炉积累的资源和能力迅速开拓到空调、电饭煲和电风扇等产品和市场上，推出“金刚光波”、“数码光波一键通”、“平板光波”和“蒸汽光波”等新产品，开发和拥有光波微波炉、磁控管开发的核心配件技术。

第三次战略转型：从产品为主向品牌为主的战略转移(2005—2007年)

二十几年的市场打拼为格兰仕在市场营销方面积累了经验和能力。首先，在市场竞争方面，素有“价格屠夫”之称的“格兰仕模式”运用价格利器迅速占领微波炉和空调等产品市场。例如，1996—1998年间，连续两次大幅度降价和一次升价的“退一步、进三步”战略；2002年细分空调市场，并且有针对性地设计促销组合。其次，在销售模式上，格兰仕先后经历了先国内后国外的微波炉模式，以及先海外后国内、先贴牌后创牌、先聚焦后辐射、先占领欧美市场制高点的格兰仕空调路线。再次，在供应链方面，实施面向全球市场的开放式管理。另外，2003年确立“全球微波炉制造中心”、“全球空调制造中心”、“全球小家电制造中心”三大产业组织架构，开创跨行业“联合互动营销”模式，向“全球制造的联合营销中心”发展。这些也使得格兰仕确定以全球化战略营销能力为主要手段，实现品牌战略转型。

梁招贤说，“现在的主要目标是把空调做好，这可能需要几年时间。我们还要进行一系列战略和策略调整，首先是基于世界市场全球品牌系统的建立，选择一些重点市场，建立自己的品牌优势，进一步提升产品附加值。同时，要更专注于自己的行业，排除一些诱惑，包括房地产和股市，不用企业的名气进行工业用地炒作，不急于上市。我们宁可适当放缓企业的增长速度，也要尽快建立起可以自我完善、自我修复、自我调整、自我监控的管理体系和决策系统。”

为了实现从“世界工厂”向“世界品牌”转变，加强自主品牌在国际市场的建设和推广，2005年之后格兰仕采取了一系列组织变革措施，如组织忘记和学习的交错使用（如表11-2所示），进一步开发和提升全球化战略营销能力的内涵，格兰仕在全球市场的深度管理营销推进过程中，更侧重考虑如何驾驭品牌资产和顾客资源，例如把2007年定位为“品牌年”等。这些策略为格兰仕更好地形成、增强和利用动态能力，实现第三次腾飞打下了良好的基础。

通过格兰仕公司战略化的三个阶段分析，不难看出，在每一次战略转变中，格兰仕都是根据市场变化和组织变革状况，先确定战略转型的方向，再从组织记忆系统中寻找有利于战略转变的组织能力，锁定特定的能够确保组织变革顺利实现的独特能力，比如，生产管理能力、人才整合能力和市场营销能力；然后通过有目的性组织忘记不断弱化其他组织能力，显现这种能力在组织变革中的基础性地位，通过有目的性组织学习增强这种独特性能力，同时引入其互补性能力（Pourdehnad等，2006），促使这种独特性能力成为战略转型企业的战略化能力，并且增强这种能力，从而为战略实施提供强有力的保障。

11.5 讨　论

在企业战略化过程中，企业必须首先“解冻”（unfreeze）当前组织记忆系统中知识结构和知识演进的平衡格局，然后，沿着期望的格局，“重新冻结”（re-freeze）新的组织记忆系统，因此，作为改变组织记忆能力的企业战略化活动需要大量的忘记和再学习（Mariotti，1999）。本文以组织记忆系统改变作为开发企业战略化能力的动因，通过分析组织忘记对组织记忆系统的影响，探索了组织忘记在企业战略化能力形成过程中的驱动性作用；然后再回到组织记忆系统的知识本质，从微观视角分析了改变组织记忆层次影响企业内外环境变化的匹配度，即动态能力形成与增强；最后运用格兰仕开发和形成创业能力的案例，进一步剖析组织忘记及其引起的再学习在公司转型过程中的基础性作用。

企业战略化能力的形成与开发不仅包括吸收新知识的组织学习行为，而且也包括扔弃旧知识和冗余知识的组织忘记过程。现有的动态能力理论研究更多地从组织演化（Winter，2003）、资源能力（Teece 等，1997）、组织学习（Zollo 和 Winter，2002；Eisenhardt 和 Martin，2000）以及知识搜索行为（O'Reilly 和 Tushman，2007）等视角探索了影响企业动态能力的增强机制，然而很少文献探索其形成和开发过程。组织忘记分为程序性记忆和陈述性记忆的丧失（Moorman 和 Miner，1998）。本研究的第一个贡献在于：从组织忘记的角度揭示了企业战略化中动态能力（企业创业能力）的形成机理，指出了对于不同层次的组织记忆，组织忘记对企业战略化的影响机制是不同的，并且利用知识域（事件）之间差异性程度解析了知识活动的微观机理。这些结果与 Choo 等（2007）关于知识创造的两种机制——方法驱动和心理驱动——的论断相一致。组织忘记是组织记忆不断丧失的过程，而组织学习是组织记忆增强的过程，这是一个知识演化的复杂系统。本研究的第二个主要贡献在于：运用 NK 模型理清了在战略化能力形成和开发过程中组织忘记和学习之间的关系，认为忘记比学习更能触动公司创业，特别是在战略化能力形成初期，这进一步深化了 De Holan 和 Phillips（2004）提出的忘记能够唤起组织学习和知识创新，以及 Pourdehnad 等（2006）关于组织忘记必须经常先于或至少同步于学习等结论。本研究的第三个贡献主要在于：为企业战略转型实践提供指导，在每一次战略转变中，格兰仕虽然采用不同的战略化能力内涵，即专业化和规模化生产管理能力、人才整合能力和全球化战略营销能力，但是这些战略化能力的形成与开发机理是一致的，即需要有目的性组织忘记和再学习的双重努力机制，这与 Windeknecht 和 Delahaye(2004)的组织学习和忘却对于组织变革都起着至关重要作用的命题不谋而合，也是针对目前仍然处于争论的企业动态能力概念，给出了具体应用和一些可操作的管理思路。

本研究以组织记忆系统变化为中间变量，分析组织忘记对组织记忆系统和随后的组织再学习的影响，研究主要目的是解决企业战略转型中开发和形成战略化行为能力的动力机理。因此，本研究存在以下局限性：本文所指的组织忘记包括两层含义，一是随着时间演化，组织知识的自然遗失(forgetting)(Argote，1999)，二是组织知识的主动忘却(unlearning)(Hedberg，1981)，不过更多地侧重于后者。同时，由于本文所指的组织再学习是在组织忘记的背景下，并没有把组织再学习从组织学习中严格区分开来。为此，未来研究将在以下几个方面做出努力：第一，组织记忆系统是由不同层次知识所构成的行为主体(Garud，1997)，所以这些不同层次的知识变化对组织记忆系统改变会产生一定的影响，本文运用了概念模型和数学建模方法，定性地揭示了组织陈述性和程序性记忆丧失对战略化能力开发的影响，但是没有通过定量方法分析不同组织层次知识的丧失过程对创业能力的影响机制(Moorman 和 Miner，1997)，未来研究应该从组织行为的视角(Cyert 和 March，1963)，分析企业在不同创业阶段中组织忘记对创业能力开发绩效的影响。第二，企业创业能力形成过程是由探索(exploration)和开发(exploitation)两种知识搜索行为所构成的(O'Reilly 和 Tushman，2007)，于是，组织忘记必然也影响着组织知识的探索性和开发性行为，虽然初步定性分析了知识差异性程度对创业能力的影响机制，但是，组织忘记和知识差异度又分别影响组织探索和开发知识行为，进而推进创业能力的生成和演进，这也将是未来关于创业能力微观机理研究的重要主题之一。第三，在企业战略化组织变革过程中，组织忘记对组织再学习存在诱导和引领作用，组织忘记既是组织学习的动因，又是学习的结果，但是本文并没有对在创业能力形成和开发过程中组织知识与组织学习(或忘记)之间的联系进行深度解析，既然组织忘记与组织记忆系统特征存在紧密关系，那么不同知识域之间相似度、结构化程度、访问频率及时间间隔长短会影响组织再学习，未来研究将在战略化能力形成背景下探索组织忘记与组织学习之间的相互作用机制。

本研究获得了以下结论：首先，组织忘记是企业战略化能力形成的基础和充分条件，而组织再学习则是企业战略化行为产生的必要条件。其次，对于陈述性记忆变化来说，组织忘记有利于企业战略化能力的形成，而组织再学习有利于企业战略化能力增强。再次，对于程序性记忆变化来说，在组织忘记的前提下，组织再学习有利于企业战略化行为的塑造。因此，在战略化能力开发和形成过程中，组织忘记存在两种方式，即陈述性记忆的忘却和程序性记忆的忘却；前者直接驱动企业战略化能力的形成，而后者则是通过随后的组织再学习，进而连续性地推动企业战略化行为的开发。企业应该先锁定有利于组织变革顺利实现的独特能力，通过有目的性组织忘记不断弱化其他组织能力，让道于这种独特能力的成长，通过有目的性组织再学习增强这种独特性能力及其互补性能力。

附录 11.1　格兰仕连续性公司创业的业绩表

年　份	销售总额（人民币）	出口创汇（美元）
1979	46.81 万元	
1982	150 万元	
1984	300 多万元	
1988	1.01 亿元	
1991	1.35 亿元	
1992	1.8 亿元	2300 万元
1989—1993	5.84 亿元	
1994	3.2 亿元	
1995	4.8 亿元	
1996	6.4 亿元	
1997	11.8 亿元	2500 万元
1998	19 亿元	5000 万元
1999	29.6 亿元	1.1 亿元
2000	58 亿元	1.5 亿元
2001	68 亿元	2 亿元
2002	89 亿元	3 亿元
2003	101 亿元	5 亿元
2004	130 亿元	7 亿元
2005	160 亿元	8.8 亿元
2006	180 亿元	8 亿元
2007	250 亿元	10 亿元

第十二章

中国企业战略化行为：情感—认知互动的视角

贵以身为天下，若可寄天下；爱以身为天下，若可托天下。

《老子》

随着经济全球化进程加快和知识经济的快速发展，战略化已经越来越成为一种普遍的经济和社会活动。据麦肯锡调查发现，全球的企业战略化失败率高达60%以上，大量失败案例告诉我们：企业只有始终开展战略化行为，即保持原商务改进与新商务建立之间相容性增长和演替式转变，才可能实现持续成长。但是，与草根创业一样，企业战略化行为也会面临着新商务机会及其模式探索的挑战(Lee 和 Lieberman，2010)。因此，企业连续性战略活动迫切需要寻找一种“新商务机会搜索不会侵蚀企业生存能力，同时新商务能力增强带动原商务模式转变”的战略化行为模式来指导。

企业战略化理论认为，战略会使组织社会化活动插上腾飞的翅膀，并使企业得以持续成长(Zahra，2006)。企业战略化既强调商务机会的搜索行为，又注重战略性商务机会的搜索行为；既强调原始组织模式开发与转变，又注重战略性认知模式构建。Ireland 等(2001，2003)指出，企业战略化注重新旧商务并进，由探索式创新和开发式创新所形成的连续性创新把企业创建和战略更新对接起来，在不同阶段两者的主导地位会发生更替(Ketchen 等，2007；Steffens 等，2009)。然而，目前企业战略化理论还停留于把战略制定和战略实施两个活动的概念进行理性分析的阶段，难以系统地理解企业战略化演进的动态性和一致性。为了解释战略化社会认知的形成机理，现有的效果推理理论(Sarasvathy，1998；2001a)试图从手边资源中创造和识别机会，再通过自身能力和组织承诺来开发和利用机会，该理论强调战略化活动是在预期的可接受损失范围之内进行的。尽管效果推理理论较好地揭示了战略化组织认知模式的形成过程，但是，在当前快速变化的环境中，已有的认知模式难以识别和预测未知环境的变化(Barsade，2002)，那么，战略管理者如何在新知识结构还未形成之前快速决策，并产生一致性环境响应，进而涌现出新的组织认知模式？

实质上，组织变革首先是一种情感活动过程（Kiefer，2002；Heath 和 Heath，2010）。所以，企业战略化既是组织认知活动，也是组织情感反应。情感智能和认知能力所构成的潜意识和有意识的社会性合力驱动了企业战略化演进行为（Barsade，2002；Fiske 等，2006；Casciaro 和 Lobo，2008）。与认知推理逻辑完全不同，情感逻辑是以主观感受状态为依据的，自发性或自愿性地迅速做出判断并立即付诸行动（Barsade，2002；Fiske 等，2006；Amabile 等，2005）。情感逻辑是一种非理性行为，情感决策往往发生在潜意识层面，并为战略化活动带来新感觉和新信息（Brief 和 Weiss，2002）。本章的研究目的在于探究企业战略化演进行为的内在逻辑，即提出基于情感逻辑的效果推理模型，在认知与情感的混杂范式（Barsade 等，2003）中研究并揭示企业战略化行为。

成立于 1998 年 11 月的腾讯公司，目前是中国最大的互联网综合服务提供商之一。2010 年 3 月，腾讯 QQ 在全世界范围首次实现单一应用同时在线人数突破 1 亿，授权专利总数突破 400 项，成为全球互联网拥有专利数量最多的企业之一，比肩 Google、Yahoo、Aol 等国际互联网巨头，经营业绩逐年保持快速增长（见附录 12.1 中表 12a-1 和图 12a-1）。腾讯的企业战略化行为经历了“新商务的机会搜索与构建，原商务优势改进与维持，以及新商务成长带动原商务能力提升”的一致性演进活动。在情感上和智力上（Yang 等，2010；Barsade，2002），腾讯创业以日常活动的方式悄悄地从人际关系中获取知识（不仅包括预先想要的知识，而且包括感情所依托的知识）并做出战略性选择（Ingram，2002），完成了从草根创业向战略更新的过渡。为此，本文将通过分析腾讯公司的企业战略化历程，探究企业战略化中情感逻辑和认知逻辑的混合效应，建立企业战略化演进的动态性和一致性模型。本章结构安排如下：第一节对现有理论研究进行回顾，第二节介绍本研究的方法设计，第三节分析腾讯企业战略化过程，第四节剖析企业战略化行为演进中情感和认知关系；第五节总结和讨论所获得的研究结果。

12.1　文献回顾

企业战略化行为分为以机会推动的企业创建与成长（战略实施的组织社会化过程），以及组织驱动的新商务探索和利用（战略制定的战略决策过程）两个阶段，其间必然存在着商务模式的转移与过渡。为了使新企业创建和新旧商务代谢的战略更新形成前后一致性变化，Ireland 等（2001，2003）把战略概念引入创业活动之中，提出“新商务的机会搜索与构建，兼顾原商务优势改进与维持，再强调新商务能力带动原商务能力提升”的企业战略化演进路径；Zahra(2006)进一步指出，战略使得创业插上翅膀和“羽化成蝶”。企业战略化先经过机会开发和利用的初期阶段，再进入企业战略化的战略更新阶段，同时两者之间能够顺利实现转变(Gibert等，2006；Zahra，2006)。所以，企业战略化是战略管理实践者平衡机会搜索行为和优势搜索行为的过程。企业战略化尽管要求企业同时进行探索式和开发式创新过程，但是主导逻辑会发生先后转变(Ketchen等，2007；Ireland等，2007)，所以，企业战略化先后经历了战略认知形成和战略更新实施的转换过程。既然战略化是一种企业长期成长的战略行为，那么企业战略化强调战略行动者兼顾当前生存和未来成长，这使得战略行动者不断提升的理想和价值观在更大范围内、更持久地得以维持并实现，即所创建的企业得以持续健康成长。Lee和Lieberman(2010)研究发现，企业战略化是从技术导向创业向管理资源导向创业的战略性转变过程；Ireland和Webb(2007)强调这种转变是通过战略行动者在不同发展阶段转换探索性和开发性创新来实现的，探索知识与开发知识处于不同的层级，所以这种转化是一种螺旋式上升过程。Brush等(2001)进一步指出，企业战略化是战略行动者从初始的个体思想向团队价值的转化过程，这种过程塑造了新企业和成熟企业的战略化模式。

传统的战略研究比较广泛地把经济利益作为企业战略化的驱动力量，将战略化划分为机会的识别、重要资源的获取、创业组织的建立、资源的利用等过程。Shane(2003)通过案例研究发现，战略行动者不是通过主动的搜寻去发现机会，而是因为他们碰巧通过某些途径接触到了新的信息，又认识到了这些信息的价值。Ardichvili等(2003)认为，战略机会的发现受到战略行动者某些个性特征(如创造性和乐观态度)、所掌握的相关知识和经验、社会网络关系等的影响(Aldrich和Cliff，2003)。在社会心理学范式中，沿着先验行动(proactiveness)、即兴而作(improvisation)、有限资源的创造性利用(bricolage)等的研究框架，Sarasvathy提出了效果推理理论(1998，2001a)。“效果推理”(effectuation)原理强调战略行动者利用现有资源并注重行为掌控的决策行为模式。与因果推理不同，效果推理强调决策目标的模糊和不确定、手边资源的创造性使用，以及行动可能带来的损失的可接受性。效果推理理论通过可接受损失、风险及合作共同调控不可预测的结果。因此，效果推理理论从认知视角补充了Schumpeter的整合的观点，强调可控性资源的利用和选择。效果推理能够有效利用和转变现有资源，创造出新的有价值的资源和发现新用途。Sarasvathy(1998)通过对美国17个州的30位公司创始人的调研分析，发现战略行动者在创业初期并没有明确的创业目标，他们选择创业往往是以兴趣为出发点，希望可以发挥自己的专长。效果推理理论强调战略行动者的认知活动：分析创业者的个性特征、品味和能力(Who I am)，了解他们所掌握的知识(What I know)，以及界定他们所处的社会网络和人脉关系(Who I know)，再根据自身所掌握的技能选择战略机会并付之行动(Sarasvathy，2001a)。效果推理的结果会产生创业认知，创业认知是创业者在机会搜索和利用过程中所采用的处理信息和吸收知识的能力，其包括战略行动者的社会性学习能力及其对感觉的主观愿望等，当战略认知框架符合需求时会促进战略化行为的成功，而不符合需求则会导致战略化失败(Julien，2000)。在效果推理的框架中，战略行动者胜任感越强，可能实现的战略化目标选择越多(Sarasvathy，2001b)。例如，进取型的战略行动者更容易形成完全不同的战略认知模式，而保守型的战略行动者则更倾向于对原有认知模式的改进，以此作为战略认知模式的导向(Avnet 和 Higgins，2003)。尽管效果推理从认知演化的视角给出了战略认知形成的解释性框架，一方面，效果推理理论关于“可承受损失”(affordable)和理性偏好的假设往往是不切实际的，因为面对未知或急速变化的环境，战略行动者更多地依据现场感受做出临时性决策，很难通过不相关的知识进行认知推理活动，更何况来不及进行理性分析；另一方面，在 Knignt 不确定环境下，组织承诺完全不同于组织行动(Starbuck，1991)，因为目标不明确和环境不确定性变化使得组织承诺往往难以与预期的组织行动保持一致。总之，效果推理理论运用事前预测和事后梳理的方法来探究创业行为机理，比传统的决策理论具有更强的解释力(Cyert 和 March，1963)。但是，在不确定性环境下，企业战略化行为往往是由感情智能和认知能力的合力所带来的，如战略化活动的判断既强调以热情和喜好为中心的情感逻辑，同时又注重以胜任力和效益为中心的认知推理逻辑(Casciaro 和 Lobo，2008)。所以，忽视了情感逻辑的效果推理理论难以系统地揭示企业战略化行为机理。

情感(affect)是指一种主观感受状态，包括情绪(emotion)和心情(mood)等感情活动。情感是社会性存在，并随着社会关系演进而发生变化(Barsade，2002；Casciaro 和 Lobo，2008；Tanghe 等，2010)。Amabile 等(2005)指出，情感可以为组织变革提供方向性指导以及选择变革方向的潜在力量，而不是随机性或盲目性选择，超乎于个体情感的组织情感往往具有强烈的一致性；Casciaro 和 Lobo

(2008)研究发现，人际间感情包含了迅速的情感反应，不需要亲密的、强烈的和深度的相互作用，这种情感活动有利于激活合作者的潜在资源和完全开发组织内在知识。情感分为个体和组织两个层次，前者强调个人的兴趣和主观感受，而后者强调在组织语境中不同个体之间所共享的集体性主观感受状态(Callahan 和 McCollum，2002)。个体情感所支撑的潜意识和自动的组织活动往往会孕育出组织情感(Hatfield 等，1994；Barsade，2002)。组织情感是指组织成员所共享的集体性感情状态，根据成员之间关系所界定的组织身份能产生收敛的组织情感，(Tanghe 等，2010)；Barsade(2002)指出，“情绪感染”（emotional contagion)是组织情感形成的基础；Hareli 等(2008)认为，组织情感更容易产生包容性和顺从性的社会选择，促进和主导组织变革和战略化行为的进程，并直接影响着组织化行为和判断(Forgas 和 George，2001)。

情感理论认为(Barsade，2002；Amabile 等，2005)，情感逻辑是以主观感受状态为依据，自发性或自愿性地迅速做出判断并立即付诸行动。基于情感逻辑的决策和行动发生在潜意识层面，并产生新知识(Hatfield 等，1994；Ashforth 和 Humphrey，1995；Barsade，2002)，而基于情感逻辑的信息处理方法有利于揭示人际判断、创造力、组织自发性行为等(Forgas 和 George，2001)；情感是战略化过程中不可或缺的和潜在资源拼凑的组织化线索(Sandelands 和 St. Clair，1993；Baker 和 Nelson，2005)。社会性活动，如组织创造力、创新和创业等组织变革行动，始终与情感紧密联系在一起(Kiefer，2002；Heath 和 Heath，2010)；情感活动不仅涉及机会识别和利用，而且关系到扩大新知识获取(认知活动)的深度与广度(Simonton，1999；Amabile 等，2005)。近年来，情感越来越被运用到组织创造力和战略创新等变革理论研究之中(Adler 和 Obstfeld，2007；Callahan 和 McCollum，2002；Carnery 和 Colvin，2010；Amabile 等，2005)。在环境不确定性变化、机会稍纵即逝及新的认知能力还未形成等情况下，情感(个体层面和组织层面)激发着企业战略化认知形成和机会选择与利用，但是，现有战略理论研究还很少关注情感的积极作用。同时，以热情和喜好为中心的情感逻辑引导新的知识结构产生，而以胜任力和效益为中心的认知推理逻辑又进一步激发新的主观感受状态(Amabile 等，2005)。Casciaro 和 Lobo(2008)研究发现，情感是一种连接感觉和认知之间的主观渠道，在创造性解决问题过程中，情感强烈地调节和影响认知能力，不仅可以扩大认知活动的范围，而且可以大幅度地改变知识的来源地。但是，现有文献大多数关注探索性活动的理性和认知活动，把由情感所导致的非理性活动作为控制与管理组织行动的目标；同时，传统的效果推理基于认知和常规的创业行动，忽视了情感逻辑的基础性作用(Adler 和 Obstfeld，2007)，难以系统地揭示企业战略化行为的本质。

12.2　研究方法设计

企业战略化理论刚刚处于萌芽阶段，现有理论已经难以解释其本质，又因为把效果推理和情感逻辑对接起来而开发新的理论模型是一种全新的尝试，所以，本研究回到企业实践层面来探究企业战略化的行为机理，试图从已发生的企业管理实践活动过程中挖掘新理论，为此，本研究采用案例研究方法(Eisenhardt 和 Graebner，2007)。单案例研究的优越性在于能更加深入地进行案例跟踪调研和演化分析(Buckley 等，2005)，在某种程度上，单案例研究是一种提取和探索企业战略化演进行为的较为可靠方法(Yin，1994)。

本研究所选取的案例满足以下条件(Eisenhardt 和 Graebner，2007)：一是所选取案例企业的战略环境满足 Knignt 不确定性；二是所选取的企业创业年限满足 10 年(Sarasvasthy，2007)，因为初创企业一般经历 3 至 5 年，而这种企业能够保持 10 年持续增长，说明其已经成功地进行二次创业，即已经完成企业战略化阶段(Zahra，2006)；三是所选取的企业近 10 余年在业界已获得了显著业绩，这使本研究所获得的可能结果更具有说服力。本研究选取腾讯科技(深圳)有限公司(以下简称“腾讯”)这一家拥有 12 年历史的互联网科技公司，因为它是伴随着互联网技术和行业一起成长起来的，形成了独特的发展模式，在世界 IT 行业处于领先地位；同时，腾讯的战略行动者在塑造新市场的过程中，重视合作而非竞争、利用手边资源和对过程的控制(腾讯公司业绩见附录 12.1 中表 12a-1)。

本研究只选取腾讯发展的 10 年数据资料(1998—2008 年)作为分析依据，因为近两年中这些信息具有较大的主观性且难以辨析真伪，况且近两年来腾讯已进入稳步发展的公司运营管理阶段。本研究主要以二手资料为主，数据主要来自行业报告，商业出版物、采访和观察获取的数据，具体包括：公司正式发布的历年事件及公司年度财务报告，杂志或报纸等媒体对腾讯进行的一系列追踪报道与创业者访谈及采访，以及对腾讯公司的长期追踪观察等；另外，本研究还参考了一些书籍和网上纪录片。为了确保所获取资料的可靠性，我们对所收集的 30 余万字的资料进行整理、相互验证和核对，同时将梳理结果反馈给腾讯内部人员核实，以尽量保证数据客观性(Eisenhardt，1989)，对于一些相互矛盾的数据和资料进行了进一步核实，并且未经考证内容并不作为本案例分析的原始论据。这些方法可以提高数据资料的效度。

企业战略化行为往往表现出强烈的情感与认知的交互作用，而情感和认知主要通过创业者的具体事件和事后总结话语表现出来(Barsade 和 Gibson，2007)，所以，战略化活动中的情感反应和认知活动主要体现在战略活动过程所发生的事件和战略行动者在访谈过程中的言语表达；例如，在战略活动过程中的言行，历年发生的事件，以及他人评述等相关信息更容易捕获当事者的情感和认知，因为基于情感逻辑的选择直接表现在行动者的实际表现和语言表达之中，往往是一种当时情境下的无意识或潜意识活动(Weiss 和 Cropanzano，1996；Heisen，1991)。基于上述考虑，本研究主要采用相对完整的二手资料来探究企业战略化演进机理。

12.3 效果推理与企业战略化

在战略行动过程中，情感与推理完全纠缠在一起，情感逻辑与认知逻辑往往是两种完全独立的力量。Barsade(2002)指出，情感包括三种主观感受状态：一是长期的、稳定的“倾向性感情”(dispositional affect)或兴趣，二是对具体环境刺激所产生的密集和较短的情绪，三是对一般性环境刺激所发生的更弱和更易扩散的心情，并导致较不稳定的短期性行为变化。情感有自己的逻辑，情感逻辑以主观感受状态为判断依据，是一种非理性行为，情感性决策往往发生在潜意识层面，并为战略活动决策创造更多的知识源(Barsade，2002；Amabile 等，2005)。心理学家对社会认知的研究发现了社会感知的两个基本维度(Fiske 等，2006)：喜好的热维度和胜任力的冷维度，热维度包括好坏、友谊、忍耐、帮助和社会力等感情状态，而冷维度包括智力、技能和效能等认知状态。战略化行为既存在以热情和喜好为中心的情感逻辑，同时也存在以胜任力和效益为中心的认知推理逻辑(Casciaro 和 Lobo，2008)。腾讯在成立之初并无明确的发展方向，与其说这是一家公司，不如说它更像是战略管理团队的成员们追求共同兴趣的实验室。1997年，腾讯创始人马化腾受到基于 Windows 系统的 ICQ 的启发，开始计划在中国推出一种类似 ICQ 的集寻呼、聊天、电子邮件于一身的软件。1998 年 11 月，马化腾与几位志趣相投的大学同学合伙注册了深圳市腾讯计算机系统有限公司，并致力于开发将寻呼服务与互联网相结合的网络寻呼系统。尽管首次项目投标失败，腾讯创始人因为对 OICQ 共同的喜爱，却决定将产品完成并自己运营。在公司成立3个月后，OICQ系统成功问世，很快令大多数用户和投资商爱不释手，用户数量快速增长，到2000年便已积累了10万用户。2000年年初，腾讯凭借广大的用户群获得来自美国IDG和中国香港盈科数码共220万美元的风险投资，此后OICQ软件更名为QQ。

“从没想过一定要开公司当老板，我们几个同学只是想有个机会去发挥所长，最好有一点小回报，仅此而已。”

“从1998年开始，我就考虑独立创业，却一直没想清楚要做什么，但创业的想法并没有起伏，我知道自己对着迷的事情完全有能力做好。我感觉可以在寻呼与网络两大资源中找到空间。”

——马化腾

尽管有QQ这一出色的产品，腾讯在创业的最初几年一直处于亏损状态。基于对服务质量的高要求和维持QQ本色的坚持，腾讯拒绝像许多竞争者那样，选择在提供免费服务的同时强迫使用者浏览一些商业广告，借此吸引广告投放者投放付费广告，或者提供付费服务。2000年6月，在“移动梦网”的启发下，腾讯与深圳联通公司合作推出了基于无线网络的“移动QQ”服务，按照协议，腾讯得到盈利的80%，运营商得到盈利的20%。这项服务不仅扩大了QQ的服务范围，也使腾讯实现了盈利。2000年年末，腾讯推出标语广告和QQ会员服务，通过在消息接收端插入广告和为会员提供特殊服务获取收益。2001年，在韩国Avatar的启发下，为增强用户体验开发的付费QQ秀服务很快成为腾讯收益最好的项目之一。这些增值服务每个季度的销售收入迅猛增长，为腾讯进一步的战略发展提供了足够的经济保障(见附录12.1中表12a-2和12a-3)。

在企业创建初期，遵循基于个人喜好和热情的情感逻辑，战略行动者会自发地在战略活动中发挥个人智能、专职于个人专长，进而有利于组织识别出并有效利用新机会，促进组织模式形成。因此，个体情感有利于初期的企业战略化组织认知的萌芽。

当战略行动者个体情感所带来的组织智能，即这种个体情感所支撑的潜意识和自动的战略化活动难以持续增强初创企业发展潜力时(Hatfield等，1994；Barsade，2002)，战略行动者开始通过合法性手段来建立正式组织，以便创造组织情感；人际间感情包含了迅速的情感反应，不需要亲密的、强烈的和深度的相互作用，所以，组织情感强烈地调节和影响认知能力，不仅可以扩大认知活动的范围，而且可以大幅度地改变组织知识的来源地(Casciaro和Lobo，2008)；组织情感更容易产生包容性和顺从性的社会选择，促进和主导组织变革和战略化行为的进程(Hareli 等，2008)。在取得一系列成功之后，腾讯并没有停下发展创新的脚步。在建立了盈利机制、巩固市场地位之后，腾讯开始了多元化扩张行动(见附录 12.1 中表 12a-2)。2002 年，马化腾、张志东、曾李青去美国考察，在看到美国网络游戏的发展规模之后，马化腾和曾李青二人感觉到网络游戏即将成为非常明显的用户需求，于是开始考虑腾讯进入此领域发展的可行性。2003 年年末，腾讯开始探索网络游戏市场。腾讯没有直接进入一线的大型网络游戏，而是从对开发基础要求不高、成本低、资金周转得快的棋牌类游戏入手。腾讯成立 4 人项目组启动该项目，仅用 1 年时间 QQ 游戏就风头直逼棋牌游戏领域的领军者联众。之后在没有游戏内容的情况下，腾讯建立了大型网游框架，完成了大型游戏后端服务器的支撑。

“门户可以黏住用户，网络游戏也可以，增值服务也可以，既然我们在即时通信已满足了 90%的要求，为什么不多做尝试?”

——马化腾

“公司所有的产品都是从用户的需求出发，只要有用户需求、用户价值的事情我们就会去做。当时已经看到游戏市场还是有很多需要的，因为游戏的需求应该是大众化的。非常多元化的需求，最早就是因为这个简单的原因去开发了游戏平台。”

——张志东

2004 年，QQ 陆续集成了音乐、网络广播和视频服务。2005 年下半年，腾讯先是进入 C2C 电子商务领域，随后联合 Google 进入搜索引擎市场。在积极拓展服务项目的同时，腾讯依然坚持着创业之初“将技术推广到市场”的理念。2007 年，为了给中国互联网用户带来更先进和优质的应用服务，打造中国互联网企业的核心技术标准，提升整体的核心竞争力，腾讯成立了中国首家互联网研究院——腾讯研究院，以研发最基础和实用的互联网技术。

“经过九年的发展，腾讯已经积累了一定的人力和物力，现在的资源允许我们投入更多的精力来为这个行业做出更多的贡献。我们希望通过自身努力，共同提升中国互联网的创新能力，推动互联网的技术创新，为互联网培养一批高素质人才。”

——熊明华

在组织发展过程中，基于一致性的组织情感状态，战略行动者会自发地以集体情感目标为行动导向，积极地搜寻有利于组织发展的信息、共享知识，从而发掘集体智慧，持续不断地改进原商务或引进新商务，促进企业持续发展。因此，组织情感有利于企业战略化组织认知模式的形成。

从事所热衷的事业本身是一种战略性行为的情感活动，也是创造性行为的基础。从情感逻辑来看，企业战略化包括先热爱所干的事情，提高技能，构建人脉关系和发挥自身专长，再通过已有技能、利用人脉关系和组织才能，转向并从事所热衷的事业，如果先后两个阶段保持一致性和行为继承性，那么，这时战略行动才可能进入战略性创业轨道(Zahra，2006)。马化腾从对互联网的兴趣、爱好出发(我是谁)，联合志同道合的同学、朋友(我们认识谁)，发挥自身的程序开发能力(我们知道什么)，推出了即时通讯服务，建立腾讯公司。这三个方面的因素共同决定了创业团队的资源整合、组织模式的建立及之后的创业行动。随着创业组织的构建和创业行动的展开，组织获得新的经验积累，收获了新的技能，技术水平得到提升，管理能力得到提高。新方法和新能力增强了组织对环境的掌控范围，企业拥有更多的选择空间。面对新的可能性，在没有外在约束的情况下，企业依据组织情感依附状态，选择喜欢做什么或放弃不喜欢做什么，更新战略，确定新的目标。在积累一定的用户群之后，马化腾及其所领导的创业团队专心做自己喜欢的事业，在可以选择嵌入广告或收取服务费的方式获取赢利的情况下，基于对腾讯 QQ 的喜爱和专注，以及避免伤害用户，马化腾最终选择了与电信业合作，推出“移动 QQ”服务。由于当时全国没有统一的移动运营商，在确定进入无线网络的新目标之后，腾讯需要和全国各个地方的联通、移动公司分别谈判合作。创业活动最初在创业者的情感驱动下以能力为导向展开，完成组织构建。随着创业活动的进行，不断收获的新知识、技能以及管理经验使创业团队能力提高，增强了组织对突发事件的利用能力，为企业提供了新的发展方向。新方法的产生是一个发散的过程，创业通过组织情感对新的方向进行选择，更新战略，建立新的组织目标(见图 12-1)。

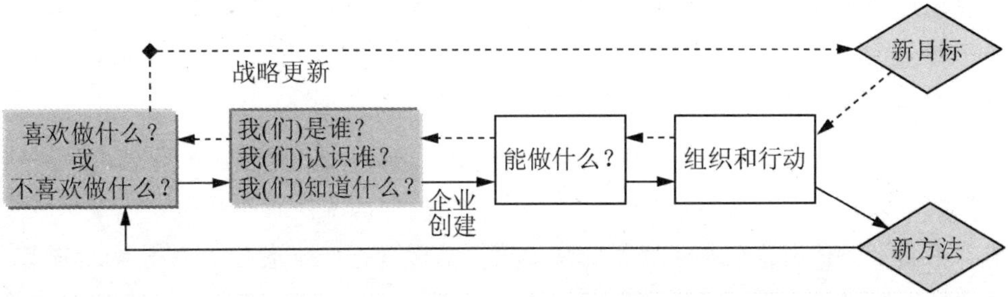

图 12-1 基于效果推理的企业战略化微观行为模型

“许多软件技术人员往往对自己的智力非常自信，写软件只是互相攀比的一种方式，而我希望自己写出的东西被更多的人应用，也愿意扮演一个将技术推向市场的小角色。”

——马化腾

“马化腾是一个网虫，每天都泡在网上，而我也在从事政府信息化的工作，也希望自己做的东西可以给更多的人使用。虽然一开始腾讯做的是寻呼业，但知道进入互联网行业是必然的、迟早的。”

——张志东

创业之初，马化腾就将腾讯定位为通过互联网为广大用户提供服务的公司。这种定位一部分源于马化腾对互联网的理解，一部分源于自身的兴趣。对互联网的热爱促使了马化腾萌生创业的想法。基于对互联网共同的浓厚兴趣，团队在OICQ投标失败后决定腾讯公司自己进行运营。腾讯没有把OICQ当成一个产品来做，而是把它当成一个服务来做。创业之初，公司没有安排员工值班，但只要出现重大的故障，就会有员工马上进行处理。“我们不敢像有些企业那样，出了问题，明天上班来再说，因为这样的做法，不符合互联网这个行业的特点。”运营OICQ需要大量的设备投入，为此，创业团队通过各种渠道寻找可以利用的资源，并且持续关注用户的反馈，不断升级产品。腾讯的创业成员都有着贴近用户的理念，每个人都是整天挂在网上，千方百计地通过聊天室、论坛收集用户的反馈，然后把收集来的问题在第一时间处理掉。在多元化扩张时期，腾讯以“不断地满足网民们更多的需求”为目标，不断整合新的服务，“任何有利于这个平台发展的都可以被整合进来，而不利于平台发展的，我们不会去做。”对用户体验的关注和对工作几乎完美主义的偏执使得腾讯在网络业内最容易被跟风的一些问题上，总能保持反大众智慧的思考，保证了公司的特色，持续吸引着用户。为了增加用户黏度，拓宽用户群体，腾讯先后进入网络游戏、搜索引擎、门户网站、电子商务领域，并且为了增加用户体验度，腾讯陆续推出了QQ秀、QQ音乐等增值服务。

“团队在这个时间里奠定了一种文化，我们有一种不服输、对用户的反应非常敏捷的文化……一方面，我们热爱艺术，想把技术做得非常好；另一方面，大家有很朴素的理念，就是一定要让用户高兴，让用户不掉线。这种朴素的理念，或许就是腾讯文化的一些历史基因。”

——张志东

“这些正代表着未来腾讯所有互联网产品运营和开发的模式，当时很短的一个月的时间就基本上定型了，包括我们怎么应对处理事务的方法，怎么按用户反馈去调整，所有这些思想都贯穿于腾讯的发展，从始至今……”

——马化腾

在组织创建阶段，战略行动者遵循个人情感逻辑行动，专职于个人专长和构建人脉关系，有利于新机会的探索和发现，促进初期的企业战略化组织认知的萌芽和企业模式构建。然后，战略行动者通过已有技能、利用人脉关系和组织才能转向并从事所热衷的事业，在企业创建初期的组织活动中积累的经验和收获的新技能使企业拥有更多的选择空间，这时遵循组织情感逻辑行动，更新战略，确定新的目标，促进战略化组织认知模式的形成。因此，基于情感逻辑的效果推理有利于企业战略化演进的行为继承性和一致性。

12.4　企业战略化演进

情感是一种连接感觉和认知之间的主观渠道，在创造性解决问题过程中，情感强烈地调节和影响认知能力，不仅可以扩大认知活动的范围，而且可以大幅度地改变知识的来源地（Casciaro 和 Lobo，2008），同时，Amabile 等（2005）发现，情感可以为组织变革提供方向性指导以及选择变革方向的潜在力量。作为情感的主要内容，兴趣和喜好是战略化行为的内隐动力，在战略化行动过程中有着重要而持久的影响。在环境动态变化的情况下，战略行动者无法准确预测未来，因此也无法基于预测明确创业目标（Sarasvathy，2001a；2005）。通常情况是，所有的战略行动者都知道自己的战略目标是十分宽泛的。例如，想挣一笔钱，或者创造一个有价值可以持久发展的组织，或者更简单的是追求一个认为值得追求的想法（Sarasvathy，2001a）。这些情感喜好和选择所带来的愉悦使战略行动者产生强烈的创业意愿，并通过战略化活动扩展自身获取和利用资源的能力以带来愉悦和快乐。因此，主观感受状态作为战略行动者的内在标准指导着战略行动者新机会的发现。环境持续的变化以及信息的不充分增加了制定决策的难度，而决策往往无法推迟到不确定性被解决后再制定，因此结果以及相关信息只有通过战略行动者的战略化行为逐渐显现。以追求自身幸福和快乐展开的创业活动中，战略行动者不断与环境互动，在互动的过程中获得了更多的信息（Casciaro 和 Lobo，2008），收获了新的战略性技能和方法（Sarasvathy，2001a；2001b），进而增强了对环境的掌控能力。1998 年，马化腾开始筹划开发中文版即时通讯软件。马化腾与大学同学和自己的朋友一共 5 人于 1998 年 11 月合伙注册了腾讯计算机系统有限公司，公司启动资金来源于 5 位创始人的工作积攒。1999 年 2 月，OICQ 系统上市，腾讯公司与深圳市电信局合作，租用其服务器。由于经营 OICQ 需要投入巨大的资金，马化腾最初创业时并没有计划自己经营 OICQ 系统，而是打算将其开发出来后卖给有实力的企业（见附录 12.1 中表 12a-3），但当意识到出售后的 OICQ 系统会由于缺乏持续性管理而逐渐失去对用户的吸引力后，腾讯决定自己经营 OICQ。

"读大学之后，我发现这些乐趣离现实太远了，我开始从编写软件和研究计算机网络中体会到乐趣。我发现自己面对网络是如此兴奋，并且网络使我结交了更多的朋友，这些朋友甚至现在还是我重要的合作者。""我们曾经考虑以 60 万元将 OICQ 出售，不过，幸亏我们将它留下来，因为我渐渐地发现做互联网并不是纯粹掘金。"

——马化腾

为了支持 OICQ 系统的运营，马化腾以及其他创业成员开始通过软件系统开发、网页制作等业务寻找赚取资金的机会。2000 年，凭借 OICQ 仅半年就占领的市场地位，腾讯引入两笔风险投资共 220 万美元，IDG 和盈科分别持有腾讯控股总股本的 20%，马化腾及其团队持股 60%。与此同时，腾讯承接了深圳联通公司为手机用户提供邮件到达提醒目的的服务项目。项目本身没有多少钱，但却给腾讯创业者带来很大的启发。2000 年 5 月，腾讯公司与深圳联通公司联袂推出移动 QQ 服务，使移动电话通过短消息服务器和腾讯 QQ 用户实现信息的互通，实现移动电话用户和腾讯 QQ 用户的信息交流，收费模式是按短信通信费分成（见附录 12.1 中表 12a-3）。通过移动 QQ 服务腾讯建立起自己独特的盈利机制，并实现了盈利。在回忆腾讯业务建立发展的过程时，许晨晔说：

"我们在探索基础服务免费的时候，还有没有更好的附加值能够使用户愿意付费。后来数年里腾讯一直在磨合这个探索，中间，我们也犯了很多错误，也有很多执行上的问题。本来是期望让用户的体验非常好，但是有时候它水平又没有做到，反而是有些地方削弱了用户的东西，这是一个在探索中，执行水平、能力在螺旋上升的一个过程。"

以满足情感喜好所带来的愉悦而展开的创业活动中，主观感受状态作为战略行动者的内在标准指导着其行动。战略行动者在与外界的不断交互中，获得感兴趣的信息，学习相关技能和方法，进而促进了新机会的发现和有效利用。因此，在战略化初期，组织情感喜好有利于战略机会发现和利用能力的提高。

战略认知能力是战略行动者在社会关系背景下发现和利用机会的技能。企业战略化路径的选择和新创企业组织模式的改进和转变往往是由战略性认知能力所决定的(Garud 和 Kumaraswamy，1995)。战略行动者在创业初期，通过“我(们)认识谁”的分析，掌握自身人际资源，将对战略活动有利的人作为合作者吸收到组织中，从而提高了组织社会化能力。不同的合作者为战略性组织提供不同的资源、信息和技能的同时，也影响着企业的发展方向，塑造了组织模式。战略行动者的社会认知主要体现在其战略化过程中的学习能力以及对社会关系的利用中。腾讯战略化过程的展开始终基于不断的学习与建立新的合作伙伴关系(详见附录 12.1 中表 12a-4)。在学习能力上，腾讯最初的产品是在学习以色列技术人员开发的 ICQ 的基础上开发完成的中文即时通讯软件——OICQ。在推出 OICQ 之后，腾讯在“移动梦网”的启发下，与深圳联通公司合作推出了移动 QQ 手机即时通讯服务，并以此实现了公司的盈利。在此期间，腾讯曾学习网易公司提供电子邮箱服务，与移动公司合作开发手机邮件通服务。2000 年，腾讯学习其他互联网公司，结合自身庞大的用户群资源，推出互联网广告业务。之后，腾讯将传统商业中的会员模式引入互联网，推出了“QQ 会员”——为办理会员的用户提供付费增值服务。在利用社会关系方面，腾讯上市之前，公司的财务主要由马化腾的母亲负责。腾讯的创始人马化腾在创业之初，计划与大学同学张志东和朋友曾李青合作建立公司，约定各展所长，各司其职：马化腾负责产品与公司战略，张志东负责技术，曾李青负责市场。随着创业活动进行，马化腾吸引了另外两位大学同学——许晨晔和陈一丹的加入，5 人共同组建了腾讯最初的创业团队，并明确了公司的股权结构，其中马化腾负责公司的战略和产品选择，持有公司 47.5%的股份；张志东负责产品客户端和服务器的研发，持有公司 20%的股份；陈一丹负责公司行政，主要为招聘和内部审计，持有公司 10%的股份；许晨晔负责公司对外职能，主管信息部、对外公关部、网站部等，持有公司 10%的股份；曾李青负责市场和公司运营，持有创业公司 12.5%的股份(见附录 12.1 中表 12a-3 和 12a-4)。总结公司成功的原因时，马化腾说道：

“我们的股本结构比较合理……当时是有意这样做的，股份要跟你未来做的贡献和能力以及在公司起的重要性尽量匹配。……要他们的总和比我多一点点，不要形成一种垄断、独裁的局面。”

腾讯在推出 OICQ 时并无条件进行产品测试，因此腾讯的员工、马化腾原公司的同事、网友便成为 OICQ 最初的测试人员。这些人都是互联网爱好者，对新网络技术有着敏锐的判断力，为 OICQ 最初的框架设计起到了关键作用。在引入风险投资期间，曾李青通过自己的朋友刘晓松和林建煌获得了盈科与 IDG 共计 220 万美元的风险投资。

“投资其实在很大程度上取决于人的因素，因为公司成立之初，许多问题都还看不清，最关键的是投资人与创业者之间的相互信任。”

——刘晓松

随着公司不断成长，公司人员与产品种类的增多，管理日趋复杂，马化腾发现原有的组织结构很难适应公司的发展，因此，在原有的 5 位股东的基础上进行了组织调整，形成了 12 位原始股东的组织模式，此模式一直持续到腾讯上市。

战略行动者在组织战略化过程中，不断学习以提升技能、获取信息，有利于组织发现并利用新机会。此外，在组织战略化过程中，充分利用社会关系，吸引对战略活动有利的人进入组织或建立合作伙伴关系，有利于组织利用不同的合作者提供不同的资源、信息和技能，同时，其他组织成员或战略合作伙伴也影响着企业的发展方向，塑造了组织模式。因此，在战略化初期，基于效果推理的社会认知有利于企业战略化组织模式形成。

企业战略化路径选择和组织模式的改进和转变往往是由战略行动者的创业认知能力所决定的(Garud 和 Kumaraswamy，1995)。通过情绪感染所形成的组织情感，即组织成员基于共同的组织背景所形成的感情倾向，影响着组织对于所获得信息的判断(Barsade，2002)。经过初期创业阶段，组织建立的高层管理团队基于共同的组织背景产生的组织情感对团队成员社会认知有着巨大的整合效应。随着即时通讯服务的商业价值逐渐被商家认可，许多国际知名 IT 公司纷纷加入(见附录 12.1 中表 12a-4)。1999 年，继腾讯推出 OICQ 之后，Yahoo 与微软相继推出自己的即时通讯系统——Yahoo！Messenger 和 MSN。之后陆续有多家企业推出即时通讯产品，其中包括苹果电脑公司推出的 iChat 与 Google 推出的 Google Talk。面对日趋激烈的竞争，腾讯以提高用户体验水平为标准，不断更新 QQ 的运行版本，并开发出许多新的增值服务。通过对自身能力与可利用资源的分析，以及对周边环境的观察和对美国市场的考察，腾讯认为网络游戏市场有着广泛的发展前景。结合自身的条件与能力，腾讯决定从棋牌类游戏入手探索网络游戏市场。网络游戏项目的启动仅用四名员工，结果取得了“意想不到的成功”，腾讯游戏的客户数量很快成为中国第一。在进入网络游戏领域的同时，腾讯为了提高用户的网络体验，开始建立网络社区。

“我们要通过线上来整合所有的需求，我们试图能够给用户一个非常直观的，能够从自身的需求来通过网络获得服务的体验，就是所谓的大社区的概念。”

——马化腾

为了实现建立网络社区的目标，腾讯向淘宝学习，进军 C2C 电子商务领域，推出拍拍网，并与中国工商银行合作推出自己的支付平台——财付通。考虑到自身拥有的广大客户群，腾讯继续贯彻 QQ 以娱乐为主的形象，打造中国领先的娱乐资讯门户网站。

基于共同的组织背景所产生的组织情感激发战略行动者在组织战略化过程中不断学习，从周围获取对组织战略化有利的信息和利用社会关系，进而促进新机会或发展的识别与利用，更新企业战略。因此，组织情感有利于高层管理团队识别与利用新商务机会、促进战略更新的企业战略化组织模式提升。

组织认知能力直接影响企业组织模式的形成和演化，以及组织资源的整合。在市场环境动态变化的情况下，当组织的学习能力和感知能力还较弱的时候，组织认知虽然能部分地指导战略化行为，但是由于还没有明确的战略化目标和价值取向(Sarasvasthy，2007)，所以此时的战略化组织认知并不能有效地指导组织形成企业战略化模式。随着战略化活动的进行，组织不断学习新的技能，引入新的合作者，并产生新的战略化经验，高层管理团队的认知能力不断提高。认知达到相应的水平将会促进战略化目标和价值取向的界定(Shane，2003)。当认知水平较高时，组织能够创造和引入先进的资源，即较高的管理和技术水平(Makadok，2001)。高层管理团队的认知水平越高，越有利于发现不确定性环境变化中所潜在的机会和威胁，越有利于从社会学习过程中吸收和引入新企业管理思维与技能。战略化组织认知能力的提升直接影响企业战略化过程中组织模式的形成和管理模式的选择。社会认知作为战略行动者的一种行为能力，主要来源于腾讯公司高层管理团队对其他 IT 企业先进管理和互联网行业发展趋势的认识，并且根据公司发展阶段不断增强高层管理团队建设，调整高层管理团队结构，提升组织创业认知模式(见附录 12.1 表 12a-4)。

“记得最初推出 OICQ 的那一周，我们连续完成了三个发布版本，平均每两天发布一个……另一方面也是受到整个创业团队的激情感染，和身边朋友的支持与反馈，因为当时用户就是这些朋友，他们让你有很强大的动力第一时间去优化完善，并马上再发布出去，不断这样循环。到今天回头看，我们成功的产品无一不具备这样的理念：团队敏捷而有激情，高度关注用户，细拆需求并把握最朴素的价值，在实际运营的过程中小步快跑不断完善。”

——吴宵光

随着管理团队的建立，腾讯逐渐形成了自身的企业战略化模式。考虑到青年人接受新鲜事物的能力较强，腾讯将QQ以及之后推出的相应增值服务的顾客定位于青少年群体。考虑到青少年群体的特征，腾讯在原有QQ系统的基础上增加了许多简易交互功能，并增强了系统的娱乐性，使其更容易为青少年接受。随着用户人数的不断增加以及即时通讯服务方式逐渐被社会接受，腾讯的顾客中出现明显的分层倾向，原有的产品定位已无法适应现有顾客群的需求。为满足不同用户群的需求，腾讯推出针对白领的即时通讯TM，面向企业的RTX。同时，为增强原有顾客群的忠诚度，腾讯推出QQ会员业务，提供许多为青少年量身打造的增值服务。面对日趋激励的市场竞争，腾讯另辟蹊径，不断引入新技术，推出新服务，并细化市场，成为细分市场的领航者。在管理方面，腾讯推出的企业文化是“快乐工作”，为员工提供一种轻松、快乐的工作环境，使得员工在公司工作时能够充分发挥自己所长，并体验到快乐与满足。随着公司经营领域的扩大，人员数量不断增加，最初的企业文化很难适应公司的高速发展及应对激烈的竞争。因此，腾讯重新总结，提炼公司文化，提出“正直、尽责、合作、创新”的价值观，将管理理念提升为“关心员工成长、强化执行能力、追求高效和谐、平衡激励约束”。

在企业战略化过程中，组织不断学习新的技能，引入新的合作者，并产生新的战略化经验，高层管理团队的认知能力不断提高。随着高层管理团队认知水平的提高，组织越可能发现环境中的机会与威胁，并从社会学习过程中源源不断地吸收和引入新的管理思维与技能，从而完善组织模式和管理模式。因此，在效果推理模式下，高层管理团队认知能力提升有利于企业战略化模式形成和企业价值理念提升。

企业战略化活动中，战略行动者的技术创新能力与社会认知水平影响着战略化组织模式的建立以及管理技能的形成。战略行动者的技术与认知受到个人情感喜好的影响，作为倾向性情感，兴趣作为战略化行为产生的动机之一，也是战略行动者重要的内在标准之一，直接影响着战略化活动的发展方向。由情感所驱动的行动带来了新的知识结构，一旦这种战略认知形成则会指导以后的组织活动，并强化战略行动者的情感喜好（Alexander和Fred，1998），从而围绕一致性主观感受（个体情感）进一步增加战略行动者战略化的努力程度，增强战略化动机的强度与持久性。当组织行动难以支持企业进一步发展时，组织语境所形成的组织情感激活和引导新的知识结构产生，而新的认知活动又进一步激发新的主观感受状态（Amabile 等，2005）。随着组织情感的形成和引导，以及技术的自然扩散使更多个人或者企业拥有进入行业的技术能力，随着进入者的增加，行业内的竞争加剧，公司战略行动者更倾向于包容更多人的情绪，产生包容性和顺从性的社会选择（Hareli 等，2008），不断更新技术，提高管理技能以应对更大范围的竞争。所以，企业战略行动者的情感社会化共同塑造了企业战略化管理模式（见图 12-2）。

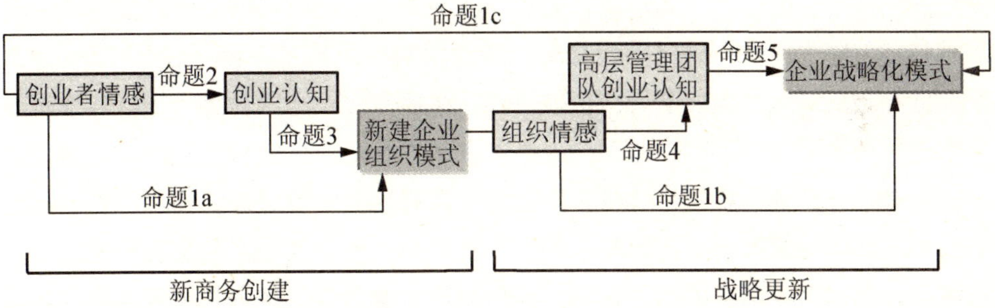

图 12-2 基于情感—认知互动的企业战略化周期模型

12.5 结论与讨论

企业战略化演进分为以机会推动的新商务创建和以组织驱动的新商务成长两个阶段，新商务创建与新旧商务协同成长是两种完全不同层次的认知模式（Hitt 等，2009；Steffens 等，2009），如何使这两种不同的认知模式产生一致性转变，是企业战略化研究的核心问题。企业战略化过程始终处于不确定性变化的环境之中，情感和认知逻辑完全纠结在企业动态演化过程中，两者主导地位的交替演进推动企业战略化行为的一致性变化。因此，企业战略化行为既是以推理为基础的认知活动的产物，更是以喜好为基础的情感活动的结果，认知能力和感情智能共同产生了企业战略化中机会的创造、发现和利用的探索性行为（Barsade，2002；Fiske 等，2006；Casciaro 和 Lobo，2008）。本文通过腾讯发展历程的案例分析，给出了以情感逻辑为基础的效果推理的一体化模型，揭示了在不确定性、快速变化及未知的环境中战略行动者能做出迅速创造和利用战略机会的企业战略化行为机理，并提出了“新商务机会搜索不侵蚀企业生存能力，新商务能力增强带动原商务模式转变”的企业战略化周期模型。

本研究发现，首先，创业者个体情感和组织情感分别在企业创建和战略更新阶段促进了战略化组织认知形成和利用，而基于情感逻辑的效果推理可以促进企业战略化认知的形成，有利于企业战略化演进的行为继承性；其次，基于情感逻辑的效果推理不仅有利于发现和利用战略化初期的战略机会，以及促进相应的组织模式形成，而且组织情感有利于高层管理团队识别与利用新商务机会、促进战略更新的企业战略化组织认知模式的提升，而高层管理团队的战略性认知能力提升有利于企业战略化模式形成和企业价值理念提升。所以，在组织情感之下的认知推理活动是企业战略化演进的核心逻辑。本研究表明，企业战略化周期分为两个阶段，在第一阶段，个体情感扩大知识活动范围，进而带动战略行动者的认知形成和企业模式创建，这一阶段战略行动者的情感逻辑是专注于做好本职工作，发挥自身专长；第一阶段孕育出组织情感，在第二阶段组织情感为二次创业提供了方向并拓展了知识范围，涌现出战略更新模式和增强企业战略化认知能力，这一阶段战略行动者已经从发挥自身专长的个体情感中解脱出来，注重从事自己喜欢的事业的情感逻辑；与此同时，企业战略化也使创业者完成从实现自我价值向实现社会价值的转移，因此，企业战略化周期是创业者情感不断地释放和认知持续性解脱的过程。从这个意义上说，战略使得创业插上腾飞的翅膀（Zahra，2006），实现“新商务的机会搜索与构建，兼顾原商务优势改进与维持，再强调新商务成长带动原商务能力提升”的企业战略化思想。

由于社会科学研究强调双主体的混杂模式，情感理论为研究社会科学研究范式带来了革命性改变（Barsade 等，2003），所以，本研究的贡献在于：第一，把情感逻辑引入效果推理框架之中，即提出了情感和认知推理的混合研究范式，这是社会科学研究方法的一种尝试；第二，运用情感和认识的双因素方法提出了企业战略化周期理论，并从情感和认知两个层面分析了企业战略化周期的内在机理；第三，在解释企业战略化行为机理中，克服了基于认知逻辑的效果推理理论的缺陷（Sarasvathy，1998），给出了基于情感逻辑的效果推理框架，进而重新提出了认知形成和战略性决策机制；第四，把情感理论运用到认知推理之中，并运用到战略理论之中，揭示了战略化活动的知识范围扩大和新知识选择性吸收的基本原理，同时也暗示了单纯的认知活动更多地在可预测性或者事后性信息处理中占据主导地位，扩大了知识深度。

腾讯的战略发展先后经历了以个人兴趣为导向的技能开发与目标探索阶段，以利用技能为导向的机会利用和组织能力培育阶段，以组织情感为导向的价值社会化提升阶段。企业战略化是区别于项目或机会利用的战略模式，创业者通过企业战略化可以避免创业的失败和盲目性，进而完成新组织模式的建立，并形成了组织自身的战略管理模式。所以，对于战略行动者来说，首先以专注于(移情于)做好本职工作，练就和提升创业所需的能力和资源，并以战略行动者的兴趣喜好等情感反应来选择新机会，通过机会利用过程来创造和发现新知识，再以情感反应为线索有鉴别性地吸收和"修剪"(prune)已有知识(Barsade，2002)，逐渐形成新的知识结构并构建创业认知模式，进而创建战略化组织模式；其次，当已有组织模式难以适应快速变化的环境以及非正式组织力量难以驾驭时，战略行动者先本着个体兴趣的社会化意识，以此为基础发掘和利用组织情感智能，利用集体性智慧探索新的商务机会，在发现和利用商务机会过程中开发新的企业战略化认知模式，改变已有的组织模式或构建二面性组织(Jansen，2009)，随着战略认知模式形成，再通过整合已有知识和转变组织结构以达到战略性更新。

战略化使创业行为插上腾飞的翅膀，是一种连续性创业行为。企业战略化演进包括战略行动者的机会发现与利用，以及创业认知的社会化过程。本文通过揭示腾讯创业过程，研究发现：首先，战略行动者个体情感和组织情感分别在企业创建和战略更新阶段促进了战略化认知结构，而基于情感逻辑的效果推理可以促进企业战略化认知的形成，有利于企业战略化演进的行为继承性；其次，基于情感逻辑的效果推理不仅有利于发现和利用草根创业机会，以及促进战略化组织模式形成，而且有利于高层管理团队识别与利用新商务机会、促进战略更新的企业组织认知模式提升，而高层管理团队的认知能力有利于企业战略化模式形成和企业价值理念提升。研究表明，企业战略化是战略行动者先热爱所从事的专业，再转向通过组织情感从事自己所热衷的事业，并保持一致性转化的战略化行为，进而完成从实现自我价值到奉献社会的超越。

附录 12.1　腾讯相关资料

表 12a-1　腾讯历年经营业绩　　　　单位：亿元

项目＼年度	1999	2000	2001	2002	2003	2004	2005	2006	2007	2008
总收入			0.49	2.63	7.35	11.44	14.26	28.00	38.21	71.55
总利润			0.31	1.91	5.05	7.27	9.57	19.83	27.03	49.84
总资产			0.66	2.14	5.76	28.63	34.27	46.50	69.25	98.56

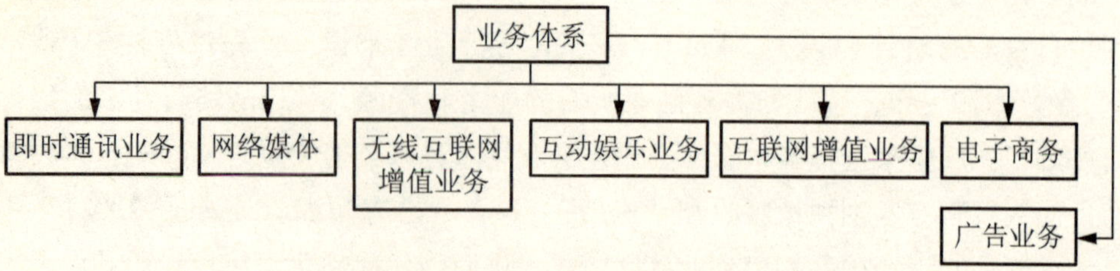

图 12a-1　腾讯 2008 年业务体系

表 12a-2　腾讯发展历程中的战略行动者搜索行为

时　间	决策/事件	基于情感逻辑的效果推理过程
1998 年 9 月	马化腾找到同学张志东和朋友曾李青，决定 3 人共同创业	创业兴趣引导：我是谁、认识谁和合作谁
1998 年 11 月	陈一丹、许晨晔加入创业团队，5 人合伙成立腾讯公司。创始人共投入 50 万元注册资本	增加合伙人扩展可承受损失
1999 年 2 月	正式发布 QQ 99 beta build 0210，腾讯即时通信服务开通	我知道什么
1999 年 4 月	与深圳联通移动公司合作推出手机邮件通服务	通过合作方式进入无线增值服务领域
1999 年年底	获得盈科和 IDG 共计 220 万美元的风险投资	引入风险投资，扩展可承受损失
2000 年 5 月	在“移动梦网”的启发之下，与中国联通合作推出“移动 QQ”	进入无线增值服务领域，开拓了新市场
2000 年 7 月	在新的一版软件中，将一个 BANNER 广告条塞在消息接收端中	扩展了合作伙伴的网络
2000 年 12 月	授权广州东利行独家代理开发 QQ 商标和标志产品	情感反应：利用偶然事件
2001 年 6 月	MIH 从盈科手中购得 20% 腾讯股权，从 IDG 收购了腾讯控股 13% 的股份	扩展了合作伙伴的网络，增加了可承受的损失
2002 年 10 月	马化腾在美国考察途中发现游戏市场的巨大潜力，决心进入游戏市场	情感反应：利用偶然事件、进入网络游戏市场
	最初，只投入 4 个人进行了棋牌类游戏研发，很快获得“意想不到的成功”	注重过程的控制，而不是对未来的预测
	派代表从韩国考察回来后，带回了韩国的“Avatar”，并推出了 QQ 秀服务	情感逻辑：快速反应、引入新产品

续 表

时 间	决策/事件	基于情感逻辑的效果推理过程
2003 年 3 月	马化腾决定开始代理一款韩国的大型网游——《凯旋》	与韩国游戏开发商合作，着手自主开发网络游戏
2003 年 10 月	与 IBM 举行签约仪式，宣布正式建立战略合作，以携手进军企业实时通讯	组织情感反应：战略联盟——进入新的市场
2004 年 7 月	与中国工商银行签订战略合作协议，在发行虚拟联名卡、推广电子银行产品、开展共同的网上安全认证、共享营销宣传渠道及客户资源等方面开展合作	组织情感逻辑：战略更新反应，扩展了收费渠道，并进入电子商务市场
2005 年 2 月	刘炽平加入腾讯，后晋升为执行副总裁	增强组织情感智能，扩展了组织团队
2005 年 3 月	收购著名邮件客户端软件 Foxmail，整合 Foxmail 的研发团队	战略更新——扩展了技术技能
2006 年 1 月	收购了做广告媒体投放起家的 JOY-MAX	战略更新——扩展了自身的技能
2006 年 3 月	与可口可乐公司战略联盟，首创中国互动 3D 在线生活	利用组织情感进行战略合作，并提升战略模式
	在 QQ 上推出垂直搜索，搜搜正式发布并开始运营	组织情感反应和偶然事件进入搜索引擎领域
2006 年 6 月	与惠普商学院合作，搭建了腾讯员工职业发展通道	战略更新的创业模式转变——提升管理水平
2007 年 10 月	投资过亿元与中科院合作，在北京、上海和深圳设立了中国互联网首家研究院——腾讯研究院	围绕已经发现并确定的战略机会，构建战略联盟来增加研发能力、进入认知活动逻辑
2007 年 12 月	与 Neople 、三星公司达成协议，获得《地下城与勇士》在中国独家运营权	利用合作方式，提升战略位势
2008 年 6 月	腾讯 QQ 空间校园产品——QQ 校友，正式推出免费提供服务	组织情感依赖、并注重过程控制，实现价值飞跃

表 12a-3　腾讯初创阶段战略行动者兴趣、认知与管理技能

个人兴趣	学习与创新
• 读大学之后……我开始从编写软件和研究计算机网络中体会到乐趣。我发现自己面对网络是如此兴奋，并且网络使我结交了更多的朋友，这些朋友甚至现在还是我重要的合作者。——马化腾 • 1998 年，我看到了基于 Windows 系统的 ICQ 演示，这引起了我的灵感，我开始思考是否可以在中国推一种类似 ICQ 的集寻呼、聊天、电子邮件于一身的软件。——马化腾 • 到今天回头看，我们成功的产品无一不具备这样的理念：团队敏捷而有激情，高度关注用户，细拆需求并把握最朴素的价值，在实际运营的过程中小步快跑不断完善。——吴宵光 • 一方面，我们热爱艺术，想把技术做得非常好；另一方面，大家有很朴素的理念，就是一定要让用户高兴，让用户不掉线。这种朴素的理念，或许就是腾讯文化的一些历史基因。”——张志东	• 1994 年马化腾和几个朋友一起开发了股霸卡，曾在深圳赛格电子市场卖断了货。 • 1998 年 11 月，腾讯推出无线互联网寻呼解决方案(TIPS)。 • 1999 年 2 月腾讯自主开发了基于 Internet 的即时通信网络工具——腾讯 QQ。 • 记得最初推出 OICQ 的那一周，我们连续完成了三个发布版本，平均每两天发布一个，这对于一个客户端产品来说，即便在今天也可以说是不可以想象的。——吴宵光 • 1999 年 4 月，腾讯与深圳联通移动公司合作推出手机邮件通服务，手机邮件通实现了手机收发 E-MAIL，使手机用户能够与互联网用户互通短消息，在手机上实现电子记事本和“快译通”中英文翻译等多种功能。 • 2000 年，腾讯公司与深圳联通公司联袂推出移动 QQ 服务，实现移动电话用户和腾讯 QQ 用户的信息交流。收费模式是按短信通信费分成。2002 年，移动 QQ 占到腾讯公司整体业务收入的 70%。
社会关系的利用	**管理模式与技能**
• 1994 年，和同学共同开发“股霸卡”。 • 1995 年，通过家人的帮助，马化腾在家中安装了 4 条电话线，成立了“慧多”网深圳站，并任站长。 • 1998 年，与同学张志东、陈一丹、许晨晔，朋友曾李青五人共同出资创建腾讯计算机系统有限公司。腾讯成立之初为节约资金，搬家等均由创始人、家人和朋友完成。 • 1998—2000 年间腾讯的财务均由马化腾的父亲、母亲管理。 • 1999 年年初推出 OICQ，系统的测试工作由同学、网友等负责。 • 2000 年曾李青通过朋友刘晓松、林建煌引入风险投资 220 万美元。	• 我们不只是把 OICQ 当成一个产品来做，更把它当成一个服务来做。……当时根本没有安排谁值班，什么都没有，但只要出现重大的故障，我基本上连电话都不用打就直接回公司。当回到公司的时候，我发现负责的同事已经在那里了，……我们不敢像有些企业那样，出了问题，明天上班来再说，因为这样的做法，不符合互联网这个行业的特点。——张志东 • 这些正代表着未来腾讯所有互联网产品运营和开发的模式，当时很短的一个月的时间就基本上定型了，包括我们怎么应对处理事务的方法，怎么按用户反馈去调整，所有这些思想都贯穿于腾讯的发展，从始至今……——马化腾

表 12a-4　企业战略化组织模式的演化过程

<table>
<tr><th rowspan="2">时　间</th><th colspan="3">创业组织模式</th></tr>
<tr><th>组织结构</th><th>人员安排及股份</th><th>评　　论</th></tr>
<tr><td rowspan="5">1998 年</td><td rowspan="5">五人决策小组</td><td>马化腾(47.5%)，战略和产品</td><td rowspan="5">5 人各司其职，在发挥自身所长的同时相互制衡，避免马化腾单独掌权，又可以有效做出决策。</td></tr>
<tr><td>张志东(20%)，客户端和服务器研发</td></tr>
<tr><td>曾李青(12.5%)，市场和运营</td></tr>
<tr><td>陈一丹(10%)，行政：招聘和内部审计</td></tr>
<tr><td>许晨晔(10%)，对外职能：信息部、对外公关部、网站部等</td></tr>
<tr><td rowspan="5">2006 年</td><td rowspan="5">形成“四横四纵”格局：“四横”是 4 个支持体系；“四纵”是 4 个产生正现金流，和资本市场息息相关业务</td><td>马化腾，CEO</td><td rowspan="5">组织结构调整：高层管理团队构建，企业战略化管理体系形成。
四个支持体系：运营维护支持体系、创新研发体系、行政职能部门体系和员工成长体系。</td></tr>
<tr><td>刘炽平，网络广告和互动娱乐</td></tr>
<tr><td>张志东，互联网增值业务和移动互联网业务</td></tr>
<tr><td>移动互联网：刘成敏，2003 年 3 月加入腾讯
互联网增值业务：吴宵光
网络广告：刘胜义，2006 年加入，2008 年后因事故淡出
互动娱乐：任宇昕，2000 年加入腾讯</td></tr>
<tr><td>联席 CTO 熊明华、首席行政官陈一丹 2005 年加入腾讯</td></tr>
</table>

参 考 文 献

中文文献部分

1. 宝贡敏，余红剑．关系网络与创业互动机制研究[J]．研究与发展管理，2005 年第 6 期.

2. 曹圣国．企业创业在快乐与烦恼中成长[J]．中国中小企业，2004 年第 10 期.

3. 方润生，李垣，冯进路．管理层人力资本结构的变化对企业绩效的影响研究[J]．科研管理，2002 年第 6 期.

4. 冯根林，吴林江．我国上市公司收购绩效的实证研究[J]．经济研究，2001 年第 1 期.

5. 古志辉，蔡方．中国 1978—2002 年财政压力与经济转型：理论与实证[J]．管理世界，2005 年第 7 期.

6. 郭庆旺，贾俊雪．地方政府行为、投资冲动与宏观经济稳定[J]．管理世界，2006 年第 5 期.

7. 胡汉辉，潘安成等．基于非线性理论的企业价值取向战略研究[J]．管理科学学报，2005 年第 1 期.

8. 胡汉辉，潘安成．组织知识转移与学习能力的系统研究[J]．管理科学学报，2006 年第 3 期.

9. 黄建东．杜拉克点透多元化迷津[J]．中外管理，2005 年第 10 期.

10. 黄嵩，李昕旸．兼并与收购[M]．北京：中国发展出版社，2008.

11. 黄速建．企业并购成败的关键因素[J]．经济管理，2003 年第 5 期.

12. 李善民等．中国上市公司资产重组长期绩效研究[J]．管理世界，2004 年第 9 期.

13. 李颂．非正式创新网络—中小企业创新的新视角[J]．企业经济，2005 年第 6 期.

14. 梁觉．中西方管理研究的整合[J]．重庆大学学报(社会科学版)，2011，17(4)：8-12.

15. 刘岩．企业集团的规模与效益分析[J]．东北财经大学学报，2006 年第 1 期.

16. 潘安成，邹媛春．企业创业性决策中“走一步看一步”行为模型研究[J]．中国管理科学，2009 年专辑.

17. 潘安成，胡汉辉，张霞，等．企业文化系统及其构建研究[J]．管理科学学报，2004 年第 4 期.

18. 潘安成．基于知识创新的企业成长内在机理模型研究[J]．中国管理科学，2008 年第 4 期.

19. 潘安成．家族性、社会认知与家族创业行为[J]．南开管理评论，2011 年第 3 期.

20. 潘安成．知识型企业的模块化组织设计研究[J]．科学学与科学技术管理，2009 年第 7 期.

21. 潘安成．战略选择、组织适应力对企业绩效增长影响的实证研究[J]．管理科学，2007 年第 4 期.

22. 田志龙，王东．企业快速成长的误区[J]．北大商业评论，2006 年第 1 期.

23. 王凤彬．组织中的异层级化趋向——基于宝钢集团公司管理体制的案例研究[J]．管理世界，2009 年第 2 期.

24. 王亚娟．家族企业的“三极发展模式”与社会化趋势[J]．陕西师范大学继续教育学报，2002 年第 9 期.

25. 魏江．企业并购绩效评估模型和度量[J]．科研管理，2002 年第 6 期.

26. 吴晓波，聂品．技术系统演化与相应的知识演化理论综述[J]．科研管理，2008 年第 2 期.

27. 席运江，党延忠．基于加权知识网络的个人及群体知识结构分析方法[J]．管理工程学报，2008 年第 3 期.

28. 杨国枢，黄国光，杨中芳．华人本土心理学[M]．重庆：重庆大学出版社，2008.

29. 杨国枢、文崇一．社会及行为科学研究的中国化[M]．台北：“中央”研究院民族学研究所，1982.

30. 杨国枢．中国人的心理与行为：本土化研究[M]．北京：中国人民大学出版社，2004.

31. 安德鲁·坎贝尔等．战略协同[M]．北京：机械工业出版社，1998：260-282.

32. 杨国枢．心理学研究的本土契合性及其相关问题[J]．本土心理学研究，1997 年第 8 期.

33. 姚哲辉，胡汉辉．知识演化与创新的 SECI 之改进研究[J]．中国软科学，2007 年第 9 期.

34. 喻燕刚、邬家瑛．专业化比多元化更适合于现阶段的家族企业[J]．科研管理，2005 年第 1 期.

35. 翟学伟．人情、面子与权力的再生产[M]．北京：北京大学出版社，2008.

36. 翟学伟．中国人行动的逻辑[M]．北京：社会科学文献出版社，2001.

37. 张庆普，李志超．企业隐性知识流动与转化研究[J]．中国软科学，2003 年第 1 期.

38. 张夕勇．并购与管理整合——正在改变着中国与世界[M]．北京：中国财政经济出版社，2000.

39. 张玉利，李乾文．双元型组织研究评介[J]．外国经济与管理，2006 年第 1 期.

40. 张志学，张建君．中国企业的多元解读[M]．北京：北京大学出版社，2011.

41. 赵明越，薛威．企业并购的财务动机[J]．辽宁经济，2005 年第 5 期.

英文文献部分

42. Abbott A.. Sequence analysis: new methods for old ideas[J]. *Annual Review of Sociology*, 1995, 21: 93-113.

43. Adler PS., Obstfeld D.. The role of affect in creative projects and exploratory search[J]. *Industrial and Corporate Change*, 2007, 16: 19-50.

44. Adner R.. When are technologies disruptive? A demand-based view of the emergence of competition[J]. *Strategic Management Journal*, 2002, 23(8): 667-688.

45. Afuah A.. Research notes and commentaries [J]. *Strategic Management Journal*, 2002, 23: 171-179.

46. Agarwal R., Echambadi R., Franco AM., et al.. Knowledge transfer through inheritance: spin out generation, development, and surivival [J]. *Academy of Management Review*, 2004, 47(4): 501-522.

47. Agrawal. A., Jaffe J. F., Mandelker G. N.. The post-merger performance of acquiring firms: a reexamination of an anomaly[J]. *Journal of Finance*, 1992(47): 1607-1621.

48. Aguinis H. et al.. Walking new avenues in management research methods and theories: bridging micro and macro domains[J]. *Journal of Management*, 2011, 37(2): 395-403.

49. Ahuja G., Coff R. W., Lee P. M.. Managing foresight and attempted rent appropriation: insider trading on knowledge of imminent breakthroughs[J]. *Strategic Management Journal*, 2005, 26: 791-808.

50. Ahuja G., Katila R.. Where do resources come from? The role of idiosyncratic situations [J]. *Strategic Management Journal*, 2004, 25: 887-907.

51. Akgun A. E., et al.. Organizational unlearning as changes in beliefs and routines in organizations[J]. *Journal of Organizational Change Management*, 2007, 20(6): 794-812.

52. Aldrich H. E. and Cliff J. E.. The pervasive effects of family on entrepreneurship: toward a family embeddedness perspective[J]. *Journal of Business Venturing*, 2003, 18: 573-596.

53. Alexander D., Stajkovic, Fred Luthans.. Self-efficacy and work-related performance: a meta-analysis[J]. *Psychological Bulletin*, 1998, 124: 240-261.

54. Amabile T.. Creativity in context: update to the social psychology of creativity[M]. Boulder CO: Westview Press, 1996.

55. Amabile T. M., Barsade S. G., Mueller J. S., and Staw B. M. Affect and creativity at work [J]. *Administrative Science Quarterly*, 2005, 50: 367-403.

56. Amburgey T. L., Kelly D., Barnett W. P.. Resetting the clock: the dynamics of organizational change and failure[J]. *Administrative Science Quarterly*, 1993, 38(1): 51-73.

57. Amihud Y., Lev B.. Risk reduction as a managerial motive for conglomerate mergers[J]. *Bell Journal of Economics*, 1981(12): 605-617.

58. Amram M., Kulatilaka N.. *Real options: managing strategic investment in an uncertain world* [M]. Cambridge: Harvard Business School Press, 1999.

59. Anand V., Manz C. C., Glick W. H.. An organizational memory approach to information management[J]. *Academy of Management Review*, 1998, 23(4): 796-809.

60. Andrews K. R.. *The concept of corporate strategy*[M]. New York: Dow Jones-Irwin, 1980.

61. Ansoff H. I.. *Corporate strategy: an analytic approach to business policy for growth and expansion*[M]. New York: McGraw Hill, 1965.

62. Arend R. J.. The definition of strategic liabilities, and their impact performance[J]. *Journal of Studies Management*, 2004, 41(6): 1003-1027.

63. Argenti P. A., Howell R. A., Beck K. A.. The strategic communication imperative[J]. *MIT Sloan Management Review*, 2005, Spring: 83-89.

64. Argote L.. Organizational learning: creating, retaining and transferring knowledge[M]. Norwell, MA: Kluwer, 1999.

65. Argyres N. S., Bercovitz J., and Mayer K. J.. Complementarity and evolution of contractual provisions: an empirical study of IT services contracts[J]. *Organization Science*, 2007, 18(1): 3-19.

66. Argyris C, and Schon D.. *Organizational Learning*[M]. Reading MA: Addison Wesley, 1978.

67. Argyris C.. *Knowledge for action: a guide to overcoming barriers to organizational change* [M]. San Francisco: Jossy-Bass, 1993.

68. Ariely D.. *Predictably irrational: the hidden forces that shape our decisions*[M]. New York: Harper Collins Publishers, 2006.

69. Ashforth BE., and Humphrey RH.. Emotion in the workplace: a reappraisal[J]. *Human Relations*, 1995, 48: 97-125.

70. Avnet T., Higgins E. T.. Locomotion, assessment, and regulatory fit: value transfer from "how" to "what" [J]. *Journal of Experimental Social Psychology*, 2003, 39: 525-530.

71. Axelrod R., Cohen M. D.. *Harnessing complexity: organizational implications of a scientific frontier*[M]. New York: Basic Books., 2000.

72. Bailey C. D.. Forgetting and the learning curve: a laboratory study[J]. *Management Science*, 1989, 35(3): 340-352.

73. Baker T., Nelson R. E.. Creating something from nothing: resource construction through entrepreneurial bricolage[J]. *Admrnistrative Science Quarterly*, 2005, 50: 329-366.

74. Bales R. F.. A set of categories for the analysis of small group interaction[J]. *American Sociological Review*, 1950, 15: 257-263.

75. Balogun J., Huff AS., Johnson P.. Three responses to the methodological challenges of studying strategizing[J]. *Journal of Management Studies*, 2003, 40(1): 197-224.

76. Bansal P.. Evolving sustainability: a longitudinal study of corporate sustainable development [J]. *Strategic Management Journal*, 2005, 26: 197-218.

77. Barnett W., McKendrick D. G.. Why are some organizations more competitive than others? Evidence from a changing global market[J]. *Administrative Science Quarterly*, 2004, 49: 535-571.

78. Barnett W. P., Carroll G. R.. Modeling internal organizational change[J]. *Annual Review of Sociology*, 1995, 21: 217-236.

79. Barnett W. P.. The dynamics of competitive intensity[J]. *Administrative Science Quarterly*, 1997, 42: 128-160.

80. Barney J.. Firm resources and sustained competitive advantage[J]. *Journal of Management*, 1991, 17(1): 99-120.

81. Barsade S. G.. The ripple effect: emotional contagion and its influence on group behavior[J]. *Administrative Science Quarterly*, 2002, 47: 644-675.

82. Barsade S. G., and Gibson D. E.. Why does affect matter in organizations[J]. *Academy of Management Perspectives*, 2007, 21: 36-59.

83. Barsade S. G., Brief A. P., and Spataro S. E.. The affect revolution in organizational behavior: the emergence of a paradigm. In Greenberg J. (Eds). *Organizational Behavior: The State of the Science*[M]. London: Lawrence Erlbaum Associates, 2003, pp. 3-51.

84. Baum J. A. C.. Whole-part co-evolutionary competition in organizations. Baum J. A. C., Mc Kelvey B. (Eds). *Variations in Organization Science: In Honor of Donald T. Campell*. London: SAGE, 1999, pp: 113-135.

85. Baum J. A. C., Singh J. V.. Organizational niches and the dynamics of organizational mortality[J]. *American Journal of Sociology*, 1994, 100: 346-380.

86. Beinhocker E. D.. Strategy at the edge of chaos[J]. *The MaKinsey Quarterly*, 1997, 1: 99-117.

87. Benner M. J., Tushman M. L.. Exploitation, exploration, and process management: the productivity dilemma revisited[J]. *Academy of Management Review*, 2003, 28: 238-256.

88. Bhardwaj G., Camillus J. C, D. A. Hounshell. Continual corporate entrepreneurial search for long-term growth[J]. *Management Science*. 2006, 52: 248-261.

89. Birkinshaw J., Sheehan T.. Managing the knowledge life cycle[J]. *IEEE Management Review*, 2003, 31(3): 19-27.

90. Birkinshaw J., Gibson C.. Building ambidexterity into an organization [J]. *Sloan Management Review*, 2004, Summer: 47-55.

91. Birkinshaw J. , Hamel G. , Mol M. J. . Management innovation[J]. *Academy of Management Review*, 2008, 33(4): 825-845.

92. Birkinshaw J. , Nobel R. , Ridderstrale J. . Knowledge as a contingency variable: do the characteristics of knowledge predict organization structure? [J]. *Organization Science*, 2002, 13(3): 274-289.

93. Bless H. , Fiedler K. . Affective states and the influence of activated general knowledge[J]. *Personality and Social Psychology Bulletin*, 1995, 21(7): 766-778.

94. Bourdieu P. . *The Logic of Practice*[M]. Cambridge MA: Polity Press, 1990.

95. Bourgeois L. J. , Eisenhardt K. M. . Strategic decision processes in high velocity environments: four cases in the microcomputer industry[J]. *Management Science*, 1988, 34: 816-835.

96. Boyd J. L. , and R. K. F. Bresser. Momentum, imitation, and learning: Evidence from and effects on the US Retail industry[C]. Working paper, 24*th Annual International Conference*, 2004.

97. Branzei O. , et al. . The formation of green strategies in Chinese firms: matching corporate environmental responses and individual principles[J]. *Strategic Management Journal*, 2004, 25: 1075-1095.

98. Brief A. P. , and Weiss H. W. Organizational behavior: affect in the workplace[J]. *Annual Review of Psychology*, 2002, 53: 279-307.

99. Bromiley P. . *The Behavioral Foundations of Strategic Management*[M], Oxford: Blackwell Publishing Ltd., 2004.

100. Brown S. , Blackmon K. . Aligning manufacturing strategy and business-level competitive strategy in new competitive environments: the case for strategic resonance[J], *Journal of Management Studies*, 2005, 42(4): 793-815.

101. Brown S. L. , Eisenhardt K. M. . The art of continuous change: linking complexity theory and time-paced evolution in relentlessly shifting organizations[J]. *Administrative Science Quarterly*, 1997, 42: 1-34.

102. Brush C. G. , Greene P. G. , Hart M. M. . From initial idea to unique advantage: the entrepreneurial challenge of constructing a resource base[J]. *Academy of Management Executive*, 2001, (15): 64-78.

103. Buckley P. J. , Carter M. J. . Governing knowledge sharing in multinational enterprises[J]. *Management International Review*, 2003, 43(3): 7-25.

104. Buckley P. J. , Jeremy C. , Tan H. . Reform and restructuring in Chinese state-owned enterprises: sinotrans in the 1990s[J]. *Management International Review*, 2005, 45(2): 147-172.

105. Callahan J. L. , and McCollum E. E. . Conceptualizations of emotion research in organizational contexts[J]. *Advances in Developing Human Resources*. 2002, 4: 4-21.

106. Campbell D. T.. How individual and face-to-face group selection undermine firm selection in organizational evolution? In Baum J. A. C., Singh J. V. (Eds) *Evolutionary Dynamics of Organizations* [M]. New York: Oxford University Press, 1994, pp. 23-38.

107. Carlile P. R., Rebentish E. S.. Into the black box: the knowledge transformation cycle[J]. *Management Science*, 2003, 49(9): 1180-1195.

108. Carney D. R., and Colvin C. R.. The circumplex structure of affective social behavior[J]. *Social Psychological and Personality Sciences*, 2010, 1: 73-80.

109. Carrillo J. E., Gaimon C.. Managing knowledge-based resource capabilities under uncertainty[J]. *Management Science*, 2004, 50(11): 1504-1518.

110. Carroll G. R.. Organizational ecology[J]. *Annual Review of Sociology*, 1984, 10: 71-93.

111. Casadesus-Masanell R., Yoffie D. B.. Wintel: cooperation and conflict[J]. *Management Science*, 2007, 53: 584-598.

112. Casciaro T., Lobo M. S.. When competence is irrelevant: the role of interpersonal affect in task-related ties[J]. *Administrative Science Quarterly*, 2008, 53: 655-684.

113. Catherine Thomas, Renata Kaminska-Labbe, Bill McKelvey. Managing the MNC and exploitation/exploration dilemma: from static balance to dynamic oscillation[J]. *Strategic Management*, 2005, 22: 213-247.

114. Chakravarthy B., Lorange P.. *Managing the Strategy Process* [M]. Englewood Cliffs, NJ: Prentice-Hall, 1991.

115. Chandler A. D.. *Scale and Scope: The Dynamics of Industrial Capitalism* [M]. Cambridge MA: Harvard University Press, 1990.

116. Chao G. T., O'Leary-Kelly A. M., Wolf S. et al.. Organizational socialization: its content and consequences[J]. *Journal of Applied Psychology*, 1994, 79(5): 730-743.

117. Chatterjee S., Wernerfelt B.. The link between resources and type of diversification: theory and evidence[J]. *Strategic Management Journal*, 1991, 12(1): 33-48.

118. Choo A. S., Linderman K. W., Schroeder R. G.. Method and psychological effects on learning behavior and knowledge creation in quality improvement projects[J]. *Management Science*, 2007, 53(3): 437-450.

119. Christensen C.. *The Innovation's Dilemma* [M], Boston: Harvard Business School Press, 1997.

120. Christensen H. K., Montgomery C. A.. Corporate economic performance: diversification strategy vs. market structure[J]. *Strategic Management Journal*, 1981, 2(4): 327-343.

121. Cohen W. M., Levinthal D.. Absorptive capability: a new perspective on learning and innovation[J]. *Administrative Science Quarterly*, 1990, 35: 128-152.

122. Colenso M.. *Kaizen Strategies for successful Organizational Change: Evolution and Revolution in the Organization*[M]. London: Pearson Education Limited.

123. Cooper-Thomas H. D., Anderson N.. Organizational socialization[J]. *Journal of Managerial Psychology*, 2006, 21(5): 492-516.

124. Covin J. G., Slevin D. P.. A conceptual model of entrepreneurship as firm behavior[J]. *Entrepreneurship Theory and Practice*, 1991, 14(4): 35-50.

125. Cummings J. N.. Work groups, Structure diversity, and knowledge in a global organization [J]. *Management Science*, 2004, 50(3): 352-364.

126. Cyert R., March J.. *A behavioral theory of the firm*[M], Englewood Cliffs, NJ: Prentice-Hall. 1963.

127. D'Aveni R. A.. *Hypercompetition: Managing the Dynamics of Strategic Maneuvering*[M]. New York: Free Press, 1994.

128. Daniels K.. Affect and strategic decision making[J]. *The Psychologist*, 1999, 12(1): 24-28.

129. Davenport S., Campbell-Hunt C. and Solomon J.. The dynamics of technology strategy: an exploratory study[J]. *R and D Management*, 2003, 33(5): 481-499.

130. Davis P. S., Pett T. L.. Measuring organizational efficiency and effectiveness[J]. *Journal of Management Research*, 2002, 2(2): 87-98.

131. Day G. S.. The capabilities of market-driven organizations[J]. *Journal of Marketing*, 1994, 58(Oct.): 37-52.

132. De Holan P. M., Phillips N.. Remembrance of things past? The Dynamics of organizational forgetting[J]. *Management Science*, 2004, 50(11): 1603-1613.

133. Dearlove D.. Breaking the growth barrier[J]. *Business Strategy Review*, 2004, 15(3): 21-23.

134. Delgado-Garcia J. B., Fuente-Sabate J. M.. How do CEO emotions matter? Impact of CEO affective traits on strategic and performance conformity in the Spanish banking industry[J]. *Strategic Management Journal*, 2010, 31: 562-574.

135. Dell M., Fredman C.. *Direct from Dell: strategies that revolutionized an industry*[M]. New York: Harper Business, 1999.

136. Delmar F., Davidsson P., Garrtner W. B.. Arriving at the high-growth firm[J]. *Journal of Business Venturing*, 2003, 18: 189-216.

137. Dewar R. D., Dutton J. E.. The adoption of radical and incremental innovations: An empirical analysis[J]. *Management Science*, 1986, 32(11): 1422-1433.

138. Dionne S. D.. Social influence, creativity, and innovation: boundaries, brackets, and non-linearity[J]. *Research in Multi-Level Issues*, 2008, 7: 63-73.

139. Donald L.. *In defense of organization theory* [M]. Cambridge: Cambridge University Press, 1985.

140. Dunbar R. L. M., Starbuck W. H.. Learning to design organizations and learning from designing them[J]. *Organization Science*, 2006, 17(2): 171-178.

141. Duncan R. B.. The ambidextrous organization: designing dual structures for innovation. Killmann R. H., Pondy L. R., Slevin D.. *The management of organization design* [M]. New York: North-Holland, 1976, 1: 167-188.

142. Dunning J. H.. The competitive advantage of countries and the activities of transnational corporations[J]. *Transnational Corporations*, 1992, 1: 135-169.

143. Dunphy D. C., Stace D. A.. Transformational and coercive strategies for planned organizational change: beyond the O. D. model[J]. *Organization Studies*, 1998, 9: 317-334.

144. Eagly A. H., Chaiken S.. Attitude structure and function. In Gilbert D. T., Fiske S. T., Lindzey G. (Eds.). *The Handbook of Social Psychology*[M]. New York: McGraw-Hill, 1998. pp. 269-322.

145. Earley P. C.. Social loafing and collectivism: a comparison of the united states and the people's republic of China[J]. *Administrative Science Quarterly*, 1989, 34(4): 565-581.

146. Egelhoff W.. *Organizing the Multinational Enterprise: An Information-processing Perspective* [M]. Cambridge MA: Ballinger Publishing Company, 1988.

147. Eisenbach R., Watson K., Pillai R.. Transformational leadership in the context of organizational change[J]. *Journal of Organizational Change Management*, 1999, 12(2): 80-88.

148. Eisenhardt K. M.. Building Theories from Case Study Research[J]. *Academy of Management Review*, 1989, 14(4): 532-550.

149. Eisenhardt K. M., Graebner M. E.. Theory building from cases: opportunities and challenges[J]. *Academy of Management Journal*, 2007, 50(1): 25-32.

150. Eisenhardt K. M., Martin J. A.. Dynamic capabilities: what are they? [J]. *Strategic Management Journal*, 2000, 21(4): 1105-1121.

151. Ethiraj S. K., Levinthal D.. Bounded rationality and the search for organizational architecture: an evolutionary perspective on the design of organizations and their evolutionability[J]. *Administrative Science Quarterly*, 2004a, 49: 404-37.

152. Ethiraj S. K., Levinthal D.. Modularity and innovation in complex systems[J]. *Management Science*, 2004b, 50(2): 159-73.

153. Ezzamel M., Willmott H.. Strategy and strategizing: a poststructuralist perspective[J]. *Advances in Strategic Management*, 2010, 27: 75-109.

154. Fama E. F., Jensen M. C.. Separation of ownership and control[J]. *Journal of Law and Economics*, 1983(26): 301-325.

155. Fang R. S. , Li Yuan, Feng J. L. . An effect of human capital change of top management on SOEs performance[J]. *Science Research Management*, 2002, 23(6): 93-99.

156. Faraj S. , Xiao Y. . Coordination in fast-response organizations[J]. *Management Science*, 2006, 52: 1155-1169.

157. Farjoun M. . The independent and jonit effects of the skill and bases of relatedness in diversification[J]. *Strategic Management Journal*, 1998, 19: 611-630.

158. Farrell D. . Offshoring: Value creation through economic change [J], *Journal of Management Studies*, 2005, 42(3): 675-683.

159. Feldman M. S. , Orlikowski W. J. . Theorizing practice and practicing theory[J]. *Organization Science*, 2011, 22(5): 1240-1253.

160. Fichman R. G. , Keil M. , Tiwana A. . Beyond valuation: Option thinking in IT project management[J]. *California Management Review*, 2005, 47(2): 74-96.

161. Filiou D. , Windrum P. . Inter-firm ambidexterity in complementary competence domains: a study of UK biotech[J]. *Academy of Management Proceedings*, 2008.

162. Fiol C. M. . Revisiting an identity-based view of sustainable competitive advantage[J]. *Journal of Management*, 2001, 27: 691-699.

163. Firey W. . Informal organization and the theory of schism[J]. *American Sociological Review*, 1948, 13(1): 15-24.

164. Fiske S. T. , Cuddy A. J. C. , and Glick P. . Universal dimensions of social cognition: warmth and competence[J]. *Trends in Cognitive Science*, 2006, 11: 77-83.

165. Flier B. , Van den Bosch F. A. J. , and Volberda H. W. . Co-evolution in strategic renewal behavior of British, Dutch and French financial incumbents: interactions of environmental selection, institutional effects and managerial intentionality[J]. *Journal of Management Studies*, 2003, 40: 2163-2188.

166. Floyd S. W. , Lane P. J. . Strategizing through the organization: managing role conflict in strategic renewal[J]. *Academy of Management Review*, 2000, 25(1): 154-177.

167. Forgas J. P. , and George J. M. . Affect influences on judgments and behavior in organizations: an information processing perspective [J] . *Organizational Behavior and Human Decision Processes*, 2001, 86: 3-34.

168. Forgas J. R. . Affect in social judgments and decisions: a multi process model[J]. *Advances in Experimental Social Psychology*, 1992, 25: 227-275.

169. Gao S. , Li T. . PetroChina's strategic planning focused on quality[J]. *Quality Progress*, 2004, 37(11): 35-40.

170. Garcia R. , Calantone R. , Levine R. . The role of knowledge in resouece allocation to ex-

ploration versus exploitation in technologically oriented organizations[J]. *Decision Sciences*, 2003, 34(2): 323-349.

171. Garfinkel H.. *Ethnomethodology's Program: Working out Durkheim's Aphorism* [M]. Boulder, CO: Rowman and Littlefield. 2002.

172. Garfinkel, H.. *Studies in Ethnomethodology*[M]. Englewood Cliffs, NJ: Prentice Hall. 2nd edn, Paradigm Publishers. 1967.

173. Garud R.. Kumaraswamy A.. Technological and organizational designs to achieve economies of substitution[J]. *Strategic Management Journal*, 1995, 16(1): 93-110.

174. Garud R.. On the distinction between know-how, know-what and know-why. Huff A., Walsh J. Eds. *Advances in Strategic Managemen*[M]. JAI Press, 1997, pp. 81-101.

175. Garvey B., Alred G.. Mentoring and the tolerance of complexity[J]. *Futures*, 2001, 33: 519-530.

176. Garvin D. A., Roberto M. A.. Change through persuasion[J]. *Harvard Business Review*, 2005, 83(1): 104-112.

177. Gary M. S.. Implementation strategy and performance outputs in related diversification[J]. *Strategic Management Journal*, 2005, 26: 643-664.

178. Gavetti G.. Toward a behavioral theory of strategy[J]. *Organization Science*, 2012(2): 267-285.

179. Gavetti G., J. W. Rivkin. *On the Origin of Strategy: Action and Cognition Over Time*[M]. Boston: Harvard Business School, 2004.

180. Gavetti G., Levinthal D.. Looking forward and looking backward: cognitive and experiential search[J], *Administrative Science Quarterly*, 45: 113-137.

181. Gavetti G., Levinthal D. A., Rivkin J. W., Strategy making in novel and complex worlds: the power of analogy[J]. *Strategic Management Journal*, 2000, 26: 691-712.

183. Gersick, C. J. G.. Revolutionary change theories: a multilevel exploration of the punctuated equilibrium paradigm[J]. *Academy of Management Review*, 1991, 16(1): 10-36.

183. Gersick. Pacing strategic change: the case of a new venture[J]. *Academy of Management Journal*, 1994, 37(1): 9-45.

184. Ghemawat P.. *The Commitment: The Dynamic of Strategy*[M]. New York: Free Press, 1991.

185. Ghemawat P.. The forgotten strategy[J]. *Harvard Business Review*, 2003, 81(11): 77-84.

186. Ghemawat P., Collis D. J., Pisano G. P., et al.. *Strategy and the Business Landscape: Core Concepts*[M]. Upper Saddle River, NJ: Prentice Hall, 2001.

187. Ghemawat P., Levinthal D.. *Choice structures and business strategy*, working paper, 01-012, Boston: Harvard Business School, 2000.

188. Gibson C., Birkinshaw J.. The antecedents, consequences, and mediating role of organizational ambidexterity[J]. *Academy of Management Journal*, 2004, 47(2): 209-226.

189. Gibson C. B.. From knowledge accumulation to accommodation: cycles of collective cognition in workgroups[J]. *Journal of Organizational Behavior*. 2001, 22: 121-134.

190. Gilbert C. G.. Unbundling the structure of inertia: resource versus routine rigidity[J]. *Academy of Management Journal*. 2005, 48(5): 741-763.

191. Glisby M., Holden N.. Contextual constraints in knowledge management: the cultural embeddedness of Nonaka's knowledge-creating company[J]. *Knowledge and Process Management*, 2003, 10(1): 29-36.

192. Govindarajan V., Trimble C.. Building break through businesses within established organizations[J]. *Harvard Business Review*, 2005a, 83(5): 58-68.

193. Govindarajan V., Trimble C.. Organizational DNA for strategic innovation[J]. *California Management Review*, 2005b, 47(3): 47-76.

194. Greenwald B, Kahn J.. All strategy is local[J]. *Harvard Business Review*, 2005, 83(9): 94-104.

195. Grinyer P. H., Norburn D.. Formal strategizing for existing markets: perceptions of executives and financial performance[J]. *Journal of the Royal Statistical Society*, Series A, 1975, 138: 70-79.

196. Hackman, J. R. Group influences on individuals in organizations. In M. D. Dunnette and L. M. Hough(Eds.), *Handbook of industrial and organizational psychology*[M]. 2d ed. 1992, pp. 199-267. Palo Alto, CA: Consulting Psychologists Press.

197. Hambrick D. C.. Upper echelons theory: an update[J]. *Academy of Management Review*, 2007, 32(2): 334-343.

198. Hannan M. T., and Freeman J. H.. *Organizational ecology*[M]. Cambridge MA: Harvard University Press, 1989.

199. Hannan M. T., Polos L., Carroll G. R.. Cascading organizational change[J]. *Organization Science*, 2003a, 14: 463-482.

200. Hannan M. T., Polos L., Carroll G. R.. The fog of change: opacity and asperity in organization[J]. *Administrative Science Quarterly*, 2003b, 48: 399-432.

201. Hareli S., Rafaeli A., Parkinson B.. Emotions as social entities: interpersonal functions and effects of emotion in organizations. In Ashkanasy N. M., and Cooper C. L. Eds. *Research companion to emotion in organizations*[M]. Chelten ham, UK: Edward Elgar, 2008, pp. 349-359.

202. Hart S. L., Sharma S.. Engaging fringe stakeholders for competitive imagination[J]. *Academy of Management Executive*, 2004, 18(1): 7-18.

203. Haspeslagh P. C. , Jamison D. B.. *Managing Acquisitions* [J]. New York: The Free Press, 1991.

204. Hatch N. W. , Dyer J. H.. Human capital and learning as a source of sustainable competitive advantage[J]. *Strategic Management Journal*, 2004, 25: 1156-1178.

205. Hatfield E. J. , Cacioppo J. , Rapson R. L.. *Emotional contagion* [M]. New York: Cambridge University University Press, 1994.

206. He Z. L. , Wong P. K.. Exploration vs. exploitation: An empirical test of the ambidexterity hypothesis[J]. *Organization Science*, 2004, 15: 481-494.

207. Heath C. , Heath D.. *Switch: How to change things when change is hard*[M]. New York: Broadway Books, 2010.

208. Hedberg B.. How organizations learning and unlearning, Nystram PC. , Starbuck WH. Eds. *Handbook of organizational design*[M]. London: Oxford University Press, 1981, 3-27.

209. Heise D. R.. Event structure analysis: a qualitative model of quantitative research. in Nigel Fielding and Raymond Lee(Eds.), *Using computers in qualitative research*[M]. Newbury Park, CA: Sage, 1991, pp. 136-163.

210. Helfat C. E.. *The SMS Blackwell handbooks of organizational capabilities: emergence, development, and change*[M]. Maldan MA: Blackwell, 2003.

211. Henderson A. D. , Stern I.. Selection-based learning: the coevolution of internal and external selection in high-velocity environments[J]. *Administrative Science Quarterly*, 2004, 49(1): 39-75.

212. Henk A. , Akkermans and Joan E. , van Aken. Strategic decision-making in turbulent setting: creating strategic momentum, 2005, *Ecis Working paper*.

213. Heracleous L. , Barrett M.. Organizational change as discourse: communicative actions and deep structures in the context of information technology implementation[J]. *Academy of Management Journal*, 2001, 44(4): 755-778.

214. Herbig P. , Jacobs L.. Creative problem-solving styles in the USA and Japan[J]. *International marketing Review*. 1996, 13(2): 63-71.

215. Hitt M. A. , et al.. Mergers and acquisitions: overcoming pitfalls, building synergy, and creating value[J]. *Business Horizons*, 2009, 52(5): 523-529.

216. Hitt M. A. , Ireland R. D. , Camp S. M. , Sexton D. D.. Strategic entrepreneurship: entrepreneurial strategies for wealth creation[J]. *Strategic Management Journal*, 2001, 22: 479-491.

217. Hochschild A. R.. *The managed heart: the commercialization of human feeling*[M]. Berkeley: University of California Press, 1983.

218. Hodgson J.. The headache of knowledge management: Biotechnology companies face an elusive threat-how to handle what they know[J]. *Nature Biotechnology*, 2001, 19(supplement): 44-46.

219. Holm U., Holmstrom C., Sharma D.. Competence development through business relationships or competitive environment? Subsidiary impact on MNC competitive advantage[J]. *Management International Review*, 2005, 45: 197-218.

220. Hsu F. L. K.. *American and Chinese: passage to differences*(3rd ed.)[M]. Honolulu, HI: University of Hawaii Press, 1981.

221. Huber G. P.. *Organizational learning: the contributing processes and the literatures*[M]. *Organization Science*, 1991, 2(1): 14-79.

222. Huxhum C., Vangen S.. Doing things collaboratively: realizing the advantage or succumbing to inertia? [J]. *Organizational Dynamics*, 2004, 33: 190-201.

223. Huy Q. N.. An emotion-based view of strategic renewal[J]. *Advances in Strategic Management*, 2005, 22: 3-27.

224. Huygens M., et al.. Co-evolution of firm capabilities and industrial competition: investigating the music industry, 1877-1997[J]. *Organization Studies*, 2001, 22: 971-1011.

225. Im S., Workman J. P., Market orientation, creativity, and new product performance in high-technology firms[J]. *Journal of Marketing*, 2004, 68(April): 114-132.

226. Ingram A. E., Lewis M. W., et al.. Innovation tensions and oragnizational ambidexterity: toward a collective paradox frame[J]. *Academy of Management Proceedings*, 2008.

227. Ingram P.. Interorganizational learning. In Baum J. A. C., Rowley T. J. Eds. *Companion to organizations*[M]. Malden, MA: Blackwell, 2002, pp. 642-663.

228. Ireland R. D., Webb J.. Strategic entrepreneurship: creating competitive advantage through streams of innovation[J]. *Business Horizons*, 2007, (50): 49-59.

229. Ireland R. D., Hitt M. A., Sirmon D. G.. Model of strategic entrepreneurship: the construct and its dimensions[J]. *Journal of Management*, 2003, 29(6): 963-989.

230. Jansen J. J. P., et al.. Structural differentiation and ambidexterity: the mediating role of integration mechanisms[J]. *Organization Science*, 2009, 20: 797-811.

231. Jansen J. J. P., Van Den Bosch F. A. J., Volberda H. W.. Exploratory innovation, exploitative innovation, and performance: effects of organizational antecedents and environmental moderators[M]. *Management Science*, 2006, 52(11): 1661-1674.

232. Jansen K. J.. From persistence to pursuit: A longitudinal examination of momentum during the early stages of strategic change[J]. *Organization Science*, 2004, 15(3): 276-294.

233. Jarzabkowski P., Balogun J., Seidl D.. Strategizing: the challengs of a practice perspective[J]. *Human Raltions*, 2007, 60(1): 5-27.

234. Jensen M. C., Meckling W.. Theory of the firm: managerial behavior, agency costs and ownership structure[J]. *Journal of Financial Economics*, 1976(3): 305-360.

235. Jick T. D.. Mixing qualitative and quantitative methods: triangulation in action[J]. *Administrative Science Quarterly*, 1979, 24(4): 602-611.

236. John P. Kotter, Dan S. Cohen. *The heart of change*[M]. Massachusetts: Harvard Business Press, 2002.

237. Jr. Carlos J.. *Strategic logic*[M]. New York: Palgrave Macmillan 2003.

238. Julien C.. Defining the field of research in entrepreneurship[J]. *Journal of Business Review*, 2000, 16: 165-180.

239. Kahneman D., Tversky A.. Prospect theory: an analysis of decisions under risk[J]. *Econometrica*, 1979(47): 262-291.

240. Kaplan R. S., Norton D. P.. The office of strategy management [J]. *Harvard Business Review*, 2005, 83(10): 72-79.

241. Karim S., Mitchell W., Path-dependent and path-breaking chance: reconfiguring business resources following acquisitions in the U. S. medical sector, 1978-1995[J]. *Strategic Management Journal*, 200021: 1061-1081.

242. Katila, R.. New product search over time past ideas in their prime[J]. *Academy of Management Journal*, 2002, 45(5): 995-1010.

243. Katzenbach J. R., Khan Z.. *Leading outside the lines: how to mobilize the informal organization, energize your team, and get better results*[M]. New Yok: Jossey-Bass, 2010.

244. Kauffman S. A.. *At home in the universe: the search for the laws of self-organization and complexity*[M]. New York: Oxford University Press, 1995.

245. Keister L. A.. Engineering growth: business group structure and firm performance in China's transition economy[J]. *American Journal of Sociology*, 1998, 104: 404-440.

246. Ketchen D. J., Ireland R. D., Snow C. C.. Strategic entrepreneurship, collaborative innovation, and wealth creation[J]. *Strategic Entrepreneurial Journal*, 2007, 1: 371-385.

247. Ketokivi M., and Castañer X.. Strategic planning as an integrative device [J]. *Administrative Science Quarterly*, 2004, 49: 337-365.

248. Khanna, Tarun, Krishna Palepu. Is group affiliation profitable in emerging markets? An analysis of diversified Indian business groups[J]. *Journal of Finance*, 2000(55): 867-891.

249. Kiefer T.. Understanding the emotional experience of organizational change: evidence from a merger[J]. *Advances in Developing Human Resources*. 2002, 4: 39-61.

250. Kim J., Halebilan J., Finkelstein S.. When firms are desperate to grow via acquisition: the effect of growth patterns and acquisition experience on acquisition premiums[J]. *Administrative Science Quarterly*, 2011, 56(1): 26-60.

251. King A., Tucci CL.. Incumbent entry into new market niches: the role of experience and

managerial choice in the creation of dynamic capabilities[J]. *Management Science*, 2002, 48(2): 171-186.

252. Knight GA., Carusgil ST.. Innovation, organizational capabilities, and the born-global firm[J]. *Journal of International Business Studies*, 2004, 35(2): 124-141.

253. Knott A. M., Posen H. E.. Is failure good? [J]. *Strategic Management Journal*, 2005, 26: 617-641.

254. Kogut B., Kulatilaka N.. Options value, uncertainty, and the investment decisions: investing in opportunity[J]. *California Management Review*, 1994, Winter: 52-71.

255. Krackhardt D., Hanson J. R.. *Informal networks: the company behind the chart*[M]. MA: Harvard University Press, 1933.

256. Krogh G., Nonaka I., Aben M.. Making the most of your company's knowledge: A strategic framework[J]. *Long Range Planning*, 2001, 34: 421-439.

257. Kulatilaka N., Perotti E.. Strategic growth options[J]. *Management Science*, 1998, 44(8): 1201-1230.

258. Lamberg J. A., Parvinen P.. The river metaphor for strategic management[J]. *European Management Journal*, 2003, 21(5): 549-557.

259. Lamberg J. A., Tikkanen H., Nokelainen T., et al.. Competitive dynamics, strategic consistency, and organizational survival[J]. *Strategic Management Journal*, 2009, 30: 45-60.

260. Lawrence D. H.. *Lady chatter's lover*[M]. New York: Bantam Books, 1980.

261. Lechner C., Kreutzer M.. Coordinating growth initiatives in multi-unit firms[J]. *Long Range Planning*, 2010, 43(1): 6-32.

262. Lecocq X., Demil B.. Strategizing industry structure: the case of open systems in a low-tech industry[J]. *Strategic Management Journal*, 2008. 27: 891-898.

263. Lee G. K., Cole R. E.. From a firm-based to a community-based model of knowledge creation: the case of the Linux kernel development[J]. *Organization Science*, 2003, 14(6): 633-649.

264. Lee G. K., Lieberman M. B.. Acquisition vs. internal development as modes of market entry [J]. *Strategic Management Journal*, 2010, (31): 140-158.

265. Lee J., Kim S.. Exploring the role of social networks in affective organizational commitment: network centrality, strength of ties, and structural holes[J]. *American Review of Public Administration*, 2011, 41(2): 205-223.

266. Lefley F.. An assessment of various approaches for evaluating project strategic benefits[J]. *Management Decision*, 2004, 42(7): 850-862.

267. Lei D., Slocum JW., Pitts RA.. Designing organizations for competitive advantage: the power of unlearning and learning[J]. *Organization Dynamics*, 1999, 27(3): 24-38.

268. Lengnich-Hall C. A. , Wolff J A. . Similarities and contradictions in the core logic of three strategy research streams[J]. *Strategic Management Journal*, 1999, 20: 1109-1132.

269. Lenox M, King A. . Prospects for developing absorptive capacity through internal information provision[J]. *Strategic Management Journal*, 2004, 25(4): 331-345.

270. Lepak D. P. , Takeuchi R. , Snell S. A. . Employment flexibility and firm performances: Examining the interaction effects of employment mode, environmental dynamism, and technological intensity[J]. *Journal of Management*, 2003, 29(3): 681-703.

271. Levinthal D. A. , March J. G. . The myopia of learning[J]. *Strategic Management Journal*, 1993, 14: 95-112.

272. Levinthal D. A. , Warglien M. . Landscape design: design for local action in complex worlds [J]. *Organization Science*, 1999, 10: 342-357.

273. Levitt B. , March J. . Organizational learning[J]. *Annual Review of Sociology*, 1988, 14: 319-340.

274. Lewis M. W. . Exploring paradox: toward a more comprehensive guide[J]. *Academy of Management Review*, 2000, 25(4): 760-776.

275. Li G. , Rajagopalan S. . Process improvement, quality, and learning effects[J]. *Management Science*, 1998, 44(11): 1517-1532.

276. Lichtenthaler E. . Third generation management of technology intelligent processes[J]. *R and D Management*, 2003, 33(4): 361-375.

277. Linton J. D. . Forecasting the market diffusion of disruptive and discontinuous innovation[J]. *IEEE Transactions on Engineering Management*, 2002, 49(4): 365-374.

278. Loasby B. J. . Evolution and institutions: a cognitive perspective[J]. *Journal of Economics and Business*, 2002, 5(1): 27-45.

279. Louis M. R. . Surprise and sense making: what newcomers experience in entering unfamiliar organizational settings[J]. *Administrative Science Quarterly*, 1980, 25(2): 226-250.

280. Lovas B. , Ghpshal S. . Strategy as guided evolution[J]. *Strategic Management Journal*, 2000, 21: 875-896.

281. Lubatkin M. , et al. . Ambidexterity and performance in small-to medium-sized firms: the pivotal role of top management team behavioral integration[J]. *Journal of Management*, 2006, 32(5): 646-672.

282. Lynch M. . *Scientific practice and ordinary action* [M]. Cambridge MA: Cambridge University Press, 1993.

283. Macintosh R. , Maclean D. . Conditioned emergence: A dissipative structures approach to transformation[J]. *Strategic Management Journal*, 1999, 20: 297-316.

284. Madsen T. L. , Mosakowski E. , Zaheer S. . Knowledge retention and personnel mobility: the nondisruptive effects of inflows of experience[J]. *Organization Science*, 2003, 14(2): 173-191.

285. Makadok R. . Toward a synthesis of the resource-based and dynamic capability views of rent creation[J]. *Strategic Management Journal*, 2001, 22: 387-401.

286. March J. G. . Exploration and exploitation in organizational learning [J] . *Organization Science*, 1991, 2(1): 71-87.

287. March J. G. . The evolution of evolution, In Baum J. A. C. , Singh J. V. (Eds). *Evolutionary dynamics of organizations*[M]. New York: Oxford University Press, 1994, pp. 39-49.

288. March J. G. . A scholar's quest. Stanford University, June 2006, http://www. gsb. stanford. edu/community/bmag/sbsm0696/ascholar. htm.

289. Mariotti J. . Change requires learning-and unlearning [J] . *Management*, 1999, June 21: 59.

290. Markovitch S. , Scott P. D. . The role of forgetting in learning[C]. *Proceedings of the Fifth International Conference on Machine Learning*, Ann Arbor, MI. 1988.

291. Martin X. , Park N. K. , Nov. Bounded momentum in the formation strategies: the case of alliance, *Working Paper*, 2005, SSRN-id869324.

292. Mathews J. A. . Strategizing buy firms in the presence of markets for resources[J]. *Industrial and Corporate Change*, 2003, 12(6): 1157-1193.

293. Mayer R. C. , Davis J. H. , Schoorman F. D. . An integrative model of organizational trust [J]. *Academy of Management Review*, 1995, 20: 709-734.

294. McAllister D. J. . Affect-and cognition-based trust as foundations for interpersonal cooperation in organizations[J]. *Academy of Management Journal*, 1995, 38: 24-59.

295. McGrath R. G. . A real options logic for initiating technology positioning investments[J]. *Academy of Management Review*, 1997, 22: 974-996.

296. McGrath R. G. , I. MacMillan. *Market busters: 40 strategic moves that drive exceptional growth*[M]. Harvard Business Scholl Press, Boston. 2005.

297. McKee D. O. , Varadarajan R. , Pride W. M. . Strategic adaptability and firm performance: a marketing-contingent perspective[J]. *Journal of Marketing*, 1989, 53(3): 21-35.

298. McKelvey B. . Avoiding complexity catastrophe in coevolutionary pockets: strategies for rugged landscapes[J]. *Organization Science*, 1999, 10(3): 294-321.

299. McKelvey B. . Microstrategy from Macroleadership: distributed inteeligence via new science, Lewin AY, Volberda H. , *Mobilizing the self-renewing organization* [M] . Thousand Oaks, CA: Sage. 2003.

300. McKelvey B. . Toward a model-centered strategy science: more experiments, less history,

Sanchez R. , Heene A. , *Research in competence-based management*[M]. Part C. Stramford CT: JAI Press, 2000, 217-253.

301. Meade N. , Islam T. . Technological forecasting-model selection, model stability, and combining models[J]. *Management Science*, 1998, 44(8): 1115-1130.

302. Meyer A. D. , Starbuck W. H. . Organizations and industries in flux: the interplay of rationality and ideology. *Working paper*, University of Oregon, Eugene OR, 1991.

303. Meyers P. A. , Heller G. , Healey J. , et al. . Chemotherapy fornonmetastatic osteogenic sarcoma: the memorial sloan-kettering experience[J]. *Journal of Clinical Oncology*, 1992(10): 5-15.

304. Miller C. , Friesen P. H. . Momentum and revolution in organizational adaptation[J]. *Academy of Management Journal*, 1980, 23(4): 591-614.

305. Miller D. , Eisenstat R. , and Foote N. . Strategy from the inside out: building capability-creating organizations[J]. *California Management Review*, 2002, 44(3): 37-54.

306. Miner A. S. . Seeking adaptive advantage: evolutionary theory and managerial action, In Baum J. A. C. , Singh J. V. (Eds). *Evolutionary dynamics of organizations*[M]. New York: Oxford University Press, 1994, pp. 79-89.

307. Mintzberg H. . Patterns of strategy formation[J]. *Management Science*, 1978, 24: 934-948.

308. Mintzberg H. , The design school: reconsidering the basic premises of strategic management [J]. *Strategic Management Journal*, 1990, 11, 171-195.

309. Mintzberg H. , Waters J. A. . Of strategies, deliberate and emergent[J]. *Strategic Management Journal*, 1985, 6(3): 257-272.

310. Mitchell R. K. , et al. . Toward a theory of entrepreneurial cognition: rethinking the people side of entreprenurship research[J]. *Entrepreneurship Theory and Practice*, 2002, 25(1): 93-103.

311. Mom T. J. M. , et al. . Investigating managers' exploration and exploitation activities: the influence of top-down, bottom-up, and horizontal knowledge inflows [J] . *Journal of Management Studies*, 2007, 44(6): 910-930.

312. Moorman C. , Miner A. S. . Organizational improvisation and organizational memory [J]. *Academy of Management Review*, 1998, 23(4): 698-723.

313. Moorman C. , Miner A. S. . The impact of organizational memory on new product performance and creativity[J]. *Academy of Management Journal*, 1997, 34(1): 91-106.

314. Morris. *American heritage dictionary*[M]. Boston, MA: Houghton Mifflin Company, 1980.

315. Mosby D. , Weissman M. . *The paradox of excellence: how great performance can kill your business*[M]. New York: Jossey-Bass, 2005.

316. Murmann J. D. . *Knowledge and competitive advantage: the coevolution of firms, technology, and national institutions*[M]. Cambridge: Cambridge University Press, 2003.

317. Murray P.. Cycles of organizational learning: A conceptualapproach[J]. *Management Decision*, 2002, 40(3): 239-247.

318. Navarro J. G. C., Moya B. R.. Business performance management and unlearning process [J]. *Knowledge and Process Management*, 2005, 12(3): 161-170.

319. Neergaard P.. Environment, strategy and management accounting[C]. *Proceedings of the Second European Symposium on Information Systems*, Versailles: HEC, 1992.

320. Nelson R. R., Winter S. G.. *An evolutionary theory of economic change*[M]. Cambridge MA: Belknap Press, 1982.

321. Nelson R. R.. Why do firms differ, and how does it matter? [J]. *Strategic Management Journal*, 1991, 12: 61-64.

322. Nemanich L. A., Vera D.. Transformational leadership and ambidexterity in the context of an acquisition[J]. *The Leadership Quarterly*, 2009, 20(1): 19-33.

323. Nerkar A.. Old is gold? The value of temporal exploration in the creation of new knowledge [J]. *Management Science*, 2003, 49(2): 211-229.

324. Nerkar A., Paruchuri S.. Evolution of R and D capabilities: the role of knowledge networks within a firm[J]. *Management Science*, 2005, 771-785.

325. Nielsen B. B.. The role of knowledge embeddedness in the creation of synergies in strategic alliances[J]. *Journal of Business Research*, 2005, 58(9): 1194-1204.

326. Nitin Pangarkar. What drives merger behavior of firms? Strategic momentum versus bandwagons, INT L. J. of ORG. *Theory and Behav.*, 2000, 3(1 and 2): 37-72.

327. Nohria N., Ghoshal S.. Differentiate fit and shared values: Alternatives for managing headquarters-subsidiary relations[J]. *Strategic Management Journal*, 1994, 15: 491-502.

328. Nonaka I., Teece D.. *Managing industrial knowledge: creation, transfer and utilization* [M]. London: Sage Publications, 2001.

329. Nonaka I., Takeuchi H.. *The knowledge-creating company: how japanese companies create the dynamics of innovation*[M]. New York: Oxford University Press, 1995.

330. Nutt P. C.. *Why decision fail: avoiding the blunders and traps that lead to debacles*[M]. Williston VT: Berrett-Koehler, 2002.

331. Ocasio W.. Towards an attention-based view of the firm[J]. *Strategic Management Journal*, 1997, 18(s): 187-206.

332. Pacheco-de-Almeida G., Zemsky P.. The timing of resource development and sustainable competitive advantage[J]. *Management Science*, 2007, 53: 651-666.

333. Pan A. C., Hu H. H., Gu J. L.. Organizational Sustainable Growth Strategies: Ambidexterity and Consequent Cost-Knowledge Dual Management, Chengdu, P. R. China: ICMSA 2005,

June 20-22.

334. Park S. H. , Luo Y. . Guanxi and organizational dynamics: organizational networking in Chinese firms[J]. *Strategic Management Journal*, 2001, 22: 455-477.

335. Parker L. D. . Boardroom strategizing in professional associations: processual and institutional perspectives[J]. *Journal of Management Studies*, 2007, 44(8): 1454-1480.

336. Parker P. M. . Choosing among diffusion models: some empirical evidence[J]. *Marketing Letter*, 1993, 4(1): 81-94.

337. Parton N. . Changes in the form of knowledge in social work: from the "social" to the "informational"? [J]. *British Journal of Work*, 2008, 38: 253-269.

338. Penrose E. T. . *The theory of the growth of the firm* [M]. Oxford: Oxford University Press, 1995.

339. Penrose E. T. . *The theory of the growth of the firm*[M]. Oxford: Blackwell, 1959.

340. Perrini F. , Minoja M. . Strategizing corporate social responsibility: evidence from an Italian medium-sized, family-owned company [J]. *Business Ethics: A European Review*, 2008, 17(1): 46-63.

341. Pfeffer J. , Sutton R. . *The knowing doing gap* [M]. Cambridge MA: Harvard Business School Press, 2000.

342. Piore M. J. , Sabel C. F. . *Second industrial divide: possibilities for prosperity* [M]. New York: Basic Books, 1984.

343. Pollner M. . The End(s) of ethnomethodology [J]. *The American Sociologist*, 2012, 43: 7-20.

344. Porter M. E. . *Competitive advantage*[M]. New York: Free Press, 1985.

345. Porter M. E. . *Competitive strategy*[M]. New York: Free Press, 1980.

346. Porter M. E. What is strategy? [J]. *Harvard Business Review*, 1996, 74(6): 61-78.

347. Porter M. E. , Kramer M. R. . Creating shared values[J]. *Harvard Business Review*, 2011, 1/2: 62-77.

348. Pourdehnad J. , Warren B. , Wright M. , Mairano J. . Unlearning/learning organizations: the role of mindset[C]. *Proceedings of the 50th Annual Meeting of the ISSS*, 2006.

349. Powell T. C. . Competitive advantage: Logical and philosophical considerations[J]. *Strategic Management Journal*, 2001, 22: 875-888.

350. Pozzebon M. . The influence of a structurationist view on strategic management research[J]. *Journal of Management Studies*, 2004, 41(6): 247-272.

351. Prahalad C. K. , Bettis R. A. . The dominant logic: A new linkage between diversity and performance[J]. *Strategic Management Journal*, 1986, 7(6): 485-501.

352. Prieto L., Wang L.. Strategizing of China's major players: a bourdieusian perspective[J]. *Journal of Organizational Change*, 2010, 23(3): 300-324.

353. Prigogine I., Stengers I.. *Order out of chaos: man's new dialogue with nature*[M]. New York: Bantam Books, 1984.

354. Puranam P., Srikanth K.. What they know vs. what they do: how quuirers leverage technology acquisitions[J]. *Strategic Management Journal*, 2007, 28: 805-825.

355. Raisch S., Birkinshaw J.. Organizational ambidexterity: antecedents, outcomes, and moderators[J]. *Journal of Management*, 2008, 34(3): 375-409.

356. Raphael Amit, Joshua Livnat, Paul Zarowin. The mode of corporate diversification[J]. Internal ventures versus acquisitions[J]. *Managerial and Decision Economics*, 1989, 10(2): 89-100.

357. Räsänen J-M. Producing norm talk of fact-based case recording in interviews with emergency social workers[J]. *Qualitative Social Work*, 2012, 11(6): 6-22.

358. Rawls A. W., Harold Garfinkel. Ethnomethodology and workplace studies[J]. *Organization Studies*, 2008, 29(5): 701-732.

359. Raynor M. E.. *The strategy paradox*[M]. New York: Doubleday, 2007.

360. Read S., Song M., Smit W.. A meta-analytic review of effectuation and venture performance[J]. *Journal of Business Venturing*, 2009, 24(6): 573-587.

361. Regner P.. Adaptive and creative strategic logics in strategy processes[J]. *Advances in Strategic Management*, 2005, 22: 189-211.

362. Regner P.. Strategy creation in the periphery: inductive vs. deductive strategy making[J]. *Journal of Management Studies*, 2003, 40: 57-82.

363. Richard Makadok. Toward a synthesis of the resource-based and dynamic-capability views of rent creation[J]. *Strategic Management Journal*, 2001, 22: 387-401.

364. Rieple A., Haberberg A., Gander J. Hybrid organizations as a strategy for supporting NDP [J]. *Design Management Review*, 2005, 16(1): 48-55.

365. Rivkin J. W., Siggelkow N.. Balancing search and stability: interdependencies among elements of organizational design[J]. *Management Science*, 2003, 49(3): 290-311.

366. Rivkin J. W., Siggelkow N.. Organizational sticking points on NK landscapes[J]. *Complexity*, 2002, 7(5): 31-43.

367. Robert E. Hoskisson, Michael A. Hitt. Antecedents and performance outcomes of diversification: a review and critique of theoretical perspectives[J]. *Journal of Management*, 1990, 16(2): 461-509.

368. Robert M. Grant. The RBV of competitive advantage: implications for strategy formulation [J]. *California Management Review*, 2001, 12(2): 114-136.

369. Roethlisberger F. J. , Dickson W. J. . *Management and the worker*[M]. Cambridge, MA: Harvard University Press, 1939.

370. Samra-Fredericks D. . Strategizing as lived experience and strategists' everyday efforts to shape strategic direction[J]. *Journal of Management Studies*, 2003, 40(1): 141-174.

371. Sanchez R. . Creating modular platforms for strategic flexibility[J]. *Design Management Review*, 2004, 15(1): 58-67.

372. Sanchez R. , Heeze A. . Reinventing strategic management: new theory and practice for competence-based competition[J]. *European Management Journal*, 1997, 15: 303-317.

373. Sandelands L. , St. Clair L. . Toward an empirical concept of group[J]. *Journal for the Theory of Social Behavior*, 1993, 23: 423-458.

374. Sarason Y. . A model of oragnizational transformation: the incorporation of organizational identity into a structuration theory framework[J]. *Academy of Management Journal*, 1995, 47-51.

375. Sarason Y. , Dean T. , Dillard JF. . Entrepreneurship as the nexus of nexus of individual and opportunity: a structuration view[J]. *Journal of Business Venturing*, 2006(21): 286-305.

376. Sarasvasthy S. D. . *Effectuation: elements of entrepreneurial expertise*[M]. Edward Elgar: London, UK, 2007.

377. Sarasvathy S. D. . Causation and effectuation: toward a theoretical shift from economic inevitability to entrepreneurial contingency[J]. *Academy of Management Review*, 2001, 26(2): 243-263.

378. Sarasvathy S. D. . *How do firms come to be? towards a theory of the prefirm*[M]. Pittsburgh: Carnegie Mellon University, 1998.

379. Sarasvathy S. D. , Dew N. . Entrepreneurial logics for a technology of foolishness[J]. *Scandinavian Journal of Management*, 2005, 21(4): 385-406.

380. Saviotti P. P, Mani G. S. . Technological evolution, self-organization and knowledge[J]. *The Journal of High technology Management Research*, 1998, 9(2): 255-270.

381. Schein E. H. . Culture: the missing concept in organization studies[J]. *Administrative Science Quarterly*, 1996, 41(2): 229 -241.

382. Schilling M. A. , Et al. . Learning by doing something else: variation, relatedness, and the learning curve[J]. *Management Science*, 2003, 49(1): 39-56.

383. Schulz M. . The uncertain relevance of newness: organizational learning and knowledge flows [J]. *Academy of Management Journal*, 2001, 44(1): 661-681.

384. Schumpeter J. . *The Theory of Economic Development*[M]. Oxford: Oxford University Press, 1934.

385. Shafer S. M. , Nembhard D. A. , Uzumeri M. V. . The effects of worker learning, forgetting, and heterogeneity on assembly line productivity[J]. *Management Science*, 2001, 47(12):

1639–1653.

386. Shane S. A.. *General theory of entrepreneurship: the individual-opportunity nexus in new horizons in entrepreneurship series*[M]. Cheltenham: Edward Elgar Publishing, 2003.

387. Shimizu K., Hitt M. A.. Strategic flexibility: organizational preparedness to reverse ineffective strategic decision[J]. *Academy of Management Executive*, 2004, 18(4): 44–52.

388. Shone R.. *Economic dynamics*[M]. Cambridge: Cambridge University Press, 1997.

389. Sidhu J. S., Volberda H. W., Commandeur H. R.. Exploring exploration orientation and its determinants: some empirical evidence[J]. *Journal of Management Studies*, 2004, 41(6): 913–932.

390. Sidhu J. S., Commandeur H. R., and Volberda H. W.. The multifaceted nature of exploration and exploitation: value of supply, demand, and spatial search for innovation[J]. *Organization Science*, 2007, 18(1): 20–38.

391. Siggelkow N.. Evolution to fit[J]. *Administrative Science Quarterly*, 2002, 47: 125–159.

392. Siggelkow N.. Misperceiving interactions among complements and substitutes: *organizational consequences*[J]. *Management Science*, 2002a, 48: 900–916.

393. Simon H. A.. Bounded rationality and organizational learning[J]. *Organization Science*, 1991, 2: 125–134.

394. Simonton D. K.. *Origins of genius: darwinian perspectives on creativity*[M]. New York: Oxford University Press, 1999.

395. Singh K., Mitchell W.. Growth dynamics: the bi-directional relationship between interfirm collaboration and business sales in entrant and incumbent alliances[J]. *Strategic Management Journal*, 2005, 26: 497–521.

396. Sitkin S. B., Pablo A. L.. Reconceptualizing the determinants of risk behavior[J]. *Academy of Management Review*, 1992, 17(1): 9–38.

397. Slater P. E.. Role differentiation in small groups[J]. *American Sociological Review*, 1955, 20: 300–310.

398. Smith W. K., Tushman M. L.. Managing strategic contractions: a top management model for managing innovation streams[J]. *Organization Science*, 2005, 16: 522–536.

399. Soo C., et al.. Knowledge management: philosophy, process, pitfalls[J]. *California Management Review*, 2002, 44(1): 129–150.

400. Starbuck W. H.. *Organizational realities: studies of strategizing and organizing*[M]. Oxford: Oxford University Press, 2006, pp. 349.

401. Starbuck W. H.. Unlearning ineffective or obsolete technologies[J]. *International Journal of Technology Management*, 1996, 11(7/8): 725–737.

402. Steffens P., Davidsson P., Fitzsimmons J.. Performance configutations over time: impli-

cations for growth-and profit-oriented strategies[J]. *Entrepreneurship Theory and Practice*, 2009, 33(2): 125-148.

403. Sterman J. D.. System dynamics modeling: tools for learning in a complex world[J]. *California Management Review*, 2001, 43(4): 76-81.

404. Sterman J. D., Henderson R., Beinhocker E. D., et al.. Getting big too fast: strategic dynamics with increasing returns and bounded rationality[J]. *Management Science*, 2007, 53: 683-696.

405. Steven Kaplan. The effects of management buyouts on operating performance and value[J]. *Journal of Financial Economics*, 1989, 24(2): 217-254.

406. Stevenson H. H., Jarillo J. C.. A paradigm of entrepreneurship: entrepreneurial management[J]. *Strategic Management Journal*, 1990, 11(1): 17-27.

407. Strebel P.. Creating industry breakpoints: changing the rules of the game[J]. *Organization Dynamics*, 1995, 24(1): 77-82.

408. Sull, D. N.. Closing the gap between strategy and execution[J]. *MIT Sloan Management Review*, Summer, 2007, 28(4): 30-38.

409. Tan J. J., Litschert R. J.. Environment-strategy relationship and its performance implications: an empirical study of Chincse electronics industry[J]. *Strategic Management Journal*, 1994, 15: 1-20.

410. Tanghe J., Wisse B., and van der Flier H.. The formation of group affect and team effectiveness: the moderating role of identification[J]. *British Journal of Management*, 2010, 21: 340-358.

411. Teece D. J., Pisano G., Shuen A.. Dynamic capabilities and strategic management[J]. *Strategic Management Journal*, 1997, 18: 509-534.

412. Teece D. J., Rumelt R.. Understanding corporate coherence[J]. *Journal of Economic Behavior and Organization*, 1994, 23(1): 1-31.

413. Terry L. Amburgey, Annes Miner. Strategic momentum: The effects of repetitive, positional, and contextual momentum on merger activity[J]. *Strategic Management Journal*, 1992, 13(5): 335-348.

414. Terwiesch C., Bohn R. E.. Learning process improvement during production ramp-up[J]. *International Journal of Production Economics*, 2001, 70: 1-19.

415. Thomk S. H.. Capturing the real value of innovation tools[J]. *MIT Sloan Management Review*, 2006, 47(2): 24-32.

416. Tripsas M., Gavetti G.. Capabilities, cognition, and inertia: evidence from digital imaging[J]. *Strategic Management Journal*, 2000, 21: 1147-1161.

417. Tripsas M.. Unraveling the process of crearive destruction: complementary assets and incumbent survival in the typesetter industry[J]. *Strategic Management Journal*, 1997, 18: 119-142.

418. Tschang F. T. , Balancing the tensions between rationalization and creativity in the video games industry[J]. *Organization Science*, 2007, 18(6): 989-1005.

419. Tsui A. S. , et al. . Organization and management in the midst of societal transformation: The People' s Republic of China[J]. *Organization Science*, 2004, 15: 133-144.

420. Tuk M. A. , Trampe D. , Warlop L. . Inhibitory spillover: increased urination urgency facilitates impulse control in unrelated domains[J]. *Psychological Science*, 2011, 22(5): 627-633.

421. Tuomi I. . Data is more than knowledge: implications of the reversed knowledge hierarchy for knowledge management and organizational memory[J]. *Journal of Management Information Systems*, 2000, 16(Winter): 103-17.

422. Ture E. , Baumard P. . Can organizations really unlearn?, Mclnerney CR. , Day R. E. Eds. *Rethinking knowledge management: from knowledge objects to knowledge process*[M]. Berlin Heidelberg: Springer, 2007, pp. 125-146.

423. Tushman M. T. , Smith W. K. , et al. . Organizational designs and innovation streams[J]. *Industrial and Corporate Change*, 2010, 19(5): 1331-1366.

424. Ulwick A. W. . Turn customer input innovation[J]. *Harvard Business Review*, 2002, 80(1): 91-97.

425. Uotila J. , et al. . Exploration, exploitation, and financial performance: analysis of S and P 500 corporations[J]. *Strategic Management Journal*, 2009, 30: 221-231.

426. Valikangas L. , Gibbert M. . Boundary-setting strategies for escaping innovation traps[J]. *MIT Sloan Management Review*, 2005, Spring: 58-65.

427. Van deVen A. H. , Poole M. S. . Paradoxical requirements for a theory of organizational change, Quinn RE. , Cameron KS. , Eds. *Paradox and transformation: toward a theory of change in organization and management* [M]. Cambridge MA: Ballinger Publishing Company, 1988, pp. 19-63.

428. Van den Bosch F. A. J. , Voberda H. W. , de Boer M. . Coevolution of firm absorptive capacity and knowledge environment: organizational forms and combinative capabilities[J]. *Organization Science*, 1999, 10(5): 551-568.

429. VanVanlen L. . A new evolutionary law[J]. *Evolutionary Theory*, 1973, 1: 1-30.

430. Volberda H. W. . Toward the flexible form: how to remain vital in hypercompetitive environments[J]. *Organization Science*, 1996, 7(4): 359-374.

431. Volberda H. M. , Lewin A. Y. . Coevolutionary dynamics within and between firm: from evolution to co-evolution[J]. *Journal of Management Studies*, 2003, 48: 2111-2136.

432. Volberda H. W. . Toward the flexible form: how to remain vital in hyper competitive environments[J]. *Organization Science*, 1996, 7(4): 359-374.

433. Walsh J. P. , Meyer A. D. , Schoonhoven C. B. . A future for organization theory: Living in and living with changing organizations[J]. *Organization Science*, 2006, 17: 657-671.

434. Walsh J. P. , Ungson G. R. . Organizational memory[J]. *Academy of Management Review*, 1991, 16(1): 57-91.

435. Wasserman N. , Revisiting the strategy, structure, and performance paradigm: the case of venture capital[J]. *Organization Science*, 2008, 19(2): 241-259.

436. Watanabe C. , Matsumoto K. , Hur J. Y. . Technological diversification and assimilation of spillover technology: Canon's scenario for sustainable growth[J]. *Technological Forecasting and Social Change*, 71: 941-959.

437. Weber K. , Dacin M. T. . The cultural construction of organizational life: introduction to the special issue[J]. *Organization Science*, 2011, 22(2): 187-298.

438. Weiss H. M. , Cropanzano R. . Affective events theory: a theoretical discussion of the structure, causes and consequences of affective experiences at work[J]. *Research in Organizational Behavior*, 1996, 18: 1-74.

439. Welch J. J. , Waxman D. . The NK model and population genetics[J]. *Journal of Theoretical Biology*, 2005, 329-340.

440. Whittington R. . The work of strategizing and organizing: for a practice perspective[J]. *Strategic Organization*, 2003, 1(1): 117-125.

441. Windeknecht K. , Delahaye B. L. . A model of individual and organizational unlearning[C]. *In Proceedings 18th annual Conference of the Australian and New Zealand Academy of Management*, Dunedin, NZ, 2004.

442. Winter S. . Understanding Dynamic Capabilities[J]. *Strategic Management Journal*, 2003, 24(10): 991-995.

443. Wright P. , Kroll M. , Chan P. , Hamel K. . Strategic profiles and performance[J]. *Journal of the Academy of Marketing Scence*, 1991, 19(3): 115-128.

444. Xi Y. J. , Dang Y. Z. . A method to analyze the knowledge structure of an individual or a group based on weighted knowledge network[J]. *Journal of Industrial Engineering and Engineering Management*, 2008, 22(3): 1-4.

445. Yang H. , Corey P. . Learning from what others have learned from you: the effects of knowledge spillovers on originating firms[J]. *Academy of Management Journal*, 2010, 53: 371-389.

446. Yayavaram S. , Ahuja G. . Decomposability in knowledge structures and its impact on the usefulness of inventions and knowledge-base malleability[J]. *Administrative Science Quarterly*, 2008, 53: 333-362.

447. Yin R. K. . *Case study research: design and methods. Applied social research methods Series*,

5 second edition[M]. Thousand Oaks: Sage Publication, 1994.

448. Yoo Y., Boland R. J., Lyytinen J. K.. From organization design to organization designing [J]. *Organization Science*, 2006, 17(2): 215-229.

449. Zahra S. A.. New venture strategies: transforming caterpillars into butterflies, Parker S. eds. *The life cycle of entrepreneurial ventures*[M]. NY: Springer, 2006, pp. 39-76.

450. Zand D.. Collateral organization: a new change strategy[J]. *Journal of Applied Behavioral Science*, 1974, 10: 63-89.

451. Zhexembayeva N.. A whole new value: driving innovation, sustainability, and prosperity through appreciative inquiry[J]. *Advances in Appreciative Inquiry*, 2010, 3: 77-96.

452. Zhou J., Shin S. J., Daniel B., et al.. Social networks, personal values, and creativity: evidence for curvilinear and interaction effects[J]. *Journal of Applied Psychology*, 2009, 94(6): 1544-1552.

453. Zimmerman M. A., Zeitz G. J.. Beyond survival: achieving new venture growth by building legitimacy[J]. *Academy of Management Review*, 2002, 27(3): 414-431.

454. Zollo M., Winter S. G.. Deliberate learning and the evolution of dynamic capabilities[J]. *Organization Science*, 2002, 13(3): 339-351.

455. Zook C., Allen J.. Growth outside the core[J]. *Harvard Business Review*, 2003, 81(12): 66-73.